KB265610

시집에는 친정엄마가 없다

시집에는 친정엄마가 없다

이선종 지음

사랑하는 엄마 아빠의 곁을 떠나
새로운 삶을 시작하는 네 인생 앞에
이 책을 보낸다.

| 시집가기 전에 꼭 한 번 읽어야 할 책 |

새로운 각오로 마음을 다지며 제2의 인생을 새롭게 시작하는 결혼 생활, 그러나 나이 어린 신부에게 주어진 이 결혼 생활은 어느 것 하나 쉬운 것이 없다. 생각지도 않게 다가오는 어려운 일들 앞에서 어찌할 바를 모르고 발을 동동 굴러대는 나이 어린 신부들을 바라보노라면 안타깝다 못 해 연민의 정마저 느껴진다. 결혼 전엔 그렇게도 당당하고 자신 만만했던 그녀가 결혼한 이후로는 기력을 잃고 얼굴에 수심만으로 가득찬 것을 볼 때 더욱 그러하다.

친정에서와는 달리 시집에선 왜 그렇게 해야 할 일도 많고 어려운 일도 많은지……. 대학까지 나와서 이 세상의 지식이란 지식은 모두 섭렵한 줄 알았는데, 낯선 시집에서 부딪치는 일들은 왜 또 그렇게 모르는 것이 많고 힘든 일이 많은지…….

이는 바로 준비되지 못한 결혼을 한 대다수의 신부들이 겪는 어려움들이 아닐까 싶다. 그 동안 친정 부모님께로부터 들은 결혼 지침이란 고작해야 결혼 전날 밤에 "시집가서 시부모님 말씀 잘 듣고, 남편과 문제 일으키지 말고 잘 살아라."가 거의 전부다. 그럴 때마다 "네네" 하고 대답은 자신 있게 했지만, 막상 결혼을 하고 나니 구체적으로 무엇을 어떻게 하는 것이 잘 하는 것인지를 몰라서 조금만 어려운 문제에 부닥쳐도 어찌할 바를 모르고 허둥대기 일쑤다.

언제까지나 꿈같이 달콤한 사랑으로만 일관할 줄 알았던 남편과의 마찰·다툼·폭력, 결혼 전엔 미처 생각지도 못했던 시댁 식구들과의 갈등, 언제나 자신의 잘못을 덮어주고 따스하게만 대해주던 친정 부모 곁을 떠나 낯선 시댁에서 겪게 되는 크고 작은 일들 앞에 외롭게 홀로서기를 할 수밖에 없는 각박한 현실…….

이 책에는, 이런 현실을 눈앞에 둔 젊은 예비 신부들에게 전하는 따스하고도 진심어린 충고가 가득 담겨 있다. 이 책의 저자는 머지않아 자신의 품을 떠나 결혼하게 될 딸을 모델로 삼아 결혼 생활 전반에 대해 마치 지도를 그려주듯이 자상하게 하나하나 지침을 주고 있다. 그야말로 자신의 사랑하는 딸을 시집 보내는 부모의 염려와 걱정하는 마음이 책 전반에 흘러넘치고 있다.

결혼을 눈앞에 두었거나 이미 갓 결혼한 딸이 있는 부모라면 딸의 행복을 위해서라도 꼭 한 번 이 책을 읽혔으면 한다.

– **최영주**(한국신문윤리위원회 심의위원, 前 중앙일보 편집위원)

| 시집가는 딸의 혼수품 속에 꼭 넣어주고 싶은 책 |

여자가 결혼하여 시집 생활이 시작되면 주위 사람들로부터 새로운 평가가 시작된다. 그 평가가 어떠냐에 따라서 결혼 생활의 운명이 바뀐다고 해도 과언이 아니다.

혹여 잘못이라도 저지르면 친정 부모님은 그것을 사랑으로 감싸주고 용서했지만, 누가 뭐래도 시집은 그런 친정과는 사뭇 상황이 다르다. 갓 시집 온 신부가 무슨 잘못이라도 저지르게 되면 곧바로 지탄의 대상이 되기 쉽다. 그렇기 때문에 특히 시집에서는 매사를 생각에 생각을 더하여 조심스럽게 처신해야 한다는 것이다. 그렇다고 친정 부모가 시집간 딸의 집에 머물면서 언제까지나 이래라저래라 가르치며 함께 살아갈 수도 없는 일이다. 그래서 이 책의 제목도 '시집에는 친정엄마가 없다'가 아닌가 싶다.

안타까운 일이지만 결혼한 신부는 모든 일상 생활이 자신의 몫이다. 그야말로 진정한 홀로서기가 시작되는 것이다. 이미 몇 번 실수를 저질러 일단 시집 식구들의 눈 밖에 나면 좀처럼 그 상태를 회복하기가 쉽지 않다. 미리 준비된 결혼을 하지 못한 결과치곤 혹독한 결과다. 이것이 바로 시집이란 곳이다. 그래서 이런 옛 노래도 있다.

앞밭에는 당초(唐椒) 심고 / 뒷밭에는 고추 심어
고추 당초 맵다지만 / 시집살이 더 맵더라.

옛날과 지금은 모든 것이 달라졌다. 그럼에도 불구하고 며느리와 시댁 식구들과의 관계는 크게 발전된 게 없다. 아니, 오히려 개성의 강조로 인해 성격의 차이를 인정하는 게 대세다. 서로 인내하고 화합하는 지혜가 상실되고 있다.

이 책의 저자에게는 그가 끔찍이도 아끼고 사랑하는, 결혼할 만큼 성장한 딸이 하나 있다. 그런 딸을 결혼시키기 전에 자신이 꼭 당부하고 싶은 말들을 이 책에 담아냈으니 오죽이나 진실하고 자상한 마음을 담아 썼을까? 어느 쪽을 펼쳐 보더라도 구구절절이 옳은 말들이고 지혜로운 말들로 가득 차 있어서 읽는 이로 하여금 저절로 고개가 끄덕여지게 한다. 시류와 관계 없이 인생이란 조화의 아름다움이 아닌가를 느끼게 한다.

결혼을 눈앞에 두고 있으면서 결혼 생활에 대한 책 한 권 읽지 않는 사람이야말로 정보화 시대에 크게 뒤떨어지는 사람이 아닌가 싶다. 만일 자신에게 결혼을 앞둔 딸이 있다거나, 주변에 결혼할 여성이 있다면 망설이지 말고 이 책을 권해 주기 바란다. 시집가는 딸의 행복을 위해 부모가 꼭 해주고 싶은 말들이 이 책 속에 가득 담겨 있기 때문이다.

이 책의 내용을 친정 부모가 해주는 결혼 전의 마지막 충고로 받아들여 결혼 후에 행동으로 옮긴다면, 행복한 가정을 일구는 데 많은 도움이 되리라고 본다. 사랑하는 딸이 시집갈 때 혼수품과 함께 특별한 선물로 주고 싶은 책이다.

— 박일(시인)

| 사랑하는 딸에게 아빠가 보낸다 |

은경아, 네가 엄마 아빠의 품에 안겨서 옹알이를 하며 재롱을 떨던 때가 엊그제 같은데, 벌써 대학 졸업반이 되어, 아나운서가 되겠다는 부푼 꿈을 안고 한 지역 방송국에 나가 야무지고 의젓한 목소리로 뉴스를 전하는 네 모습을 보면 정말 대견하다는 생각이 드는구나. 그러면서도 한편으론, 아르바이트하랴 학교 공부하랴 취업 준비하랴 동분서주하는 너를 바라보기만 할 뿐 네게 별다른 힘이 되어주지 못한 점, 참으로 많이 미안하다는 생각이 든다. 이러다가 네가 어느 날 갑자기 결혼해 버려서 엄마 아빠 곁을 훌쩍 떠나게 된다면, 엄마 아빠는 너의 체취와 흔적으로 가득한 네가 없는 빈방을 바라보면서 참 많이도 울어 버릴 것 같다는 생각이 드는구나.

하지만 그 동안 네가 열심히 살아왔던 그러한 고생들은 네가 앞으로 엄마 아빠의 곁을 떠나 새로운 삶을 살아가는 데 있어 좋은 밑거름이 되리라 믿는다. 온실 안에서 곱게 자란 나무와 모

진 눈비바람을 참아내며 노지에서 자란 나무와는 외풍을 견디
는 힘에 있어 크게 다르지 않겠느냐?

네가 고등학교를 졸업할 무렵, 엄마 아빠는 너희 남매에게 올
바른 삶의 길을 가르쳐 주기 위해 《너희는 세상을 이렇게 살아
라》라는 책을 세상에 펴냈었지. 그런데 네가 벌써 대학을 졸업할
나이가 되고, 또 결혼을 생각할 나이가 되어 또다시 이런 책을
세상에 펴내게 되다니, 한편으론 가슴이 뿌듯하면서도 또 한편
으로는 허전함과 아릿한 슬픔 같은 것이 마음 속에 밀려들면서
눈시울이 뜨거워지는 건 왜일까? 그 동안 아빠의 사업 실패로 인
해 어려운 형편 속에 있으면서도 반듯하고 곱게 자라준 우리 은
경이가 고맙고 대견스럽게 느껴지는구나.

아빠는 지금, 엄마 아빠에게 있어 이 세상에 단 하나밖에 없는
귀한 딸인 네가 결혼하고 나서 맞게 될 갖가지 어려움들을 슬기
롭게 극복해 나갔으면 하는 간절한 마음으로 이 책을 쓰고 있다.

결혼! 특히 네 또래의 젊은이들에게 있어 이 '결혼' 이란 말은
정말이지 말만 들어도 가슴 설레는 단어가 아닐까 싶구나. 그래
서 이 지구촌의 수많은 연인들은 자신들의 멋진 결혼을 위해 갖
가지 아름답고 좋은 혼수품들을 장만한다. 그리고 드디어 결혼

식 날, 신랑 신부는 수많은 사람들의 축복을 받으며 예식을 올리고, 다음엔 둘만의 환상적인 세계가 꿈길같이 펼쳐지는 신혼 여행 길에 오르게 되지. 이때 두 사람의 가슴 속에는 온통 기쁨과 사랑과 행복만으로 충만하여 그 밖의 다른 나쁜 감정들이 비집고 들어올 틈이 없지.

이런 감정은 아마 신혼 여행에서 돌아온 뒤로도 얼마간은 지속될 것이다. 부부 싸움이나 시집과의 갈등 등은 모두 나와는 상관없는 남의 일처럼만 느껴질 것이다.

그러나 그 후 시간이 지나면서 뜻하지 않은 사건들이 두 사람 사이를 하나둘씩 파고들기 시작한다. 그러면서 점점 남편에 대한 감정도 예전만 못하게 되고, 남편의 가족을 내 가족으로 받아들이는 일도 생각처럼 그렇게 쉽지가 않다. 때로는 생각지도 않은 제삼자가 두 사람 사이를 파고들어 몸과 마음이 지쳐 녹초가 되기도 한다. 이로부터 야기되는 미움과 원망, 슬픔과 절망, 다툼과 폭력, 분노……

어떻게 내게 이런 일들이!

모두가 남의 일로만 생각했던 험한 일들이 하나씩 내 것이 되어 돌아온다. 정말 예기치도 못한 일들을 맞고 보니 그저 당황스럽기만 하다. 그러다 보니 세상의 수많은 커플들은 이를 수용하지 못하고 이혼이라는 극약 처방을 내리기까지 한다. 이는 자신의 배우자와 문제가 생겼을 때 어떻게 대처해야 할 것인지에 대해 아무것도 알아보지 않고, 즉 아무런 준비 없이 무턱대고 결혼 생활에 들어선 결과이다.

그런 사람들을 향해 그 동안 너는 비웃음의 손가락질을 했을지도 모른다. 그러나 그 손가락이 자칫 잘못하면 네 쪽으로 향할 수도 있다는 사실을 잊어서는 안 된다. 이런 일은 생각하기도 싫은 아주 끔찍스런 일이지만, 이러한 결과는 겨자씨처럼 아주 사소한 일로 인해 초래될 수 있다는 사실을 명심하도록 해라.

아빠가 이 책을 쓰게 된 이유도 여기에 있다. 솔직히 지금 네가 결혼하게 된다면, 신혼 여행에서 돌아오자마자 당장 부딪치게 될 낯설기만 한 시댁 식구들에 대한 생활 예절에서부터 의식주 생활 전반에 이르기까지 과연 얼마나 안다고 생각하느냐? 아빠가 볼 땐 거의 전무하다시피 한 것 같은데, 그러면 너를 무시한 것일까?

이것은 비단 너뿐만이 아닐 것이다. 대다수의 젊은이들이 그렇게 준비된 결혼을 하지 못하고 그저 들뜬 기분만으로 결혼 생활을 시작했다가 끝내는 큰 어려움을 겪고 도중 하차하는 경우를 아빠는 그 동안 수없이 보아 왔다. 이는 수학능력 없이 대학에 입학했다가 결국 낙제하게 되는 것과 뭐가 다르겠느냐?

결혼이란 네가 꿈꾸는 것처럼 그렇게 환상처럼 아름답기만 한 것이 아니란 걸 네게 말해 주고 싶구나. 때로는 모진 눈비바람 속을 뚫고 지나가야 할 때도 있고, 또 때론 험난한 파도를 헤치며 항해를 해야 하는 어려움도 있다는 걸 네가 결혼하기 전에 미리 깨달았으면 한다. 그래야만 그런 일들이 눈앞에 닥쳤을 때 좀 더 여유로움을 가지고 지혜롭게 대처할 수 있지 않겠느냐?

아빠는 결혼을 앞둔 너에게 유익한 결혼 생활 정보들을 전해 주기 위해 오래 전부터 결혼 생활에 관계되는 많은 책들을 읽었고, 인터넷 사이트들을 샅샅이 뒤져서 수많은 사람들이 결혼 생활에서 겪었던 갖가지 사례들을 접해 보았다. 엄마 아빠 곁을 떠나는 너에 대한 아쉬움과 염려 가득한 마음으로 말이다.

명심해라. 권리보다 의무가, 자유보다 구속이 많은 것이, 대부분의 젊은이들이 환상적인 세계로 착각하고 있는 '결혼'이란 것이다. 그러니만큼 결혼을 하려면 무엇보다도 우선 단단히 준비된 마음가짐이 중요하다. 결혼 생활에서 양보와 배려, 예의는 필수이다. 결혼에 실패한 사람들을 보면, 이러한 것들을 소홀히 여기고, 상대보다는 나 자신을 더욱 생각하는 이기심 때문인 경우가 대부분이다.

지금부터 아빠는 네가 결혼하기 전에 꼭 알아두어야 할 제반 문제들을 이 책에 명시하고자 한다.

우선, 이 책 1권에는 네가 결혼하고 나서 시시각각으로 부딪치게 될 낯선 세계, 즉 남편 및 시부모님과의 관계, 자녀의 가정교육, 알면 사랑받고 모르면 지탄받는 기본 생활 예절 등에 대해 다룰 것이고, 또 어떻게 하면 결혼 후의 삶을 보다 알차고 성공적으로 이끌어 갈 수 있을지 그 방법을 단계별로 나눠 조목조목 제시할 것이다.

그리고 제2권에는 네가 결혼하여 독립된 가정을 꾸려 나가는 데 있어 꼭 알아두어야 할 의식주 생활 전반에 대해 세세하게 다뤄나갈 것이다. 특히 '요리편'에 있어서만큼은 20여 년 동안 식당을 운영해 오시면서 요리 노하우가 풍부하게 축적된 시골 할머니의 힘을 빌렸다.

그러니까 이 두 권의 책은 엄마 아빠가 그 동안 살아오면서 겪었던 수많은 경험들과 방대한 독서량, 그리고 할머니의 맛깔스런

요리 솜씨까지 합세된 '신부 수업을 위한 결혼 생활 백과'라 할
수 있겠다. 따라서 항상 이 책을 옆에 두었다가, 네가 결혼 생활
을 하면서 궁금한 것들이 있으면 펼쳐보도록 하여라. 그러면 아
마 의식주 생활에 관한 한 대부분의 어려움들은 해소되리라고
믿는다.

이 책을 읽고 나면, 적어도 결혼이란 것이 무엇이며, 어떤 마음
가짐으로 결혼 생활에 임해야 할지를 깨닫게 될 것이다. 그러니
만큼 네 배우자도 함께 읽어서 행복한 결혼 생활을 이루는 데
많은 도움이 되었으면 좋겠구나.

끝으로, 엄마 아빠로부터 사랑받았던 우리 딸이 결혼한 뒤로
도 너의 배우자와 시부모님, 그리고 그 외의 다른 시댁 식구들로
부터도 사랑받는 아내며 며느리며 형수며 올케가 되기를 기대하
며, 결혼을 앞둔 이 땅의 젊은이들과, 주위의 모든 것들이 낯설게
만 느껴지는 갓 결혼한 신혼 부부들도 함께 읽어서 결혼 생활에
많은 도움이 되었으면 좋겠구나.

2007년, 가을잎이 곱게 내려앉을 때
독산동에서 아빠가

contents

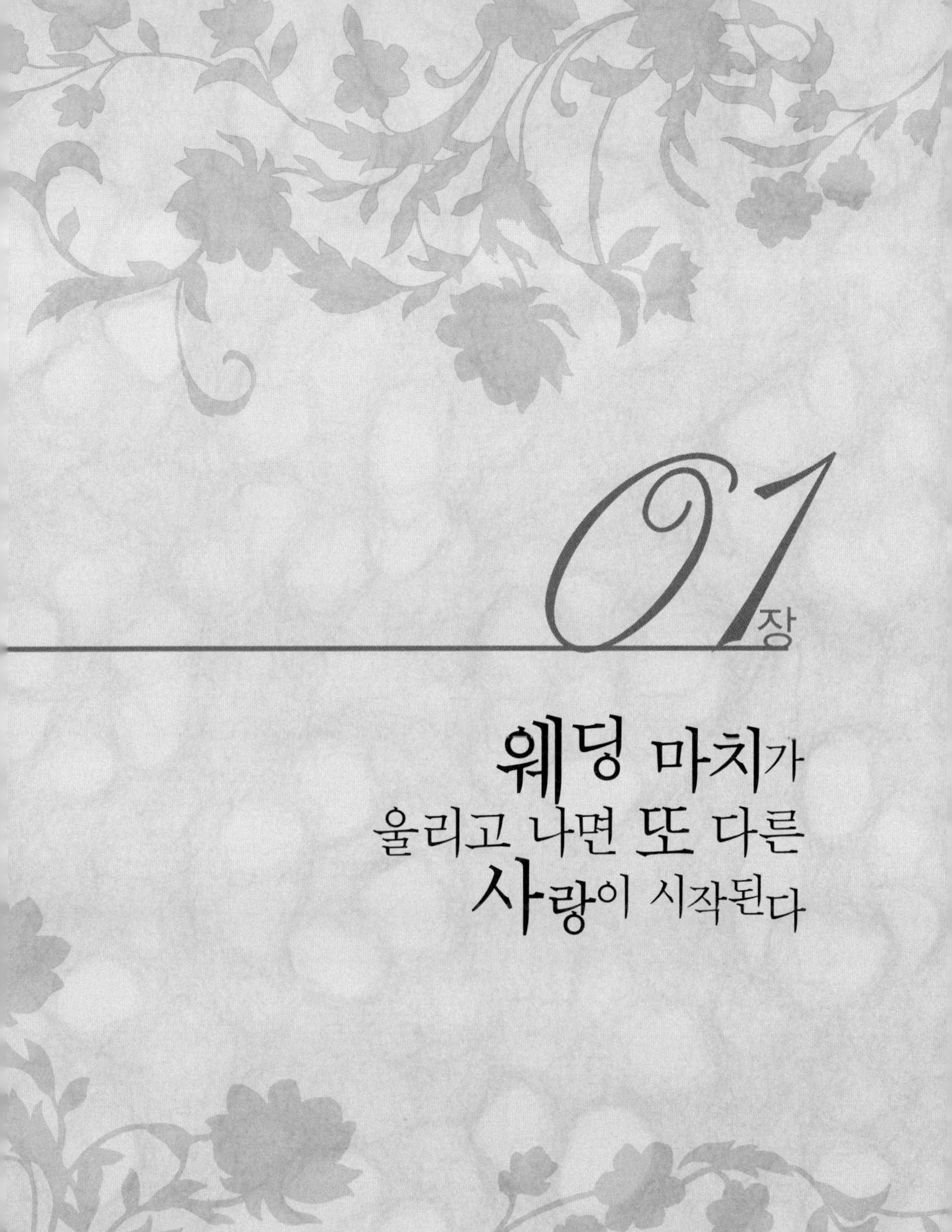

01장

웨딩 마치가 울리고 나면 또 다른 사랑이 시작된다

애정이 없는 결혼은 비극이다.
그러나 전혀 애정이 없는 결혼보다 더욱 나쁜 결혼이 있다.
그것은 애정은 있으나 한쪽만이 있을 때,
정절은 있으나 한쪽만이 있을 때,
그리고 부부의 감정에 있어 한쪽만이 짓밟힘을 당할 때이다.
― O.F.O.W.와일드

1. 결혼한다는 것과 사랑한다는 것

누가 뭐래도 결혼이야말로 사랑의 최고 결실이 아닌가 싶구나. 그래서 결혼은 사랑을 상징하기도 하지만 아이러니컬하게도 이 '결혼'은 이내 '사랑의 무덤'으로 탈바꿈하여 우리를 슬픔의 도가니에 몰아넣기도 한다.

그럼, '결혼과 사랑' 그 둘의 관계는 과연 무엇일까?

사실, 이 세상에서 사랑만큼 우리 인간의 마음을 들뜨게 하는 정서도 없을 것이다. 나와 사랑하는 배우자가 마치 하나가 된 듯한 뿌듯한 감정, 떼려야 뗄 수 없는 두 사람 간의 강력한 유대 관계, 환상과 꿈……

그러나 일단 결혼을 하게 되면 어떠하지?

그래, 우리는 어쩔 수 없이 '현실' 속에서 사랑을 이야기할 수밖에 없게 되지. 지루하고 일상적인 현실, 어찌 보면 초라하고 남루하기조차 한 이 현실 속에서 우리는 '사랑'의 의미를 다시 찾아야 한다. 그 현실들을 지혜롭게 헤쳐 나갈 수 있게 될 때 우리는 비로소 영원한 사랑을 보장받을 수 있기 때문이지.

우리의 내면에 있는 심리적인 성장은 신체적인 성장처럼 그렇게 시간이 흐른다고 해서 저절로 이뤄지는 것이 아니다. 그것은 시간의 흐름에 따라 그때그때 완수해야 할 발달 과업을 적절히 수행했을 때 비로소 얻게 되는 '발달적 성취'지.

사랑 역시 마찬가지다. 10대 후반이나 20대 초반이라면 열정과 낭만 가득한 사랑만으로 충분하겠지만, 결혼을 앞두고 있는 나이라면 문제가 좀 달라지지 않겠니? 이때는 우선 서로에 대한 친밀감과 헌신과 책임이 요구되겠지. 그리고 자녀를 기르는 40대의 사랑이 다르고, 인생의 중반을 넘어서는 50대의 사랑 역시 그 색깔이 다를 것이다.

이처럼 자신이 처한 현실에 걸맞은 사랑을 이루는 것이야말로 풍요로운 삶을 살기 위한 밑거름이라 할 수 있겠다.

그러기 위해서 먼저 취해야 할 조치는, 인생을 살아가는 것이 하나의 기술인 것과 같이 '사랑도 기술이다' 라는 의미를 깨달아야 한다는 것이다. 그러니까 우리가 사랑하는 방법을 배우고 싶다면, 음악이나 그림·건축·의학 등의 기술을 배울 때와 동일한 과정을 거쳐야 하겠지.

그 과정은 둘로 나눌 수 있는데, 첫째는 '이론의 습득'이고, 둘째는 '실천의 숙달'이다. 만일 네가 의학 기술을 배우고자 한다면,

너는 우선 인체와 갖가지 질병에 대해 알아야 하겠지.

그러나 네가 이러한 이론적 지식들을 모두 습득했다 하더라도 곧바로 의술을 펼칠 수는 없다. 상당한 기간의 실습을 거쳐 숙달된 다음에야 비로소 의사로서의 자격을 가질 수 있지. 즉, 나의 이론적 지식에다가 오랜 실습을 거침으로써 훌륭한 의사가 될 수 있다는 것이다. 이러한 과정이 필요한 것은 사랑 역시 마찬가지지.

누군가에게 기대어 도움을 받고 싶은 나의 의존 욕구, 특히 사랑받고자 하는 나의 욕구를 완전히 충족시켜 줄 대상은 이 세상에 아무도 없다. 그러므로 지금 처해 있는 현실을 있는 그대로 수용하고, 그 속에서 진정한 의미와 만족을 찾을 수 있도록 노력하지 않으면 안 된다. 위안과 사랑으로 충만했던 유아기적 환상을 훨훨 날려 버리고 홀로 설 수 있을 때 비로소 성숙한 사랑을 할 수 있는 것이지.

상대에 대한 기대가 지나치면 사랑의 덫에 걸릴 수 있다. 이 덫에 걸려 상대나 내가 질식되지 않으려면 서로의 욕구를 어느 정도 조절할 줄 알아야 하지. 사랑이라는 이름하에 내가 상대에게 지나칠 정도로 헌신을 요구하고 있지는 않은지 수시로 점검해 봐야 한다. 사랑은 단순한 감정의 차원을 넘어선 행동이자 공유요 돌봄이며, 끊임없는 자기 헌신과 통찰의 과정임을 깨달아야 한다.

일단 네가 결혼을 하게 되면, 더 이상 부부 둘만의 관계가 아닌, 더욱 확장된 관계를 경험하게 될 것이다. 즉, 시댁 식구며 자녀며 남편의 친구며 직장 동료 등에 이르기까지 다양한 '관계'가 발생하지. 그러니까 어떻게 되겠니? 그래, 둘만의 연애 시절과는 비교도 할 수 없을 만큼의 인내와 고민, 자기 훈련과 책임이 요구되겠지?

다른 사람을 사랑한다는 것은 나의 행동 하나하나가 미칠 파급을 염두에 두고서 '나의 욕망'을 조율해 나가는 것이다. 그리고 결혼 생활 속에서의 사랑이란, 어렵고 험난한 일들을 지혜롭게 헤쳐 나가는 사람에게만 돌아오는 하늘의 축복이라 할 수 있겠다.

결혼이라는 것은 두 사람이 어떻게 가꿔 나가느냐에 따라 가장 행복할 수도, 또 가장 불행할 수도 있다는 것을 깨달아야 한다. 보석도 원석일 때는 하나의 돌멩이에 지나지 않지만, 잘 갈고 닦으면 번쩍번쩍 광채가 나지 않니? 사랑 역시 이와 마찬가지라고 생각하면 된다.

2. 이상적인 부부 만들기

부부 관계를 건강하게 유지해 가려면, 지혜롭고 시의 적절하게 참을 수 있어야 하고, 반대로 적절하게 터뜨릴 줄도 알아야 한다. 상대의 부당한 대우에 대해 무조건 참는 것은 자기 학대이기도 하지만 부부간의 관계 개선에 전혀 도움이 안 된다. 반면에, 사소한 일에도 참지 못하고 발끈하며 상대에게 과민 반응을 보이는 것도 대단히 위험하지. 이럴 경우, 점점 스트레스가 쌓이게 되어 이혼할 정도의 명백한 사유가 아님에도 이혼을 감행하는 일이 발생할 수 있으니까 주의하도록 해라.

부부간의 이혼 사유 중에서 가장 많은 비율을 차지하는 것이 외도와 성격 차이라고 하는구나. 그러므로 우선 '남편의 외도 문제'에 대해 짚어보고, 다음에는 '부부간의 성격 차이'에 대해 생각해 보기로 하자.

남편의 외도

사회가 발전하고 생활 수준이 높아짐에 따라 '외도' 라는 문제
의 심각성도 더욱 깊어지는 추세다. 이런 일은 물론 남성들에게
많은 책임이 있지만, 여성들에게도 전혀 문제가 없다고 보기는
어렵다. 여성들이 결혼한 후에는 긴장이 점점 풀리면서 남편을
따뜻하고 부드럽게 대하지 못하는 것이 남성들로 하여금 '외도'
의 길로 접어들게 하는 하나의 원인이 되기 때문이지.

다음은 남성들이 가정에서 멀어지는 원인이 될 수 있는 사항
들이라고 한다. 한번 주의 깊게 읽고 생각하는 시간을 가져보기
바란다.

첫째, 여자가 결혼하고 나면 외모에 전혀 신경을 쓰지 않고, 항
상 지저분하고 단정치 못한 모습을 남편에게 보여 준다거나, 돈
을 너무 밝히며 인색하게 구는 경우이다.

둘째, 남편과의 대화를 집안의 사소한 일에 국한시키고, 남자
의 사회 생활에 대해 전혀 알지 못하며, 또 알려고 하지도 않는다.
그러다 보니 현재 남편이 어떤 고민과 스트레스를 겪고 있는지에
대해 전혀 관심을 갖게 되지 않을 뿐만 아니라, 설령 알았다 해
도 대수롭지 않은 일로 치부하여 위로할 생각도 하지 않는다.

셋째, 남편이 자신에게 해주는 모든 것들을 당연하게 여기고 칭찬해 주지 못하는 것도 한 원인을 제공한다.

넷째, 남편의 단점만을 자꾸 얘기하고, 남편의 잘못에 대해 감싸주려 하기보다는 곧이곧대로 지적해서 자존심을 상하게 하는 것도 한 원인이 되고 있다. 그러나 남성들은 천성적으로 자존심이 강하다는 것을 알아야 한다. 그렇기 때문에 여자가 자신을 무시한다 싶으면 가장 참을 수 없어 하는 것이다. 대부분의 남성들은 자신을 사랑하며 숭배하다시피 하는 여성과 함께 살고 싶어한다는 점을 여성들이 자칫 잊고 사는 경우가 있다.

다섯째, 여성들은 결혼하여 아이를 낳으면 아이에게 좋은 엄마의 역할을 하기 위해 남편에게 무관심해지고, 오히려 남편에게도 그 아이에게 관심을 가져주기를 강요한다. 그러면서 아이를 핑계로, 남편이 현재 무엇을 필요로 하는지는 아예 관심조차 가져주지 않고, 남편이 아이를 잘 돌봐주지 않으면 짜증을 부리고 화까지 낸다. 남편과 대화할 때도 결혼 전처럼 다정하거나 부드러운 태도로 하는 것이 아니라, 돌부처처럼 무뚝뚝하고 퉁명한 태도를 보인다.

그럼, 남편이 좀 이상하다고 느껴질 때는 어떻게 하면 좋을까?
이럴 때 대부분의 여자들은 남편에게 새 여자가 생긴 게 아니냐면서 다그치곤 하는데, 이는 남편에게 반발심을 일게 하여 남편이 정말로 새 여자를 만들지도 모른다.

'부부는 돌아서면 남이다' 라는 말이 있듯이, 부부는 아무리 친밀하다 할지라도 부모 자식 관계처럼 그렇게 영원히 끊지 못하는 사이가 아니다. 두 사람이 아무리 애틋한 사랑을 한 사이라 할지라도 그것이 지탱되지 못하면 어이없이도 깨져 버리는 것이 남녀간의 사랑인 것이다. 그러므로 늘 자신의 새로운 모습과 장점을 상대방에게 보이려고 노력하도록 해라. 이것이야말로 부부 사이를 튼튼하게 하여 남편의 외도를 막는 최선의 방법이라 할 수 있겠다.

부부간의 성격 차이

부부간에 있어 성격 차이, 즉 서로 성격이 맞지 않는다는 말의 진짜 뜻은 무엇일까?

우리는 보통, 내가 드러내고 싶지 않은 부분이나 감당하기 힘든 부분을 부각시키는 사람, 또는 내가 바라는 것을 들어주지 않는 사람에게 '나와 성격이 맞지 않는다' 고 말한다. 이는, '상대가 나의 욕구를 만족시켜 주지 않는다' 는 것을 의미하지. 그래서 자신의 내면에서 비롯된 불만스런 감정을 상대방의 탓으로 돌리며 그를 미워하게 되는 거야.

성숙하지 못한 유아기적 욕구가 많은 사람일수록 배우자에게 미숙한 요구를 많이 하고, 그 욕구가 채워질 때까지 배우자를 계속해서 자극하고 괴롭힌다. 이로써 서로가 피곤하고 화나게 될 것은 당연한 일이지.

물론, 부부란 어느 정도는 서로의 욕구를 채워줘야 한다고 생각한다. 하지만 배우자가 나의 모든 욕구를 즉각적으로 만족시켜 줘야 한다고 생각한다면 결국 문제를 일으키게 되지.

대체적으로 자신의 내면을 돌아보고 성찰하는 기능이 빈약한 사람일수록 성격 타령을 많이 하고, '서로 성격이 맞지 않으니 헤어지면 된다' 는 식의 직선적 사고를 보인다. 그러나 지혜로운 아내는 남편이 자신에게 맞춰주기를 바라는 대신, 자신이 먼저 남편에게 맞춰주려고 노력한다. 그러한 센스와 감각이 없이는 계속해서 남편과 잡음을 낼 수밖에 없다.

그렇다면 부부가 서로 성격이 맞지 않는다고 생각될 때는 어떻게 해야 할까?

일단 배우자와 성격이 맞지 않는 것 자체가 당연하다는 사실을 받아들여야 한다. 그리고 나서 내 욕구를 채우려 하기에 앞서 내가 먼저 상대의 욕구를 채워주기 위해 노력하려는 발상의 전환, 즉 상대를 믿고 무조건 투자하려는 자세가 필요하지. 그러다 보면 머지않아 나의 욕구도 충족되는 신비로운 체험을 하게 될 테고 말이야. 그러면, 이제부터 상대는 나를 자신과 성격이 잘 맞는다고 생각하여, 내 욕구를 채워주려는 마음이 그의 내면에서 싹트기 시작한다. 물론, 이 과정은 많은 시간과 노력이 소요될 수도 있겠지. 하지만 성격이 안 맞는다고 배우자를 강력하게 비난하며 이런저런 요구를 하여서 상황을 더욱 악화시키는 것보다는 훨씬 낫지 않겠느냐? 결국, 배우자와 성격이 맞는다, 안 맞는다는 것은 순전히 '욕구'의 문제라고 본다.

그렇다면 그 욕구가 충족되기 위해서는 어떻게 하면 좋을까?

그렇다. 욕구가 충족되기 위해서는 상대방이 내 욕구를 얼마나 충족시켜 주느냐가 아니라, 나의 욕구를 얼마나 통제할 수 있느냐가 중요하지. 상대방이 내 욕구를 충족시켜 주지 못했다 해서 그에게 불만을 터뜨릴 것이 아니라, 내 욕구의 현실성을 판단하고 상대방의 자질을 파악하여 기대 수위를 조절해야 할 것이다. 그렇게 되면, 성격 차이라는 이름의 부부 갈등은 자연히 줄어들지 않을까 싶구나.

부부간의 성격 차이는 그렇게 숙명적인 것만은 아니다. 성격 차이 자체가 결혼을 위협하는 것이 아니라, 결혼 생활의 성패를 결정하는 것은, 이 성격 차이에 대해서 갖는 부부의 태도라는 점을 명심하도록 해라.

자 그럼, 이제부터 너에게 이상적인 부부 생활을 유지하는 데 있어 꼭 필요한 지침 몇 가지를 이야기해 보겠다. 이는 전문가들이 권하는 내용이기도 하지만, 아빠가 몸소 체험한 바에 의한 산 교훈이기도 하니 마음 속에 새겨두도록 해라.

첫째, 아침을 즐겁게 맞아 남편의 기를 살려주어라.

아침부터 남편의 기를 살려주지는 못할망정 기를 아주 팍팍 죽이는 아내들이 있다. 그러면서도 자신이 남편의 기를 죽이고 있다는 사실을 전혀 모르는 거야. 아침부터 남편에게 듣기 싫은 잔소리를 실컷 쏟아부어 놓고서도 자기로선 당연히 할 말을 했다고 생각하는 것이지.

그러나 지혜로운 아내들은 다르다. 아침에 일어나면, ‘오늘은 이 사람을 어떻게 기쁘게 해 줄까?’부터 생각하지. 하루를 여는 아침의 즐거운 기분은 하루 종일 영향을 미친다는 것을 알기 때문이야. 그리고 그런 아내들은, 자신이 상대방을 기쁘게 해 주면 그 기쁨이 증폭되어 곧바로 자신에게 돌아오고, 또 아침부터 상대방을 기쁘게 해 주려고 생각하면 자신의 기분까지 덩달아 좋아진다는 사실도 잘 알고 있지.

이 기쁨은 자동차의 휘발유와도 같다. 자동차는 휘발유가 있어야 쌩쌩 달릴 수 있듯이, 사람은 아침 기분이 좋아야 하루 일과를 힘차게 시작할 수 있는 거야.

이런 기쁨의 효과는 두 사람 간의 사랑으로 이어진다. 내가 상대에게 기쁨 하나를 선사하면 상대방은 내게 열 배 스무 배의 기쁨을 선사하게 되고, 그러면 나 또한 그에게 다시 백 배 이백 배의 기쁨을 선사하고픈 마음이 생기게 되기 때문이지.

내가 먼저 상대에게 기쁨을 선사해 보자. 그러면 그 기쁨과 함께 사랑과 행복이 줄줄이 알사탕처럼 굴러들어오게 될 것이다.

둘째, 서로 칭찬하는 습관을 들여라.

‘칭찬은 고래도 춤추게 한다’고 했다. 하물며 사람이야 더 이상 말해 뭐하겠느냐?

그런만큼 아무리 작은 일이라도 상대를 칭찬하는 습관을 들이도록 해라. 아내가 하는 말 한 마디는 남편의 기를 살릴 수도, 죽일 수도 있는 것이란 점을 명심해라. 이는 응원단의 힘에 의해 선수가 운동 경기에서 이길 수도, 질 수도 있는 것과 같은 이치다.

세상의 이치란 베푼 만큼 돌아오게 되어 있다. 따라서 상대에게 비난의 화살을 날리면 내게도 비난의 화살이 날아들고, 칭찬의 말을 하면 칭찬의 말이 돌아오게 되어 있지. 이런 평범한 이치를 깨닫고 행동으로 옮긴다면, 그러는 가운데 자연히 사랑이 쌓이고 부부간에 친밀감도 이뤄져서 행복한 가정을 이룰 수 있게 되는 것이다.

셋째, 상대가 피곤해 할 때는 심각한 주제로 토론하지 마라.

사람이 피곤하여 지쳐 있을 때는 그저 쉬고 싶을 뿐 세상 만사가 귀찮은 법이다. 이런 때 자꾸 심각한 얘기를 꺼내어 대화하려 한다면 대화도 제대로 안 될뿐더러 자칫 짜증을 내게 되어 부부 싸움으로 이어질 수도 있다. 그러므로 상대가 피로하여 지쳐 있을 때는 우선 편히 쉴 수 있도록 주변의 분위기를 조성해 주고, 심각한 얘기는 뒤로 미루는 것이 좋다. 상대가 감정적으로 흥분해 있을 때 역시 심각한 얘기는 금물이다.

넷째, 상대방의 이야기에 동의해 주는 습관을 들여라.

어떤 사람들은 이야기할 때 상대방의 말꼬리를 잡고 늘어진다든가, 상대방의 말을 무조건 부정하는 습관이 있는데, 이는 상대방의 감정을 상하게 하는 아주 나쁜 습관이므로 삼가도록 해라.

웬만한 이야기들은 그저 '이해해요', '네, 맞아요' 등과 같은 말로 동의해 주어 친밀감을 유지하도록 해라.

이 세상에 네 마음에 꼭 맞는 남편이 존재할 수 있을까? 모르면 몰라도 그런 사람은 아마 이 세상에 한 명도 없을 것이다. 자로 재어 꼼꼼히 만든 맞춤복도 때론 몸에 맞지 않을 때가 있는데, 20~30년을 다른 환경에서 살아온 부부의 경우야 오죽할까?

따라서 상대방의 행동이나 말이 좀 네게 거슬린다 하여 곧바로 쏘아붙이지 말고 너그러운 마음으로 그것들을 이해하려고 힘쓰도록 해라. 그렇게 풀쐐기처럼 쏘아붙인다고 해서 상대방이 내 마음에 꼭 맞게 고쳐지는 것도 아니지 않느냐? 오히려 그런 말로 인해 부부 사이가 금이 갈 수도 있다. 그릇이고 사랑이고 간에 일단 한 번 금이 가면 다시 때우기가 쉽지 않으므로 주의할 일이다. 상대방의 입장을 헤아려 내가 먼저 그에게 맞추려 노력할 때 천생 연분의 인연이 되살아나는 것임을 기억하도록 해라.

글은 말과 달라서 같은 내용이라 할지라도 더욱 가슴에 와 닿는다. 따라서 비록 짧은 글이라 할지라도 이런 것들을 자주 활용하면 부부 사이의 친밀감을 유지할 수 있어서 좋다.

그리고 이따금씩 사랑이 묻어나는 편지를 쓰는 것도 좋다. 편지를 쓰다 보면 단어 하나하나, 문장 하나하나에 신경을 쓰게 된다. 이렇게 아름다운 말을 하나하나 골라 쓰다 보면 마음까지도

아름다워지게 되고, 또 상대방에 대한 애정과 신뢰가 증폭되어
자신도 모르게 마음 속에 행복감이 밀려들게 되지.

날마다 지겹도록 보는 남편에게 편지는 무슨 편지냐고 말할지
도 모르겠구나. 그러나 편지는 말보다 더 진한 감동을 상대방에
게 안겨 줄 수 있지. 마음 속 깊이 묻어두었던 진실이 편지에 묻
어나기 때문이야. 그런 아내의 편지를 읽다 보면, 너에 대한 남편
의 보이지 않는 벽이 무너질 수밖에 없지 않을까?

취미가 같은 사람끼리 만나면 이야깃거리도 풍성해지고 다른
사람들보다 더욱 친밀감도 느껴지게 되지. 이는 부부 사이에도
마찬가지야. 따라서 두 사람이 함께 즐길 수 있는 취미 생활을
하여 서로 친밀감을 유지하도록 해라.

부부가 함께 살다 보면 서로 흉허물이 없게 되어 반 농담 삼아
시집 식구와 친정 식구를 비교하면서 은근히 자기 쪽 식구를 추
켜세우는 경우가 있는데, 이런 말은 상대방을 자극하게 되므로
아예 입 밖에 꺼내지 않는 것이 좋다. 그리고 그 밖의 말도 득이
되지 않을 말이라면 아예 하지 않는 것이 현명하다.

결혼 생활에서 위험한 것은 어떠한 문제나 상호간의 차이 자체

가 아니라, 이러한 것들에 대한 표현이나 대화가 불가능한 것이 더 큰 위험이다. 두 사람이 항상 자신의 감정을 솔직하고 자유로이 표현할 수만 있다면 상호간의 차이는 해결될 수가 있는 것이지.

그리고 화가 나서 버럭 소리소리 지르며 대화를 하는 것은 잘못된 방법이다. 이렇게 하면 상대 또한 이를 맞받아치게 되고, 그렇게 되면 결국 부부 싸움으로 이어져서 진정한 대화를 할 수 없게 되지. 이렇게 해서 일단 대화가 끊어지기 시작하면, 두 사람 사이에 점차로 벽이 생기게 되므로 주의할 일이다.

그럼, 이처럼 부부간의 대화를 단절시키는 무기는 어떤 것들이 있는지 한번 알아보도록 하자.

대화를 단절하는 첫째 무기는 폭발이다.

어떤 사람들은 누군가가 자기의 결점을 말해 주면 그것을 받아들여 고칠 생각은 하지 않고 우선 폭발부터 한다. 이 폭발은 자기 보존을 위해 일어나는 내부의 분노와 적의감에서 오는 것이지. 다시 말해, '너는 절대로 나의 결점에 가까이 할 수 없다. 만일 가까이 온다면 나는 폭발할 것이다' 라는 의미가 내포되어 있다.

두 번째 자기 방어 무기는 눈물이다.

이 무기는 여자들에 의해 많이 사용되고, 때로는 우울질이나 다혈질의 남자도 잘 사용한다는구나. 이 무기는 앞의 '폭발'이라는 무기와 마찬가지로 '내 결점을 말하지 말라. 만일 내 결점에 대해 말하면 나는 그냥 엉엉 울어 버릴 거야.' 하는 태도이지. 특히 결혼 초의 부부 싸움에서 신부가 잘 울곤 하는데, 이는 남편으로 하여금 자신이 어떤 점에 약하다는 것을 알게 하고, 자신을 울리지 않으려면 어떤 점에 대해 참아야 한다는 생각을 무의식적으로 형성하게 만든다. 이렇게 해서 또 하나의 벽돌이 쌓아지고 대화 소통이 끊어지는 것이지.

세 번째 무기는 침묵이다.

하루는 한 젊은이가 찾아와서 자기 가슴을 주먹으로 치며 이렇게 말했다.

"제 아내는 한번 싸웠다 하면 적어도 한 달 동안은 말을 하지 않습니다. 청각 장애인이라면 수화라도 통하겠지만, 우리 집에서는 그 어떤 방법도 통하지 않아요. 아마 당해 보지 않은 사람은 이 고통을 모를 거예요. 이때는 아예 밥 얻어먹을 생각도 못하죠."

이와 같은 침묵은 옛날에 종교인들이 많이 쓰던 무기라고 하는구나. 배우자가 기분 상한 말을 했다 해서 화를 내거나 폭발하는 것은 종교인으로서 도리가 아니고, 또한 부모가 아이들 앞에서 눈물을 보이는 것은 좋지 않으므로 침묵을 택했던 것이지.

그러나 이것은 아주 위험한 무기라는 것을 알아야 한다. 침묵은 대화를 급격하게 중지시키며 신체적으로나 정신적으로 너무나 큰 희생을 치러야 하기 때문이야.

오랫동안 하고픈 말을 꾹 참고 침묵을 지킨다는 것은 상당한 인내력을 필요로 하므로 분노가 마음 속에 들어차서 이 인내력의 역할을 하게 되지. 이 분노는 궤양이나 고혈압, 그리고 그 밖의 갖가지 질병의 원인이 되므로, 배우자를 향한 침묵의 무기는 부부 쌍방이 피해를 입게 된다는 사실을 알아야 한다.

그럼, 한 젊은 부부의 예를 들어보겠다.

평소에 남편은 말을 너무 느리게 하는 편이었고, 반대로 아내는 말을 너무 빠르게 하는 편이었어. 그래서 남편이 자신의 생각을 말로 표현하려고 하면 아내는 끝까지 기다리지 못하고 중간에 말을 싹둑 자르며 반박부터 하는 거야. 그것도 아주 빠른 어조로 기관총 쏘듯이 말이야.

남자는 그런 아내가 자기와 대화 상대가 되지 않는다고 생각했지. 그래서 택한 것이 바로 침묵이었던 거야. 다혈질인 아내의 피를 말릴 작정이었던 거지.

"한번 아내가 나를 기분 나쁘게 하면 나는 한동안 말을 안 합니다. 그러면 성미가 불같이 급한 아내는 팔팔 뛰며 난리를 피우죠. 그런데도 나는 개의치 않고 15일 동안이나 침묵을 계속한 적이 있습니다. 앞으로도 아내가 내 기분을 상하게 하면 이 방법을 계속 사용할 작정예요."

그래서 아빠가 말했지.

"그렇게 마음 속에 분노나 괴로움을 꾹 참고 있으면 위궤양과 같은 병이 생길 수도 있습니다. 댁의 부인 역시 값비싼 대가를 치르게 될 테고요. 그러니 이제 그 방법을 철회하시는 게 좋을 것 같습니다."

그런데 그 후 채 한 달도 안 지나서 그가 위궤양에 걸렸다지 뭐냐. 이것이 우연의 일치일까?

넷째 무기는 억지이다.

상대가 자신의 잘못을 지적하기라도 하면 그것을 방어할 목적으로 이런저런 말도 되지 않는 말들을 갖다 붙이며 억지를 부리는 사람이 있는데, 그러면 자칫 부부 싸움으로 이어질 수 있으므로 삼가도록 해라.

다섯째 무기는 대화 중에 짜증을 내는 것이다.

현명한 부부들은 신혼 초부터 서로에 대해 언성을 높이지 않기로 약속을 한다는구나. 사람은 분노하는 동안 사실보다 더 말을 많이 하게 되는데, 이 말들은 대개가 신랄하고 잔인하며 불필요한 말들뿐이지. 한쪽의 분노는 상대방의 분노 반응을 촉진하게 마련이므로 주의하도록 해라.

아홉째, 이따금씩 남편이 좋아하는 음식을 상에 올려라.

작은 것이지만, 이따금씩 남편이 평소에 좋아하는 음식을 음식상에 올려주면 남편은 잔잔한 감동을 받게 된다.

너도 알다시피, 아빠는 따스한 봄철에 돋아나는 가죽나무순을 무척이나 좋아하지. 이 가죽나무순은 향도 좋지만, 그 자체에서 고향의 맛과 옛날 어릴 적 추억이 느껴지기 때문이다.

엄마는 누구보다도 아빠의 이런 마음을 잘 알고 있지. 그래서 네 엄마는 따스한 봄날만 되면 시장에 나가 가죽나무순부터 찾는다. 그리고 시골에 계신 네 할머니와 할아버지께서도 봄철에 가죽나무순이 돋아나면 반가운 마음으로 아빠한테 전화를 걸어 그 소식을 전하신다. 그러면서, 가죽나무순이 먹기 좋을 만큼 자랐으니 시골에 꼭 한번 왔다 가라고 말씀하신다.

그럴 때마다 아빠의 마음 속에는 자식을 생각하시는 부모님의 마음과 남편을 생각하는 아내의 마음을 느끼게 되어 마음 속에 잔잔한 감동이 일곤 한다. 이런 감동들이 하나둘씩 모이다 보면 자기도 모르는 사이에 아름다운 사랑의 탑이 쌓여지는 게 아니겠니?

열째, '사랑한다'는 말을 자주 해라.

모든 인간은 사랑받기를 갈망하지. 그런데 우리나라 부부들을 보면 대부분 아내나 남편을 마음 속으로만 사랑하는 경향이 있더구나. 그러나 마음 속의 사랑이 아무리 깊다 한들 표현하지 않아서 상대가 그걸 모른다면 아무런 소용이 없다. 귀신도 말하지 않으면 모른다는데, 하물며 사람이야 더 말해 무엇하겠느냐?

15년간 함께 살던 남편이 다른 여자와 바람이 나서 종적을 감추자 그 부인이 목사님을 찾아갔다. 그녀는 대학원을 나와 박사 학위까지 받은 장래가 촉망되는 한 대기업의 간부였는데, 결혼 생활 15년 동안 남편에게 한 번도 '사랑한다'는 말을 해본 적이 없다고 인정했다.

왜 그랬느냐고 목사님이 묻자 그녀가 말했다.

"아이들처럼 유치하게 사랑한다는 말을 꼭 할 필요가 있나요? 지난 15년간 그와 함께 살아온 것만으로도 사랑한다는 것이 증명되지 않아요? 우리가 살던 집이 마음에 안 든다고 해서 제가 번 돈으로 그의 마음에 드는 집을 샀고, 또 자기 자동차가 마음에 안 든다고 해서 외제차로 교환해 주었어요. 그리고 또, 만일 내가 그를 사랑하지 않았다면 어떻게 아이를 셋씩이나 낳을 수 있었겠어요?"

그런데 그녀를 더욱 화나게 하는 것은, 학벌이나 미모에 있어 자기보다 훨씬 못한 여자와 바람이 났다는 점이었다.

그녀는 분노에 떨며 말했다.

"대체, 남편은 그 여자의 무엇에 홀려 그렇게 된 것일까요?"

목사님이 대답했다.

"그것은 단 한 가지, 그 여자는 남편에게 당신이 주지 못한 사랑을 주었던 겁니다."

그녀는 회사에서 인정받는 대기업의 훌륭한 간부였지만, 아내로서는 많이 부족한 여자였던 것이다. 그녀가 남편에게 좀더 적극적으로 사랑 표현을 하고 자신감을 심어주었더라면 아마 그런 일은 일어나지 않았을 것이다.

명심해라, 배우자가 너를 사랑하면 할수록 그만큼 그는 너로부터 '사랑한다' 란 말을 듣고 싶어한다는 것을.

행복한 결혼의 열쇠는 뭐니뭐니해도 '사랑'이다. 세상의 많은 소설가며 시인들이 이 사랑에 대한 묘사를 했지만, 어떤 문학 서

적에서도 사도 바울이 쓴 〈고린도전서〉 13장의 묘사와 비교할 만
한 것은 아마 없지 않을까 싶구나.

사랑은 오래 참고

사랑은 온유하며

투기하지 아니하며

사랑은 자랑하지 아니하며

교만하지 아니하며

무례히 행치 아니하며

자기의 유익을 구치 아니하며

성내지 아니하며

악한 것을 생각지 아니하며

불의를 기뻐하지 아니하며

진리와 함께 기뻐하고

모든 것을 참으며

모든 것을 믿으며

모든 것을 바라며

모든 것을 견디느니라.

– 〈고린도전서〉 13장 4~7절

여기에 나타난 말들을 한 줄 한 줄 음미하며 마음 속에 새기면,
진정한 사랑이란 것이 무엇이고, 또 네가 배우자를 대할 때 어떻
게 하는 것이 진정한 사랑을 베푸는 것인지 그 해답을 얻을 수

있을 것이다.

한꺼번에 이 모든 표현을 자연스럽게 할 수는 없을 것이다. 어떤 사람은 천성적으로 인내심이 있고 친절하지만 겸손이나 관용이나 자신감이 부족하고, 또 어떤 사람들은 성격적으로 진실하고 예의 바르지만 성질이 좋지 못하거나 인내심이 적기 때문이지. 따라서 이를 완수하기 위해서는 부단한 노력이 없으면 불가능하다고 본다.

음의 조화는 자기 소리를 높이는 데 있는 것이 아니라, 상대방의 소리에 자기 소리를 최대한 맞출 때 가능한 것이다. 행복도 따지고 보면 상대방에게 맞추는 데서 시작되지. 이것을 모르는 사람은 노래방에서 노래를 할 때도 자기 목청을 높이는 데만 정신이 없다. 그래서 불협화음이 생기는 것이지. 이는 앞으로 네가 갖게 될 가정도 마찬가지다.

 시집에는 친정엄마가 없다

3. 흉허물 없는 부부 사이에 웬 예절?

배우자의 선택도 중요하지만,
그 다음으로 중요한 것은 결혼 후의 예절이다.
젊은 가정주부는 다른 손님들에게 예절 바르게 응대하듯이
남편에게도 정중한 예의를 지켜야 한다.
- J. G. 브레인 부인

서로 다른 환경에서 자란 남녀가 몸을 합쳐 부부가 되고, 마음을 합쳐 가정을 승계하며, 사랑을 합쳐 생명을 창조하고, 힘을 합쳐 세상을 살아가므로, 부부는 신성하고 존엄하며 신비스럽고 위대한 것이다.

이처럼 혈연 관계가 아니면서 가장 밀접한 관계에 있는 부부가 오래도록 그 관계를 건강하게 유지해 나가려면 서로간에 지켜야 할 도덕률과 윤리관이 있고 행해야 할 생활 규범이 있어야 하는데, 이것이 부부 예절이다. 그런데 만일 흉허물 없는 부부 사이라 하여 서로에게 지켜야 할 예절을 등한시한다면, 부부간의 존엄성이 전락되어 가볍게 변질됨은 물론 그 영향이 자녀에게까지 미치게 된다는 점을 염두에 두어야 한다.

보통 때는 지적이던 남편이 한번 술에 취하면 평소와는 전혀 다른 말을 내뱉거나, 길거리에 쪼그려 앉아 온 사방에 토해 놓거나 하는 모습을 아내가 보았다고 하자. 이후에도 아내의 마음 속에 이전과 같은 존경심이 일어날 수 있을까? 또, 누워 있는 남편의 배 위를 아내가 속치맛바람으로 건너가는 것을 남편이 봤을 때, 남편은 그런 아내를 어떻게 생각할까? '이것이 과연 결혼식 날의 아내와 동일 인물인가?' 하는 생각이 들어서 아마 입을 딱 벌리지 않을까 싶구나.

다음에 말하는 사항들은 부부 생활을 하면서 자칫 소홀히 하기 쉬운 것들이다. 그러나 만일 그러한 것들을 지키지 않을 경우, 부부 생활에 문제를 일으킬 수도 있는 중요 사항이므로 꼭 기억해 두었다가 실행에 옮기도록 해라.

첫째, 남편을 가장(家長)으로 인정하고 존중해라.

대체적으로 주도권이 아내에게 있는 가정은 다툼이 많고 시끄러운 편이다. 그렇게 되면 남편은 더욱 내향적이 되어 위축되고 평균 이하의 인간으로 퇴보되고 말지. 그런데 더욱 슬픈 것은, 이런 남편을 여자들은 더욱 경멸하고 멸시하게 된다는 거야.

공격적이고 지배적인 여자는 결혼 초부터 남편을 제압하여 '온순하고 복종 잘 하는 남편'으로 길들인다. 그러다가 35~45세가 되면 여자들은 대개 누군가에게 의지하려는 욕망이 늘어난다고 하는데, 이 나이가 되면 내향적인 남편을 몹시 싫어하게 된다는 거야. 자신이 그런 남편으로 만들어 놓았으면서도 말이야.

세상에는 남편이 한 마디 하면 열 마디 스무 마디를 하면서 남편의 기를 팍팍 꺾는 아내들도 적지 않지만, 반면에 남편이 하는 말이라면 무조건 믿어주는 아내들도 적지 않다. 이는 무조건 남편을 믿고 높이는 것이 자신을 높이는 것임을 아는 지혜에서 나온 것이지.

남편이 출근할 때 침대에 누워 있는 아내도 예상 외로 많고, 또 부엌일을 하느라 배웅을 못하는 아내들도 많다. 현관까지 나오는 데 잠깐이면 되는데도 말이다.

다음은 남편들이 자기 아내에게 갖는 불만 사례들로, 주위에서도 종종 볼 수 있는 모습들이다.

사례 1

아내는 툭하면 나에게 '너'라고 한다.

듣기 거북하니까 그렇게 하지 말라고 하면 오히려 화를 낸다.

"너한테 너라고 하는데 왜 그래?"

사례 2

회사 승진 시험 때문에 머리를 싸매고 공부하는데, 아내는 전등 스위치를 끄며 이렇게 말한다.

"공연히 에너지 낭비 말아요. 전기세가 얼만데……."

"내일이 승진 시험이잖아!"

"승진 시험? 당신의 그 머리로?"

사례 3

"나중에 네 아빠 같은 사람 만나면 신세 망친다."

내게는 무슨 소리를 해도 상관없지만, 아이 앞에서 그런 소리를 할 때는 정말 자존심이 있는 대로 상한다.

사례 4

아내는 텔레비전 연속극에 나오는 주인공 남자를 보면서 이렇게 독백하곤 한다.

"저런 남자하고 사는 여자는 얼마나 좋을까?"

다른 남자와 비교하며 남편을 무시하는 아내가 정말 싫다.

사례 5

친구들과 어울려 과음한 다음날 아침에 속이 쓰려,

"여보, 콩나물국 좀 끓여줘."

하고 부탁하면, 아내는 옆으로 돌아누우며 냉정하게 한 마디 쏘아붙인다.

"아니, 내가 술 마시게 했어? 정 속 쓰리면 그 친구들한테 가서 끓여 달라고 해!"

사례 6

텔레비전에 못생긴 사람이 나오면 숨넘어갈 듯이 나를 불러대며 이렇게 말한다.

"여보 여보! 빨리 이리 좀 와 봐. 텔레비전에 당신 나왔어."

설마, 너야 이러지 않으리라 믿고 있지만, 실제로 이런 아내들이 세상에는 적지 않다고 하는구나.

그런데 생각해 봐라. 네가 좋아서 선택한 배우자를 너 자신이 존중하지 못한다면 세상의 어느 누가 네 배우자를 존경하고 신뢰해 주겠느냐? 만일 남편이 다른 사람들로부터 존경이나 신뢰받지 못하게 된다면, 아내인 너 또한 그들로부터 남편과 동등한 대접을 받게 된다는 사실을 명심하도록 해라. 만일 두 사람 가운데 어느 한쪽이 바보라면, 나머지 한쪽도 자연히 바보 취급을 받게 되는 것이 부부 관계란 것이다. 그래서 '부부는 한 몸'이라고 하는 것이 아니겠니?

다음은 한 젊은 남자의 불만 섞인 말이다.

"제 아내는 외출할 때는 패션 모델 뺨치게 잘 차려 입지만, 집에서는 내가 입다 버린 구멍 난 예비군복을 입고 다닙니다. 정말 누가 갑자기 집에 올까 봐 겁나요."

일반적으로 부부가 함께 집 안에서 생활하다 보면 그저 편하다는 이유로 몸단장도 소홀히 하고 흐트러진 모습을 자주 보이곤 하는데, 이는 좋지 않다. 그런 모습을 자주 보다 보면 남편은 자기도 모르는 사이에 '아내는 그런 흐트러진 사람'이라고 착각할 수도 있기 때문이다. 밖에서 곱게 차려입고 예쁜 모습으로 화장한 여자들을 보다가 집에 와서 그런 꾀죄죄한 모습을 보는 남편의 기분이 어떨지를 헤아린다면 신경 쓰지 않을 수 없는 부분이다.

셋째, 남편의 바깥일에 대해 일일이 간섭하지 말아라.

남편의 바깥일에 대해 너무 이래라저래라 하며 간섭하는 것처럼 보기 안 좋은 것도 없다. 만일 꼭 해주고 싶은 말이 있다면, '그 일을 이러저러하게 처리하면 어떨까요?' 정도로 끝내고, 그 선택은 남편이 하도록 해라. 그래야만 한 집안의 가장으로서의 체면도 살고, 남 보기에도 거북스럽지 않다.

그리고 또 너무 사소한 부분까지 일일이 간섭한다면, 남편은 위축되어 원만한 대인 관계를 갖지 못하게 되고, 소위 '왕따'가 될 수도 있다. 그로 인해 남편은 회사에서 말단을 면하기 어렵게 되고, 그렇게 되면 결국 그 손해가 가정에 돌아오게 된다는 점을 염두에 두어야 할 것이다.

넷째, 남편 앞에서 시부모의 흉을 보지 말아라.

너도 결혼해서 살아보면 알겠지만 대부분의 남자들은 효자다. 그래서 분가하여 살아도. 일주일에 한 번 정도는 부모님을 찾아뵙고 틈틈이 안부 전화라도 여쭙기를 원한다. 그런 남편 앞에서 시부모 흉을 본다는 것은 부부 관계에 문제를 일으키는 원인이 될 수 있으므로 절대 삼갈 일이다.

다섯째, 집안 살림을 완벽히 해라.

물론, 부부가 맞벌이를 하게 될 경우에는 파출부나 가정부를 두어 살림을 맡길 수도 있겠으나, 그럴 때에도 최종 점검은 아내인 네가 하여 남편으로 하여금 집안 살림에 신경 쓰이는 일이 없도록 해라. 요즘 젊은 여자들 가운데 자신은 누운 채 텔레비전을 보면서 남편에게 '이것 좀 해줘라', '저것 좀 해줘라' 하며 자잘한 일들을 시키는 경우가 있는데, 이는 한 집안의 가장인 남편의 권위를 실추시키는 일이다. 어느 단체든 그 소속 단체장의 권위가 땅에 떨어지게 되면 그 단체는 결국 오래 가지 못한다는 점을 명심하도록 해라.

우리나라의 식단은 대개가 날마다 같은 음식들로 반복되곤 하는데, 가족의 건강을 생각해서라도 식단은 계획적으로 짤 필요가 있다. 최소한 음식의 영양가 정도는 알아두어서 가족들로 하여금 영양을 골고루 섭취할 수 있도록 해야 한다. 그것이 또, 가족의 건강을 책임 지는 주부로서의 가족에 대한 의무이며 예의이기도 하다.

대학을 나온 새며느리에게 시어머니가 열무김치를 담그라고 하자, 며느리가 말했다.

"어머니, 열무김치 담글 줄 모르는데요."

"한심하구나. 대학까지 나온 아이가 김치도 못 담아?"

그러자 며느리가 지지 않고 말했다.

"대학에서는 그런 걸 가르치지 않는데요."

"그럼, 네가 남편을 위해서 할 수 있는 것이 뭐냐?"

시어머니가 한숨을 내쉬며 자기 방으로 들어갔다.

네게 이런 일이 있어서는 안 되겠기에 엄마 아빠는 《시집에는 친정엄마가 없다》 2권을 준비했다. 이 책을 늘 가까이에 두었다가 의식주 생활 전반에 대해 궁금한 것이 있을 때마다 펼쳐보면 너의 신혼 생활에 많은 도움이 될 줄로 믿는다.

네가 만일 직장 생활을 하게 될 경우에는 업무 외의 일, 즉 회식 모임 등에 참석할 때는 미리 배우자의 양해를 구하고, 배우자 앞에서 직장의 이성에 대해 필요 이상의 칭찬을 하거나 관심을 가짐으로써 배우자로 하여금 질투심을 유발케 하는 일이 없도록 해라. 그리고 아무리 자기가 번 수입이라 할지라도 그 돈을 독단적으로 처리하지 말고 반드시 남편과 상의하여 공동 관리하도록 하고, 직장 때문에 가정에 불성실하거나 배우자가 걱정하는 일이 없도록 해라.

세상에는 몇 천 원짜리 인생을 사는 남편들이 많다는구나. 매일 아침에 자기 아내한테 천 원짜리 몇 장 받아가지고 나와서 점심 사 먹고, 버스나 지하철을 타고 시계추처럼 회사와 집 사이만 왔다갔다 하는 남자들이 많은 것이지. 이런 종류의 남편들은 매사에 무기력해져서 도저히 큰일을 할 수 없게 된다. 그러므로 때로는 친구나 회사 동료 간에 어울려서 술도 마시게 하고 취미 생활도 할 수 있도록 배려하도록 해라. 남자가 날마다 다른 사람들한테 얻어만 먹고 변변히 술 한잔 살 수 없게 되면, 다른 사람들로부터 소외될 수 있으므로 신경 쓸 일이다.

아홉째, 남편이 가정에서 편히 쉴 수 있도록 해라.

아무리 호화롭고 넓은 집에 살더라도 아내가 쉴 새 없이 바가지를 긁어대는 바람에 편히 쉴 수 없다면, 남편에게 있어 그곳은 가정이 아니라 지옥과도 같이 여겨질 것이다. 반면에, 조그마한 사글세 집에서 살더라도 마음 편히 쉴 수 있는 곳이라면 천국이 따로 없겠지.

그리고 집에 들어가서도 편히 쉴 수 없는 사람은 밖으로 나돌게 된다. 아내의 잔소리를 듣는 것보다는 좀 시끄러워도 바깥이 더 편하기 때문이지.

가정은 활력을 충전하는 곳이고, 직장은 그 힘으로 일하는 곳이다. 그런 점을 생각한다면, 하루 종일 직장일에 시달리다 온 남편에게 편안히 쉴 공간을 제공해 주는 일이야말로 무엇보다 중요하다 하겠다.

위에서 말한 것들은 모두 너로 하여금 건강한 부부 생활을 유지케 하기 위한 아빠의 충고이니 명심하도록 하고, 그 중 몇 가지를 꼬집어내며, 흔히 요즘 사람들이 말하는 '남녀차별대우'니 '남존여비사상'이니 하는 부정적인 말로 일축하지 않았으면 좋겠구나.

그럼, 이 문제에 대해서도 한번 짚고 넘어가 보자꾸나.

지금 우리 사회에는 남녀 차별 문제에 대한 오해가 뿌리 깊이 내려져 있다. 그래서 이 시대의 여성들은 '뿌리 깊게 박힌 남존여비사상의 굴레를 벗어나 여권을 신장하여 남녀동권사회를 이뤄야 한다'고 생각하고 있지.

그러나 이런 주장은 '차별'과 '구별'에 대한 개념이 정립되지 못한 데서 오는 오해라고 말할 수 있겠다. 어느 시대나 사회를 막론하고 조건과 능력에 따르는 차별은 피할 수가 없지 않겠느냐? 그 차별이 없다면 아마 이 사회의 위계 질서는 혼란에 빠지게 될지도 모를 일이다.

남녀 차별에 대해 말하기 전에 우선 같은 남자나 같은 여자의 경우를 한번 생각해 보자꾸나. 아무리 같은 남자나 여자라 할지라도 그 능력에 따라서 주어진 일과 받는 대우가 다름을 부인할 사람은 아무도 없을 것이다. 그럼에도 불구하고 각기 주어진 신체적 조건과 선천적 직분의 구별에서 오는 남녀의 차별을 없애려고 하는 것은 근본을 잊고 지엽에만 매달리는 어리석은 일이 아닐 수 없다.

출산·육아·가사 등과 같은 섬세한 일은 여성이 능하고, 남성은 그런 여성과 자녀를 부양하는 직분으로 더욱 활발하게 활동해야 하는 신체적 조건 위에 있다.

따라서 남녀 차별이냐 평등이냐의 문제는 각기 지닌 조건과 능력이 필수적이며 당위적으로 수용되는 분야에서 찾아야 할 것이다. 그럼에도 불구하고, 어려운 일은 남자가 도맡아 처리해 주기를 원하면서 커피 한 잔 타는 일이나 설거지, 또는 집안 청소 등과 같은 사소한 일까지도 남녀가 서로 분담해야 한다고 고집한다면 이는 형평성에 어울리지 않는다고 본다.

그러므로 여자가 해서 어울리는 일을 가지고 남자에게 시켜 가면서 남녀 평등 운운하고 내세우며 부부간에 티격태격 다투어서 남들로부터 빈축을 사는 일이 없도록 해라.

진정으로 남편을 존경하고 사랑한다면, 그런 사소한 일에 이런저런 부정적인 말들을 갖다 붙이며 부부 사이에 문제를 일으킬 것이 아니라, 자신이 해야 할 일이 무엇인지를 얼른 깨닫고, 그 일을 찾아 즐거운 마음으로 해야 할 것이다.

옛날에 말과 당나귀를 가진 사람이 있었다.

그는 여행을 떠날 때마다 항상 말은 자유롭게 풀어주고 모든 짐은 당나귀의 등에 실었다. 당나귀는 건강이 안 좋았기 때문에 어느 날 말에게 부탁했다.

"내가 요즘 건강이 안 좋아서 그러는데, 네가 짐을 반절만 좀 져 주지 않을래?"

그렇지만 말은 당나귀에게 '왜 네 짐을 내가 지고 가야 하느냐' 면서 더 이상 자신을 괴롭히지 말라고 했다.

"나는 곧 다시 나을 거야. 하지만 네가 나를 도와주지 않는다면 이 무게 때문에 나는 죽고 말 거야."

그래도 말이 부탁을 들어주지 않자, 당나귀는 할 수 없이 불편한 몸을 이끌고 묵묵히 걸어갔다. 그러나 당나귀는 곧 짐의 무게를 견디다 못 해 길에 쓰러져 죽어 버렸다. 그러자 주인은 죽은 당나귀의 등에서 짐을 풀어내더니 말의 등에 모두 실었고,

게다가 당나귀의 시체까지도 그 위에 얹었다.

　말이 신음하며 말했다.

　"이럴 줄 알았으면 당나귀의 부탁을 들어줬어야 하는 건데…… . 그 부탁을 거절했다가 이젠 그의 시체까지 짊어지게 되었구나."

　후회는 아무리 빨리 해도 늦다고 했다. 혼자만 편하고 싶은 마음에 동반자의 고충은 아랑곳도 하지 않는 사람이야말로 이 말(馬)과 같은 존재가 아닐까?

4. 부부 싸움에도 기술이 필요하다

오랫동안 서로 다른 환경에서 자라왔던 두 사람이 결혼하여 함께 살다 보면 처음에 가졌던 기대와는 전혀 다른 상대의 특성과 맞닥뜨리게 된다. 그래서 상대가 서로 아끼고 사랑하는 존재라기보다는 서로를 실망시키고 좌절케 하는 원천으로 탈바꿈하기 시작하는 거지. 그러면서 사랑은 서서히 실망과 분노로 변해가기 시작하지. 끝없이 이상화된 두 사람의 사랑은 매혹적인 환상을 접고 '현실'을 지향하게 되는 거야. 이때가 바로 사랑의 감정과 실망의 감정이 고개를 빳빳하게 세우고 서로 대치하게 되는 시점이지.

어느 날, 해가 말했다.

"나뭇잎은 초록색이다."

그런데 달은 자꾸 나뭇잎은 은빛이라고 우기는 거야.

이제는 달이 먼저 말했어.

"사람들은 늘 잠만 잔다."

그러자 해는 또, "그들은 늘 움직인다."고 우겼어.

달이 물었다.

"그러면 왜 그렇게 땅이 조용하지?"

그 말을 듣고는 해가 눈을 크게 뜨며 말했어.

"아니, 땅이 조용하다니, 그게 무슨 말이야? 땅은 언제나 시끄럽잖아."

해와 달이 이렇게 아옹다옹하며 말다툼을 벌이고 있을 때, 지나가던 바람이 그 광경을 보고 말했다.

"쓸데없는 논쟁들을 하고 있구나. 나는 하늘에 해가 떠 있을 때도 불고, 달이 떠 있을 때도 분다. 해가 빛을 비추는 낮에는 해가 말한 대로 땅이 시끄럽고, 사람들은 모두 움직이고, 나뭇잎은 초록색이다. 그러나 달이 비추는 밤이 되면 모든 것이 달라지지. 사람들은 잠을 자고, 온 땅은 고요해지고, 나뭇잎은 은빛이 되지. 구름이 달빛을 가리면 나뭇잎은 검은 색이 되기도 해. 너희는 모두 그런 사실을 모르고 있구나."

대부분 결혼 초기에는 두 사람이 모두 극진한 사랑을 가지고 출발하지만, 이 이야기에서처럼 각기 다른 환경에서 자라온 탓에

개인차가 점차 드러나면서 두 사람 간에 갈등이 생기기 시작한다. 이 갈등을 해결하지 않고 그대로 산다면, 사랑으로 채워져야할 두 사람의 마음 속에 적의와 증오가 가득 채워져 불행한 삶을 살아가게 되는 것이지.

그러다 보니, '아내가 죽으면 남편은 그 시신 앞에서는 눈물을 흘리지만, 화장실에 들어가서는 행복한 미소를 짓는다' 는 우스갯말도 있고, 또 돈 많은 남편이 세상을 떠나자 아내가 관을 붙잡고 자기도 데리고 가라며 통곡하다가 부엌에 들어가서는 혼잣말로 '당신은 정말 멋진 남자' 라고 한다는 이야기도 있을 정도다.

실제로 이런 부부는 없겠지만, 만약 있다면 그들은 살아생전에 부부가 아니라 원수 사이가 아니었을까 싶구나. 지난 결혼 생활이 얼마나 지긋지긋했으면 그런 소리를 할까?

부부간에 있어 갈등 자체는 그다지 치명적인 것이 아니라고 생각한다. 실제로 어떤 카운슬러들은 '부부간의 갈등은 극히 정상적인 현상으로, 오히려 결혼 생활에 창의적인 힘을 부여한다'고 말하기도 한다. 다음은 한 카운슬러의 말이다.

활기 있는 말다툼은 오히려 결혼 생활에 좋습니다. 결혼 생활에서 말다툼이나 논쟁은 불가피한 것으로, 부부가 까다로운 문제를 해결하는 데 가장 좋은 방안을 제안해 주기도 하니까요. 부부 싸움이 끝날 즈음에는 모든 욕구 좌절이 여러 가지 모양으로 드러나게 됩니다. 이때 좀더 성숙하고 현명한 부부라면 서로 의논하여 그 드러난 부분을 치료하지요.

사실, 두 사람 간에 의견 차이가 있다는 것은 절대로 나쁜 것이 아니다. 이는 부부 사이가 더욱 성숙하기 위해 통과해야 할 관문인 것이지.

이때 정신적으로 성숙해 있는 사람들이라면 부부가 서로 의논함으로써 문제 해결이 가능하다. 그런데 그런 갈등의 상황에서 자기만의 생각을 고집하고 상대의 말을 들어주지 않는다는 것은 두 사람 모두에게 불행을 안겨주는 참으로 어리석은 행동이 아닐 수 없지.

끊임없이 부부 싸움을 해대는 사람들을 보면 대체로 '상대가 바뀌기만을 고집하며, 자신의 생각이나 행동은 모두 옳으므로 바꿀 필요가 없다'고 생각하는 거야. 그래서 자신의 생각이나 행동을 좀처럼 바꾸려 하지 않지.

"당신 때문에 내가 이렇게 불행한 삶을 살고 있다. 그러니 당신의 생각이나 행동이 바뀌지 않는다면, 그것들이 바뀔 때까지 모든 수단을 동원하겠다."

이렇게 서로가 서로를 탓하면서, 상대방이 바뀌어야만 원만한 결혼 생활을 유지할 수 있다고 고집하며 단 한 발자국도 물러나려 하지 않는 거야. 서로가 '상대 잘못이지 내 잘못이 아니다' 라고 생각하기 때문에 자신의 행동을 고치려 하지 않는 것이지. 그러다 보니 결국 불행에 불행이 더해져서 나중에는 걷잡을 수 없는 지경에까지 이르게 되고 말이야.

옛날, 한 마을에 김서방과 이서방이란 사람이 살고 있었지. 두 집 모두 식구 수도 비슷했고 재산도 비슷했는데, 다른 게 한 가지 있었어. 김서방네 집에서는 하루가 멀다 하고 싸우며 살고, 이서방네 집에서는 날마다 웃음소리가 끊이지 않았지.

하루는 김서방네 소가 온 동네의 밭을 휘젓고 다니며 곡식을 모두 망쳐놨어. 김서방이 풀을 뜯기느라 소를 언덕 위에 매어 놓았는데 소가 고삐를 끊고 달아났던 거야.

김서방네 식구들은 그 소를 잡으려고 이리저리 뛰어다니느라 정신이 없었지. 땀을 뻘뻘 흘리며 간신히 소를 붙잡아 외양간에 매어놓고 나서 식구들은 싸우기 시작했어.

“이 여편네야. 도대체 쇠여물을 얼마나 적게 주었길래 소가 그렇게 고삐를 끊고 난리를 피우게 만드는 거야?”

그러자 아내도 화가 나서 며느리에게 야단을 쳤어.

“너는 대체 눈을 어디에 달고 다니기에 바로 옆에서 소가 고삐 끊는 것도 못 봤단 말이냐?”

시어머니가 잘못을 자기에게 돌리자 며느리는 남편에게 화풀이를 했어.

“아, 당신은 뭐하느라고 소가 풀을 다 뜯어먹도록 옮겨 매지도 않고 그냥 뒀어요?”

남편도 은근히 화가 치밀어 올랐지. 그래서 자기 아버지에게 퉁명스럽게 한 마디 했어.

“애초에 아버지가 쇠고삐를 단단히 매어뒀더라면 이런 일은 일어나지 않았을 것 아녜요!”

한참 동안을 그렇게 옥신각신 싸우다가 김서방이 가만히 생각해 보니 이서방네가 몹시 부러웠지. 그 집은 어찌 그리 싸움 한 번 하지 않고 화목하게 사는지 몹시 궁금했어. 그래서 김서방은 이서방네 집에 찾아가서 물었어.

"자네 식구들은 어찌 그렇게 싸움 한 번 않고 화목하게 잘 사는가? 우리 집에서는 오늘도 큰 싸움이 났다네."

이서방이 물었어.

"그래, 오늘은 무슨 일로 싸웠는가?"

김서방이 자초지종을 얘기해 주자 이서방이 껄껄 웃으면서 말했어.

"그럼 지금부터 우리 집 식구들은 어떻게 하는지 자네가 한 번 잘 지켜보게나."

이서방은 마당에 매어놓았던 쇠고삐를 일부러 풀어놓고는 엉덩이를 손바닥으로 철썩 한번 때려서 밖으로 내보냈어. 그러자 이 소도 역시 온 동네의 밭을 마구 휘젓고 다녔지.

그것을 본 이서방네 식구들은 모두 황급히 달려 나가 소를 붙잡아 마당에 매어놓고 나서 한 자리에 모였어.

그때 김서방은 생각했지.

'이제는 별 수 없이 이 집에서도 큰 싸움이 나겠군.'

그런데 웬걸, 싸움은커녕 큰 소리 한 번 나오지 않는 거야.

"내가 고삐를 단단히 매어두지 않은 것이 잘못이오."

이렇게 이서방이 먼저 자기 탓을 했지.

"아녜요. 제가 여물을 좀더 많이 먹였더라면 이런 일이 없었을 텐데, 모두 제 잘못이에요.”

이서방의 아내도 이렇게 자기가 잘못했다고 했어.

“아녜요, 어머님. 제가 바로 옆에서 빨래를 하고 있었으면서도 고삐 풀린 소를 잡지 못했기 때문이에요.”

며느리도 잘못을 자기 탓으로 돌렸지.

“아니야. 내가 소를 풀밭에 옮겨 매어 놓아야 하는데, 깜빡 잊었지 뭐야. 모두 내 잘못이야.”

아들은 또 이렇게 자신을 탓했어. 그러니 집안에서 싸움이 날 리 있겠어? 식구들 모두가 끝까지 자기 탓이라고 우기다가 결국엔 까르르 웃음이 터져 버리고 말았지.

그걸 보고 있던 김서방이 무릎을 치며 말했어.

“바로 이거야!”

그날부터 김서방은 집안에 문제가 생기면 우선 남을 탓하기 전에 자신부터 탓하는 습관을 들이기 시작했지. 결국 식구들도 김서방의 행동을 그대로 따라 해서 화목한 가정을 이루게 되었고 말이야.

부부가 한집에서 살다 보면 문제가 생기게 마련인데, 이처럼 ‘내 탓이오’ 하는 사람과 ‘네 탓이다’ 하는 사람은 전혀 다른 운명을 만들게 되는 것이지.

만일, 너를 행복하게 해 줄 책임이 배우자에게 있다는 것이 네 생각이라면 그것은 크게 잘못된 것이다. 그러므로 네가 먼저 네 배우자의 행복을 책임져야 한다는 생각으로 결혼 생활에 임하도록 해라.

한 목사님이 설교 도중에 신도들에게 물었지.

"여러분이 배우자에게 하듯이 친구를 그렇게 대하지 않는 이유는 뭡니까?"

그러자 대부분의 신도들은 이렇게 대답하더라는구나.

"그러면 친구를 잃게 되거든요."

부부 관계보다 우정의 관계가 더 성공적인 이유가 바로 여기에 있다. 부부 관계와는 달리 우정의 관계는 오직 도덕적으로만 연결되어 있지. 우정 관계에서는 우정을 맹세하는 서약서도 따로 없고, 친구가 싫어하는 일을 억지로 강요하지도 않는다. 그저 두 사람이 서로 동의하고 경의를 표할 뿐이지. 그러니까 동의와 경의가 사라지면 우정 관계는 끝인 것이다. 여기에는 서로를 통제하려는 그 어떤 노력도 없지.

그러나 부부 관계는 어떠하지?

그래, 다른 어떤 인간 관계보다도 상대방에게 많은 것을 요구한다. 사랑을 요구하고 희생을 요구하고 봉사를 요구하는 등, 그 요구들이 끝도 없이 많지.

결혼을 성공적으로 이끄는 적절한 태도는 이와 같은 이기적이 아닌 성숙한 태도에 달려 있다. 가깝다는 이유로 부부간에 서로 지켜야 할 최소한의 예의를 지키지 못하면 원만한 부부 관계를 유지할 수 없게 되지.

그러므로 어떠한 통제력으로 상대방을 제압하려는 생각을 버리고, 서로의 마음을 헤아리고 배려하는 마음으로 상대를 대하려고 노력하도록 해라. 더도 덜도 말고 우정의 경우처럼만 말이다.

어떤 관계든 그 관계가 오래 지속되다 보면 서로를 향해 사랑과 보살핌, 기대와 소망에 이어서 좌절과 실망이 찾아오고, 그러다 보면 증오와 공격성이 분노와 함께 비집고 나오게 마련이다. 이런 때 서로가 뿜어내는 날카로운 공격성을 수용하고 참아낼 수 있어야 한다. 그리고 또, 흥분 상태가 가라앉으면 서로의 상처를 염려하여 화해의 몸짓을 주고받을 수 있어야 해. 서로에게 이렇게 회복의 기회를 줄 수 있어야만 두 사람의 사랑을 오래 유지해 나갈 수 있다는 것을 잊지 말기 바란다.

부부 싸움에도 원칙이 있다. 그것은, '언성을 낮추고, 상대방의 이야기에 귀를 기울이며, 애정을 바탕에 깔고, 자신에게서 잘못을 찾아내며, 또한 속전속결로 싸움을 끝내고 웃음의 건배를 드는 것'이지.

부부가 함께 사랑하고 생활한다는 것은 매일매일의 결단과 실천을 요하는 것이며, 동시에 서로가 상대방을 위해서 자기의 전부를 주는 것이라 하겠다.

그럼, 부부 싸움을 할 때 주의해야 할 몇 가지 사항을 열거해 보겠으니 귀담아 두도록 해라.

첫째, 싸움의 본질에서 벗어나지 말아라.

무슨 일로 인해 부부 싸움을 하게 될 때, 그 일 외에 여러 가지 일들을 싸잡아 공방전을 펴다 보면 싸움이 쉽게 끝나지 않고 장기화될 수 있다. 그러므로 당장 벌어진 일 외에는 문제 삼지 않는 것이 좋다.

부부 싸움을 하게 될 경우, 과거의 일까지 곁들여서 문제를 크게 확대하는 사람이 있는데, 이렇게 하면 부부 싸움이 더욱 커지게 되므로 삼가도록 해라.

자신의 약점을 공격당하면 누구나 상처를 입게 된다. 그런데 더 큰 문제는 그 상처가 쉽게 아물지 않는다는 데 있지. 그러므로 아무리 감정이 격할 때라도 상대의 약점을 들추는 일은 없어야 할 것이다.

다음은 이솝 우화에 나오는 말이다.

옛날에 사자가 양을 불러 놓고 입김을 내뿜으며 자기 입에서 냄새가 나느냐고 물었다.

그래서 양은 곧이곧대로 이렇게 말했다.

"예, 아주 고약한 냄새가 납니다요."

그러자 사자는 양더러 '바보'라며 그 양을 갈기갈기 찢어 버렸다.

사자는 또 늑대를 불러서 아까처럼 입김을 내뿜으며 똑같이 물었다.

늑대가 대답했다.

"아뇨, 전혀 냄새가 나지 않는뎁쇼."

그래서 사자는 '아첨꾼'이라며 그 늑대를 갈기갈기 찢어 버렸다.

마지막으로 그 사자는 여우를 불러 놓고 똑같은 질문을 했어.

그러자 여우는 머리를 조아리며 말했다.

"죄송합니다만, 저는 지독한 감기에 걸려서 냄새를 맡을 수 없습니다요."

현명한 여우는 사자의 약점을 자기 입에 올리지 않아 목숨을 구할 수 있었다.

상대방의 약점을 찌르는 것은 마음에 치명적인 상처를 입히게 된다. 마치 권투 시합 때 상대가 눈언저리를 맞아 그곳에서 피가 줄줄 흐르고 있을 때 '바로 이때다' 하고 그곳을 집중적으로 강타하는 것과도 같은 것이지. 권투 시합이라면 상대를 이기기 위해 그런 비신사적인 방법도 쓸 수 있겠지만, 부부 생활은 권투 시합이 아니므로 그렇게 약점을 공격하여 상대방에게 결정적으로 상처를 입히면 못 쓴다. 왜냐 하면 부부는 한몸으로서 승자와 패자가 따로 있을 수 없기 때문이야.

넷째, 배우자의 가족 등 제삼자에 대해서는 거론하지 말아라.

부부 싸움을 할 때 화가 난다고 해서, '당신은 꼭 아버님을 닮았다'든가, '어머님을 닮았다'든가 하여 상대의 감정을 상하게 해서는 안 된다. 어디까지나 부부 싸움은 두 사람만의 싸움인만큼 제삼자를 거론하여 상대로 하여금 더욱 감정을 상하게 해서는 안 된다.

이는 가장 상식적인 이야기지만, 순간적으로 감정이 밀어닥치다 보면 자칫 실수하기 쉬운 부분이다. 부부 싸움 중에는 일방적으로 한쪽이 잘못해서 한쪽이 몰아붙이는 경우도 있지만, 의견이 서로 팽팽하게 맞서서 '내가 옳고, 당신은 옳지 않다'식이 되어 좀처럼 싸움이 끝나지 않는 경우도 있지. 어떤 경우든 아이들 앞에서 부부 싸움을 할 경우, 아이들 앞에 부모의 약점을 모두 노출시키는 꼴이 되어, 아이가 잘못했을 때 훈계를 해도 그 훈계가 잘 먹히지 않게 된다. 그리고 정서적으로도 아이들에게 좋지 않은 영향을 끼치므로 삼갈 일이다.

거북이의 목을 강제로 빼낼 수 있을 만큼 힘 센 사람은 이 세상에 없다고 한다. 그런데 그런 거북이의 목을 쉽게 빼내는 방법이 한 가지 있는데, 거북이를 그저 따뜻한 화롯가에 놓아두기만 하면 당장에 목을 길게 뽑는다는구나.

부부 싸움도 마찬가지다. 상대에게 물리력을 행사하면, 당한 쪽의 마음 속엔 분노와 적대감만 쌓일 뿐 아무런 득이 없다. 그러므로 어떠한 경우라도 물리적인 힘을 행사해서는 안 된다. 물론, 여자인 네가 남편에게 물리적인 폭력을 가하리라고는 생각하지 않지만, 언어 폭력 역시 물리적인 폭력 못지않게 상대의 마음에 깊은 상처를 입히게 되므로 삼가도록 해라. 마음 속의 깊은 상처는 좀처럼 치유되기가 힘들다는 사실을 안다면 절대로 삼갈 일이다.

일곱째, 자신의 잘못을 인정하고 들어가라.

모든 싸움도 마찬가지지만, 일단 자신의 잘못을 인정하지 않고 상대방의 잘못만 공격할 경우, 이 싸움은 좀처럼 끝나지 않는다. 서로가 잘못을 시인하지 않고 오직 공격과 방어만 하다 보니 감정이 더욱 격해져 제대로 된 대화가 이어지질 않는 것이다.

만일 의사가 환자에게 수술을 하자고 제의했다면, 그 환자에게 신체적인 질병이 있기 때문이 아니겠니? 그런데 그 환자가 자기는 아무런 병이 없다고 변명하며 수술을 거절한다면 그 질병을 치료할 수 있을까? 마찬가지로, 자신의 잘못을 인정하지 않고 박박 우겨대며 고치려 들지 않는다면 상대는 더욱 화가 나게 될 것이고, 이런 관계가 계속되면 부부 사이는 악화일로에 빠져들 수밖에 없겠지.

그러므로 자신에게 어느 정도의 잘못이 있다면 우선 그것을 인정하고 나서 그 다음 말을 이어갈 일이다. 그러면 아마 싸우는 시간이 절반쯤은 줄어들지 않을까 싶구나.

여덟째, 한꺼번에 너무 많은 것을 노리지 말아라.

옛날에 한 소년이 개암과 무화과 열매가 잔뜩 들어 있는 병에 손을 집어넣었다는구나. 그리고 소년은 그것들을 최대한 많이 손에 움켜쥐었지. 그러고 나서 손을 빼내려고 하자 병의 목이 너무 좁아 빠지지 않는 거야. 그것들을 한 개도 잃고 싶지 않았는데 손이 빠지지 않자 소년은 자기도 모르게 울음을 터뜨렸지.

이 모습을 보고 있던 친구가 옆으로 다가와서 충고를 했어.

"지금 당장은 반만 쥐어 꺼내고 나머지 반은 나중에 쥐어 꺼내봐. 그러면 반드시 성공하게 될 거야."

그렇다. 뭐든지 한꺼번에 많은 것을 얻으려고 하면 실패할 확률이 높은 법이지. 부부 관계도 마찬가지야. 처음부터 모든 문제를 한꺼번에 해결하려다가는 상대에게 부담감만 심어주어 어느한 가지도 제대로 이루지 못할 수도 있지. 그러므로 부부 문제를 해결하려는 데 있어 너무 서두르거나 욕심 부리지 말고 한 가지씩 차근차근 해결하려는 마음의 여유를 갖도록 해라.

아홉째. 상대방이 화가 났을 때는 이성적으로 행동해라.

배우자가 어떤 사소한 일로 인해 잔뜩 화가 났을 때 너의 태도 여하에 따라 일이 더욱 악화될 수도 있고, 또 반대로 호전될 수도 있다.

그럼, 상대방이 화가 났을 때 어떻게 하는 것이 지혜로운 방법인지 한번 생각해 보기로 하자.

상대방이 잔뜩 화가 나서 흥분하면 너 역시 기분 좋을 리는 없을 것이다. 그렇다고 해서 똑같이 흥분해서 상대방에게 맞선다면 싸움이 커질 수밖에 없겠지.

이런 때는 일단 마음을 가라앉히고 나서 차분하고 이성적으로 행동할 필요가 있다. 잔뜩 흥분해 있는 사람에게, 지금 그가 하고 있는 짓이 얼마나 교양 없고 무식해 보이는 행동인지를 깨우쳐 주려고 한다거나, 또 그의 잘못을 일일이 지적하며 이런저런 잔소리를 늘어놓는 것은 불난 데 부채질하는 꼴이 된다. 그러므로 그렇게 맞서서 싸우기보다는 차라리 잠깐 자리를 피해 밖으로 나가 마음을 진정시킨 다음, 상대방 역시 어느 정도 마음이 풀어졌을 때 이야기를 이어나가는 것이 좋다.

상대가 흥분해서 화를 낼 때, 아예 꿀 먹은 벙어리처럼 아무 말도 하지 않고 침묵을 지키는 것 역시 좋지 않은 방법이다. 그럴 경우, 상대는 자신이 무시당하고 있다는 생각 때문에 감정이 격해져 상황이 더욱 악화될 수 있기 때문이다.

상대방이 공연히 자기 기분에 의해 자제력을 잃고 화를 내며 생트집을 잡는 경우라면 너 자신을 위해 그 상황에 맞는 적절한 말로 스스로를 변호해도 좋겠다. 하지만 이 일로 인해, 이번 일과는 아무런 상관도 없는 이야기까지 꺼낸다거나, 전에 그가 잘못했던 일까지 꺼내서 한꺼번에 몰아붙여서는 안 된다. 그러면 싸움이 더욱 크게 번질 수 있기 때문이다.

사람들은 항상 자기 앞에 놓인 문제를 크게 받아들이는 법이다. 그래서 다른 사람이 보면 그다지 큰일이 아닌 것 같은데도 당사자는 큰일처럼 느껴져서 그렇게 갑자기 화를 내는 것이지. 하지만 시간이 좀 지나서 마음이 진정되면, 아무것도 아닌 일로 그렇게 화냈다는 사실을 본인 스스로가 깨닫게 되지. 그때 그는 스스로 창피하고 무안해져서 상대에게 미안한 감정을 갖게 되고 말이야.

바람처럼 일어났다가 바람처럼 쉽게 사라질 수 있는 게 사람의 감정이다. 그런데 그때를 기다리지 못해 사소한 일로 함께 흥분하고 싸워서 상황을 악화시키는 일이 없도록 주의해라.

사람들은 누구나 가정이란 곳이 사랑으로 똘똘 뭉쳐진 천국과도 같은 행복한 곳이기를 바란다. 이는 결혼한 사람들의 한결같은 염원이지만, 이러한 행복한 가정은 그냥 저절로 생기는 것이 아님을 알아야 한다.

네가 진정으로 네 배우자를 사랑한다면, 그가 네 취향에 맞지 않는 행동을 한다거나, 그 동안 몰랐던 새로운 단점이 발견된다 하더라도 어느 정도는 인내하며 조율할 수 있어야 한다. 그렇지 않고 상대의 마음에 상처를 입힐 만큼 저돌적인 공격성을 보인다면, 이때부터 부부 사이는 벌어지기 시작하게 된다.

누군가를 사랑한다는 것은 열렬한 감정만이 아니고, 결단이고 판단이며 약속이지. 만일 사랑이 오직 감정에 불과한 것이라면, 두 사람이 서로 '검은 머리 파뿌리 될 때까지 사랑하겠노라' 는 결혼식장에서의 약속은 지켜지기 힘들 거야.

인생에는 봄만 있는 것이 아니란다. 변화 무쌍한 사계절이 우리 앞에 기다리고 있지. 사랑은 봄의 설렘만으로는 부족한 것이야. 그 출발점에서는 설렘만으로도 행복할 수 있고 서로를 알아가는 과정 자체가 즐겁지만, 서로의 탐색전이 끝나고 사랑이 장기전에 접어들게 되면 둘만의 진정한 친밀감을 만들어 나가야 한다. 그렇게 되면 부부 싸움이란 단어는 나와는 상관없는 얘기가 되지 않을까 싶구나.

학문이나 경제적인 성공을 이뤘다고 해서 반드시 결혼 생활에도 성공하는 것은 아니다. 아무리 직장에서는 훌륭한 과학자요 훌륭한 지도자라 할지라도 결혼 생활에 실패한다면 인생의 가장 중요한 영역에서 실패한 것이라는 사실을 명심하도록 해라.

5. 뭐, 이혼한다고?

배우자나 시댁 식구들로부터 심한 충격을 받게 되었을 때, 누구나 한 번쯤은 이혼이란 것을 떠올려 볼 수 있겠다. 이렇게 머릿속에 이혼이란 것을 떠올린다는 것은 그만큼 내가 괴롭고 고통스러워 현실에서 벗어나고 싶다는 마음의 표현이 아닐까 싶구나. 이를테면, 상대방이 나를 좌절시켰다는 고통의 외침이라고 볼 수 있겠지.

이런 때는 이혼을 행동으로 옮기기 전에 우선 감정을 추스르고 냉정을 되찾아야 한다. 그렇지 않고 감정대로 곧바로 이혼해 버린다면 돌이킬 수 없는 후회가 따르게 된다는 사실을 명심해라.

사실, 우리 인생 가운데서 이혼처럼 엄청난 변화를 초래하는 사건도 없을 것이다. 생활의 급격한 변화는 차치하더라도 그 동안 쌓아왔던 나의 정체감에 극심한 변화가 오게 된다. 그 동안 한 남자의 배우자로 살아온 날들이 그 가치를 다하고 소멸되어 버리는 듯한 느낌 때문이지.

이혼 경험자들에 의하면, 이럴 때 심리적으로 상당한 스트레스를 받게 된다는구나. 외로움과 버려진 듯한 느낌도 온전히 홀로 감당해야 하고, 이혼자에 대한 뿌리 깊은 사회적 편견들과도 맞닥뜨려야 하며, 또한 경제적 능력과 사회적 관계 형성, 자녀 양육 등의 현실적 난관에 직면하게 되니까 말이야.

이처럼 이혼은 그 동안 자신의 인생 설계를 원점으로 되돌리고, 모든 인생 설계를 새롭게 시작해야 한다는 점에서 엄청난 압박감을 몰고 온다. 또, 그 동안 자신이 사랑하는 사람으로부터 거절당했다는 느낌으로 인해 엄청난 상실감과 우울감까지 덮쳐오고 말이야.

이혼이란 것이 이처럼 자신의 인생에 엄청난 변화를 가져온다고 생각할 때, 부부 관계에 어려움이 닥쳤다 하여 감정대로 쉽게 이혼해 버릴 일이 아니다.

만일 결혼 생활을 하면서 참아내기 힘든 일을 만나거든 우선 냉정을 되찾고 그 '마음의 상처'를 치유하는 데 전념하도록 해라. 그런 다음, 그 사건을 그 동안 네 결혼 생활에 대해 평가하고 재검토하는 계기로 삼아라. 그래서 부족한 것이 있다면 채우고, 잘못된 것이 있다면 과감히 고쳐서 새로운 마음가짐으로 다시 시작하도록 해라. 그렇지 않고 순간적으로 밀려오는 감정을 못 참고 이혼이라는 극약 처분을 내림으로써 자신의 인생을 구렁텅이에 빠지게 한다면 씻을 수 없는 후회가 따를 수도 있다는 사실을 명심 또 명심하도록 해라.

물론 이혼하는 것이 바람직한 경우도 있다. 배우자의 한쪽이 분명한 성격 장애나 정신 질환을 갖고 있어서 상식을 넘어선 행동을 지속적으로 보여 도저히 결혼 생활을 계속할 수 없다고 판단될 때에는 이혼하는 것이 바람직할 것이다.

인간은 필연적으로 상황과 타인에게 구속되게 마련이다. 그러다 보니 그 구속에서부터 벗어나고 싶다는 욕망에서 현실로부터의 탈출을 꿈꾸게 되는 것이지. 그래서 직장 생활이 원만치 않을 때에는 사표 쓰는 꿈을, 부모와 사이가 좋지 못할 때는 가출하는 꿈을, 인생이 고달프게 느껴지면 차라리 죽어 버리고 싶고, 또 현실이 버거울 때는 입산 수도를 꿈꾸기도 한다.

이처럼 막연하게 탈피하고 싶다는 생각에서 이혼을 하게 되면 현실적 문제들에 대한 대처 능력이 부족하여 곧바로 후회로 이어지게 된다. 그러므로 만일 이혼을 하고 싶다는 생각이 들면, 그저 지금의 상황에서 벗어나고 싶다는 막연한 탈현실을 꿈꾸는지, 현실적으로 결혼 생활을 접는 것이 현명한지를 냉철하게 판단하고 나서 결정할 일이다.

진정 성숙을 향한 여행은 떠나기 전에 먼저 건강하게 정착하고 안주하는 법을 터득해야 비로소 가능한 것이다. 건강한 이혼을 원한다면, 자신이 안착할 수 있는 제반 환경들을 알아볼 수 있는 안목과 안정된 삶을 살 수 있는 능력을 함께 갖추어야 한다. 그렇지 않으면 단순히 회피적 이혼이 될 소지가 많다.

결혼한 사람들 중 절반을 약간 넘는 숫자만 일생 동안 결혼 생활을 유지한다고 한다. 그리고 결혼을 유지하는 사람들 가운데서도 극소수만이 '두 사람은 결혼해서 오래오래 행복하게 살았다'는 옛날이야기의 경지에 이르고 있고 말이야. 그러다 보니 솔직히 너의 결혼에 대해 기쁘다기보다는 염려스럽다는 마음이 앞서 네게 이런 글을 주는 것이니, 결혼 생활이란 제2의 새로운 삶을 지혜롭게 엮어 가길 바란다.

폭풍우에 뿌리가 뽑힌 한 참나무가 강을 따라 떠내려가다가 갈대들이 우거져 있는 강둑에 이르렀다. 참나무는 자기처럼 크고 강한 나무들도 뿌리가 뽑히는데, 아주 가늘고 나약한 것들이 폭풍우를 견뎌낸 것을 보고 무척이나 놀랐지. 그래서 참나무가 갈대에게 물었다.

"아니, 너희는 어떻게 이 험한 폭풍우를 견뎌냈지?"

그러자 갈대가 대답했다.

"그건 그다지 놀랄 일이 아니에요. 당신은 폭풍우에 대항해서 싸웠기 때문에 쓰러졌지만, 우리는 숨결같이 아주 약하게 불어오는 바람에도 대항하지 않고 몸을 이리저리 굽히며 순순히 받아들였기 때문에 이렇게 살아남은 것이죠."

그렇다. 폭풍우와도 같은 어려운 일이 너에게 밀려온다 하더라도 그것과 정면으로 맞서 싸우지 않고 순순히 받아들여 소화시킬 수 있는 마음의 여유로움만 있다면, 결혼 생활에서뿐만 아니라,

그 어떤 험난한 세상에서도 그렇게 쉽게 쓰러지는 일은 없을 것
이다.

 시집에는 친정엄마가 없다

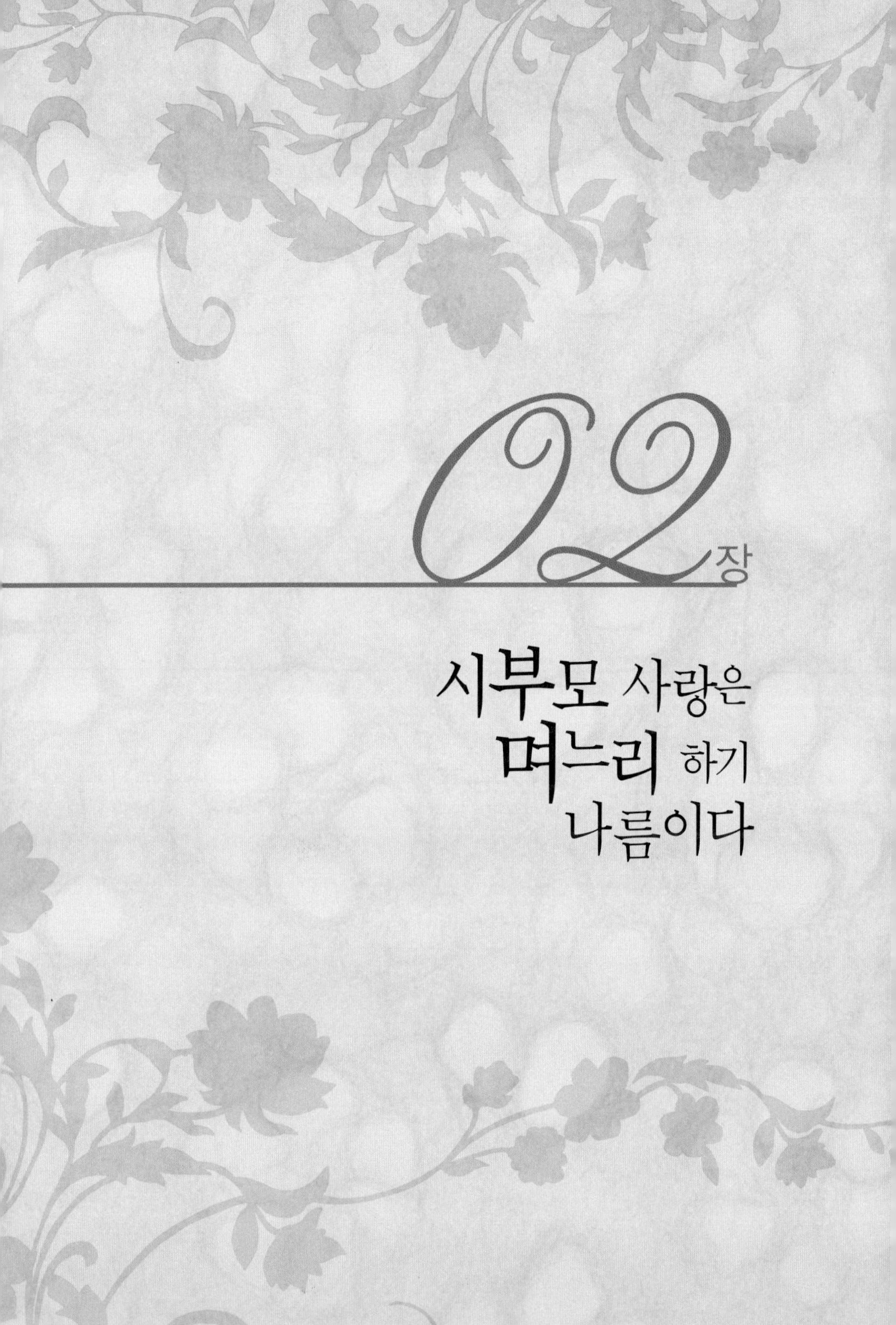
02 장
시부모 사랑은
며느리 하기
나름이다

아빠는 지금, 부모님과 아내 사이에서 그 관계를 지켜 본
'아들의 입장'이자 '남편의 입장'에서,
그리고 앞으로 며느리를 보게 될 '시아버지로서의 입장'에서,
그리고 또 앞으로 네가 결혼하여 시어른들을
모시게 될 '딸의 친정 아버지로서의 입장'에서 이 글을 쓰고 있다.
그런만큼 지금부터 아빠가 간절한 마음으로 전하는 이 가르침들을
어떤 편견이나 오해 없이 마음 속에 새겨 주었으면 한다.

1. 남편 외의 또 다른 인연들

인생의 모든 문제는 관계의 문제이다. '인간 관계를 어떻게 하면서 살아가야 할 것인가?' 이것이 인생 최대의 문제인 것이다. 행복도 불행도 거의 다 인간 관계에서 형성되기 때문이다.

어릴 때에는 누구나 부모님과의 관계 속에서 삶을 살아간다. 부모님의 말씀에 순종하고 또 지도를 받으면서 살아간다. 그러다가 장성하면 남녀가 만나 결혼하여 부부 관계를 맺고 살아가게 된다. 이런 관계를 잘 조화하면서 살아갈 때 그 사람은 정말 행복하고 만족스런 삶을 살아갈 수가 있다.

어렸을 때는 나를 낳아준 부모만으로 된다. 그러나 결혼하게 되면 배우자뿐만 아니라 자신이 모셔야 할 또 다른 부모님이 생기게 된다. 여자에게는 시부모가, 그리고 남자에게는 장모와 장인이 있게 된다.

우선 여자들의 경우, 결혼을 하게 되면 부부 관계 못지않게 신경 써야 할 것이 시부모를 비롯한 시댁 식구들과의 관계이다. 이 관계가 원만하지 못하면 결혼 생활이 한시도 마음 편할 날이 없고, 심할 경우에는 악몽과도 같은 시달림에 빠질 수도 있다는 사실을 깨달아야 한다.

사람들끼리 일상 생활을 같이하다 보면 어느 정도의 갈등은 불가피하다. 이는 친구나 직장 동료, 혈족 사이에도 마찬가지다. 더구나 서로 다른 문화적 환경 속에서 살아온 사람들이 어느 날 갑자기 가족 관계를 이루며 살다 보면 정신적 긴장과 미묘한 갈등이 일어나는 것은 어찌할 수 없다고 본다.

그 가운데서도 수면 위로 크게 부상되는 것이 고부간의 갈등이다. 시어머니의 입장에서 보면, 자기 아들은 세상에서 둘도 없이 대단한 걸로 생각되는데, 며느리는 아무리 봐도 아들만 못 하고 부족한 점투성이다. 똑같은 여자의 입장에서 볼 때, 며느리가 예전의 자신과 생활 방식이 너무나 다른 점도 못마땅하다. 그래서 지금까지 아들을 돌봐오던 어머니의 입장에서, 며느리가 남편을 돌보는 것이 왠지 마음에 들지 않아 이것저것 간섭하게 되고, '기득권'을 유지하고 싶다.

이에 대해 며느리는 며느리대로 남편을 이제는 더 이상 시어머니의 품안에 있는 아들로 내버려두고 싶지 않아 '소유' 개념을 갖고 맞대응하게 된다.

'어머니, 이 사람은 당신의 아들이기에 앞서서 제 남편이란 말예요!'

아내는 속으로 이렇게 외치며 남편 일에 더 이상 참견하지 말아주길 원한다.

이렇게 해서 비로소 시어머니와 며느리 간의 힘겨운 갈등이 시작되는 것이다. 심한 고부간의 갈등을 겪었거나 현재 겪고 있는 며느리의 경우, '시'자가 들어가는 시금치도 먹지 않겠다는 이야기들을 하곤 한다. 언제부터 시작됐는지도 모를 이 고부 갈등이 21세기를 맞은 아직까지도 현재진행형인 것이다.

하루는 납치범이 전화를 걸었다.

"당신 시어머니는 우리가 데리고 있소. 이천만 원을 주지 않으면 못 볼 줄 아시오."

그러자 며느리가 말했다.

"그래요? 그럼 마음대로 해 보시죠."

잠시 후, 납치범이 작전을 바꿔 다시 전화를 걸었다.

"돈을 안 보내면 시어머니를 당신 집으로 돌려보내겠소."

며느리가 황급하게 말했다.

"여, 여보세요. 통장 번호가 어떻게 되죠?"

이는 오늘날의 고부 관계를 희화한 이야기다.

시어머니는 아무리 너그럽고 자애롭다 해도 며느리 입장에서는 모시기가 이만저만 힘든 것이 아니다. 그래서 젊은 남녀가 서로 사랑하고 결혼 얘기가 오가던 중에도 시어머니를 모셔야 한다는 말이 나오면 언제 보았느냐 싶게 결별하기도 한다.

고부 갈등은 우리나라에만 존재하는 것이 아니다. 몽골에서는, 멀리 떨어져 있을수록 좋은 것으로 '시부모'를 들고 있고, 러시아에는 '못된 시어미는 등 뒤에도 귀가 달렸다'는 속담이 있으며, 스페인에는 '시어머니는 설탕으로 만들었어도 쓰디쓰다' 라는 속담이 있고, 또 우스갯소리로, '아담과 하와가 에덴 동산에서 평화롭게 사랑을 속삭일 수 있었던 것도 그곳에 시어머니가 없었기 때문이다' 라는 말도 있더구나.

우리나라 역시 고부 관계는 예로부터 거의 부정적이었다. 그래서 한국 가정의 역사는 시어머니와 며느리의 갈등과 긴장의 악순환이었고, 이런 연속선상에서 고부간의 갈등은 결국 역사의 갈등으로까지 빚어지기도 했지. 왕궁 내에서의 고부 갈등이 한 나라의 역사를 뒤흔들어 놓은 적도 많다. 좁은 담장 안에서 벌어지는 두 여인네의 싸움이 한 나라의 역사를 암울하게 만들었던 것이다.

그럼, 결혼 생활을 정말 힘겹게 하는 이 '고부간의 갈등 요인'과 그 '해결책'에 대해 함께 생각해 보자꾸나.

2. 고부간의 갈등, 무엇이 문제인가?

한 조사에 의하면, 고부간의 갈등 요인으로는 시어머니와 며느리 간의 의견차와 세대차가 가장 크며, 함께 살 경우 살림의 주도권을 잡는 문제에서도 갈등이 증폭된다고 한다.

그러나 아내는 자신의 존재와 행동이 그 동안 부모가 아들에게 자연스럽게 행해 오던 부모의 역할을 축소시키거나 없애는 것으로 비춰질 수 있다는 점을 인식해야 한다. 시어머니 입장에서 볼 때, 아들의 결혼을 통해 자신은 어머니로서의 역할과 위상을 잃었다는 상실감을 갖게 되기가 쉬울 테니까 말이야. 자신이 열 달 동안 뱃속에 고이 간직하고 있다가 아들을 낳고, 또 그 아들을 20년 이상을 금이냐 옥이냐 하며 길렀는데, 그런 아들을 며느리에게로 완전히 떠나보낸다는 것은 실로 감당하기 어려운 정서를 불러일으킬 수밖에 없지 않겠니? 그러니 어머니는 섭섭하고 고독한 것이다.

그럼, 우선 시어머니와 며느리 간의 구체적인 갈등 요인들이 무엇인지를 한번 알아보자꾸나.

1) 시어머니 입장에서 본 고부 갈등 요인

첫째, 지난날 시어머니가 쌓은 공로를 인정해 주지 않는다.

노인들의 공통 심리 중에는, 과거에 자신이 자식을 낳아 기르고 교육시키고 결혼시키는 과정에서 희생도 많이 했으니 이제부터는 자식으로부터 효도도 받고 호강하며 노후를 보내고자 하는 기대 심리가 마음 속에 깔려 있어서 며느리가 지난날의 시어머니가 쌓은 공로를 인정해 주기를 바라지만, 며느리는 그것을 인정해 주지 않으려고 한다.

둘째, 시집 식구들보다 친정 식구들과 밀착된 며느리가 싫다.

시부모들은 며느리가 시집 동기간들과 더욱 친밀하게 보내기를 희망하는 데 비해, 며느리들은 일반적으로 시가의 동기간들과는 거리를 두고 교류하며, 친정 식구들과 더욱 밀착하는 경향이 있어, 이러한 태도를 못마땅해 하고 있다.

셋째, 다른 식구들에 비해 시부모를 위한 지출이 너무 인색하다.

시부모는 며느리가 사치와 낭비가 심하다고 생각하는 경우가 있으며, 며느리 자신이나 손자 손녀에게는 분에 넘치는 지출을 하면서 시부모를 위한 지출은 지나치게 인색하다는 생각을 많이 하고 있다.

며느리가 만드는 음식에 불만이 많은 노인들도 많다. 식사를 준비할 때 남편이나 어린이들의 식성에는 신경을 쓰면서 시부모의 식성에는 전혀 신경을 쓰지 않는 경우가 많다고 한다.

시부모가 쓸 물건을 구입할 때 시부모의 의견을 참작하지 않는 며느리가 많다고 한다. 노인들도 젊은이들과 마찬가지로 옷의 색깔·품·디자인 등 나름대로의 기호가 있음을 인식해야 하며, 노인들도 쇼핑의 즐거움을 느끼기를 원한다.

용돈 문제로 고통을 받는 노인들도 많다. 가족 구성원 중 며느리나 손자 손녀들에 비해 자신의 용돈이 적다고 느끼는 노인의 경우, 더욱 고립감과 고독감을 느끼게 된다고 한다.

며느리와 같이 사는 노인의 경우, 며느리나 손자 손녀의 친구들은 자유로이 집에 와서 놀 수 있는데, 시부모들은 자신의 친구

들을 집으로 끌어들일 수 없는 것이 오늘날 가정의 분위기다 보
니 그것이 불만이다.

오늘날의 며느리들은 시부모 것은 자신의 것이라고 생각하면
서도, 자기 것이나 남편 것은 결코 시부모의 것이 될 수 없다는
생각들을 많이 하고 있다. 그러나 노인들은 한 가족의 재산은 가
족 구성원 모두의 재산이라고 생각한다.

시어머니 세대가 살아온 환경은 며느리 세대의 그것과 다르다.
물질적으로 궁핍한 시절을 살아오신 분들이라서 항상 안 먹고
안 쓰고 하는 것이 몸에 배어 있지. 또 가족들이 함께 모여 살던
때라서 형제간의 우애가 깊어 형제를 끔찍이 여기며 살아오신
분들이다. 특히 자식들이 공평하고 의좋게 살기를 바라신다. 또
그분들은 철저하게 남존여비 의식에 물들어 있었기 때문에 여자
의 희생과 양보는 미덕이라는 고정 관념이 있고, 이에 따라 시집
살이를 많이 겪으면서도 복종과 헌신으로 일관해 오신 분들이다.
따라서 물질적으로 풍요하고 개인주의와 남녀 평등 의식이 발달
한 요즘 세대와는 골 깊은 경험과 가치관의 차이가 있다는 것을
알아둘 필요가 있다.

'지피지기면 백전백승'이라는 말이 있듯이, 네가 앞으로 결혼하
여 어른들의 이러한 심리를 알고 시부모님을 대한다면 그분들을
어떻게 모셔야 할지 어느 정도의 답을 얻을 수 있지 않을까 싶구나.

2) 며느리 입장에서 본 고부 갈등 요인

많은 며느리들은 결혼 전부터 시부모는 골치 아픈 존재로 생각하고 있으며, 그들과의 관계는 매우 어렵다는 인식을 가지고 있다. 이러한 선입견이 고부 관계를 더욱 악화시킨다고 할 수 있겠다.

시부모들은 항상, '남의 집 며느리나 집안의 다른 며느리와 비교해서 말씀하신다', '아들이 번 돈을 며느리가 다 쓴다고 하신다.', '며느리의 서투른 살림살이와 낭비 때문에……' 라고 흉보는 것이 싫다.

'매사에 참견하고 간섭하신다.'
'당신의 옷이나 약 타령을 하신다.'
'친척이나 손님들 앞에서만 좋은 시어머니시다.'
이런 점이 싫다.

며느리에게는 의무만 주어질 뿐 가족 핵심원으로서의 위치를 형성하지 못한다. 즉, 시집에 일이 생기면 시집 식구들끼리만 대화하고 며느리는 제외시킬 경우, 마치 이방인이 되어 버린 듯한 느낌이 들고 자존심까지 상하게 된다.

다섯째, 남들에게 흉보듯이 하소연하는 시어머니의 태도가 싫다.

며느리에게 무슨 섭섭한 것이 있을 경우 직접 대놓고 말하지 않고, 남들에게 흉보듯이 하소연하는 시어머니의 태도가 싫다.

여섯째, 예의 범절 등에 있어 너무 옛것만을 주장한다.

전통 생활 규범이나 가치관 등은 시대에 따라 변하는데, 노인들은 자신들이 행하던 대로만 며느리가 하기를 바라신다.

일곱째, 손자 손녀들을 무조건적 사랑으로 감싸주려고만 한다.

시부모가 손자 손녀들을 너무 귀여워해 주는 것도 갈등 원인이 될 수 있다고 한다. 시어머니의 손자 손녀에 대한 사랑이 며느리에게 무조건적 사랑으로 생각될 때 갈등이 발생한다.

여덟째, 친정과 가깝게 지내는 것을 탐탁찮게 여기는 게 싫다.

원만한 친정 부모와의 유대 관계도 시부모 입장에서는 지나친 관계로 오인되는 사회적 풍습을 우리는 지니고 있다. 따라서 친정 나들이와 친정 식구의 잦은 왕래로 인해 갈등이 생기기도 한다. 친정과의 접촉이 많고 관계가 밀접할수록 시댁과의 갈등이 높다.

예로부터 시어머니는 아들을 통해 시집 안에서 자신의 위치를 찾을 수 있었고, 심리적 방파제가 되었으며, 자기 표현의 수단이 되어 왔다. 그러다 보니 시어머니가 아들에게 쏟는 이러한 긍정적 요소는 며느리에 대한 부정적 요소로 바뀌게 되는 것이다. 그래서 아들이 어머니뿐만 아니라 처자식에게도 시간과 애정을 할애해야 한다는 것을 부정하고, 심할 경우에는 부부간의 잠자리까지도 부정하여 아들과 같이 자려고 한다거나 아들 방 문 앞에서 잠을 자는 경우도 있다고 한다.

이상은 우리나라 며느리들이 시어머니에게 갖는 불만이라고 하는구나. 너도 장차 시부모님을 모시게 될 며느리 입장이므로, 이를 미리 알고 대처하면 결혼 생활에 많은 도움이 되지 않을까 싶다.

그런데 여기서 한 가지 알아둬야 할 것은, 어머니의 자식 사랑과 아내의 남편 사랑에는 엄청난 차이가 있다는 것이다. 어머니는 무조건적인 사랑을 주면서 아들을 대하지만, 아내는 서로 사랑을 주고받는다는 생각으로 남편을 대하기 때문에 그 차이가 큰 갈등을 낳는 것이지.

그러나 남편의 입장에서는 어머니도 아내도 모두 소중한 사람이 아닐 수 없지. 어머니는 어머니이기 때문에 그렇고, 아내는 아내이기 때문에 그렇고 말이야. 그래서 어머니나 아내의 말 중에서 누구의 말이 옳다거나 틀리다고도 생각하지 않지. 남편의 생

각에는 고부간의 문제가 당사자만큼 그렇게 심각하게 느껴지지
도 않고, 크게 문제되는 일도 아니라고 보는 거야. 그래서 남편이
선택하는 것은 어머니도 아내도 아닌 오직 가정의 평화인 것이지.

3. 피 말리는 고부 갈등, 이렇게 피해 가라

세상에서 좀처럼 풀리지 않는 문제가 고부간의 갈등이다. 아무리 잘한다고 해도 섭섭해 하고 사이가 벌어지며 오해가 생기게 되는 것이 바로 시어머니와 며느리의 사이인 것이지.

근본적으로 고부 관계는 긍정적인 측면을 가지고 있다기보다는 대립적이고 부정적인 측면이 강하다고 하겠다. 이런 상황에서 고부간의 갈등은 이혼의 원인이 되거나 정신 질환의 원인이 되기도 하는 걸 보면 결코 쉽게 생각할 문제가 아니다.

이 고부간의 갈등은 두 사람만이 풀어나갈 문제가 아니라 시어머니와 며느리, 그리고 아들이자 남편이 함께 힘을 합쳐 풀어나가야 할 문제이다. 이 셋 가운데 어느 한 사람이라도 한쪽으로 기울면 온 가정이 힘들어지지만, 셋이 합심하여 노력하면 온 가정에 행복이 가득할 수도 있지.

그럼, 아내의 입장에 있는 네가 어떻게 처신해야만 고부간의 갈등을 지혜롭게 면할 수 있는지 그 방법을 알아보기로 하자.

현대 사회의 인간 관계는 기본적으로 상호 인격의 존중이 우선시되고 있지. 인간 관계가 상하 관계로 형성된 문화에서는 상호간에 조화로운 관계가 형성되기 어렵다. 그러므로 고부간의 갈등 해소에 있어 가장 중요한 것은 상호 존중의 태도라는 점을 명심해야 한다. 시어머니와 며느리 간에 각자의 경험과 지식을 존중하고 이해한다면 사소한 곳에서 일어날 수 있는 마찰은 없앨 수 있으리라고 믿는다.

그리고 시집은 친정의 생활 방식과는 다르다는 점을 인정해야 한다. 최소한 20년 이상을 다른 환경에서 자라왔으니 시집이라는 새로운 환경에 적응하는 것이 그리 쉽지는 않을 것이다. 그래도 있는 그대로의 시집 환경을 존중하고 인정하겠다는 마음가짐이 필요하다. 시어머니의 말씀이나 행동을 오해하지 않고 편히 받아들이는 것이 최선의 길이다.

시부모님의 말씀이나 지시가 못마땅하다 하여 꼬박꼬박 말대꾸를 해서 그분들의 감정을 상하게 하면 고부간의 갈등으로 이어질 수 있으므로 삼가도록 해라. 그렇다고 해서 '며느리인 내가 무조건 참자' 하는 식도 좋지 않다. 당시에는 우선 참고 말씀대로 순종했다가 그분들의 기분이 좋아졌을 때 자신의 의견을 차근차근 밝히는 것이 좋다.

그럼, 잠시 숨을 돌리고 옛날이야기 한 토막을 들어보자.

옛날, 한 마을에 김진사라는 사람과 이진사라는 사람이 살고 있었는데, 두 집 모두 식구도 열 명, 논도 열 마지기씩이었지.

그런데 이상하게도 김진사네는 하는 일마다 술술 잘 풀리는데, 이진사네는 하는 일마다 배배 꼬여서 되는 일이 없는 거야. 김진사네가 소 한 마리를 사면 이진사네는 소 한 마리를 팔아먹고, 김진사네 곳간에 곡식이 들어차면 이진사네 곳간에서는 곡식이 야금야금 빠져나가는 거지 뭐야.

그뿐만이 아니라, 김진사네 집에서는 날마다 웃음소리가 끊이지 않는데, 이진사네 집에서는 날마다 싸우는 소리가 끊이지 않았지.

하루는 이진사가 김진사네 집을 찾아갔어.

"여보게, 자네나 나나 식구 수도 같고 재산도 비슷한데 어찌 이렇게 다를 수가 있는가? 자네 집은 해마다 살림도 부쩍부쩍 늘어나고 잘사는데 우리 집은 해마다 살림이 줄고, 자네 집에선 날마다 웃음소리가 끊이질 않는데 우리 집에선 날마다 식구들이 이렇게 싸움만 하고 있으니 어찌된 일인지 모르겠네그려."

그러자 김진사가 허허 웃으며 말했어.

"그럼, 내가 시키는 대로 해 보게. 지금 당장 집에 가서 자네

아들한테 송아지를 끌고 지붕으로 올라가라고 한번 해 보게.”

“뭐? 송아지를 끌고 지붕으로?”

“그래. 자세한 이야기는 나중에 하기로 하고, 일단 내가 시키는 대로 한번 해 보게.”

이진사는 그 즉시 집으로 가서 아들을 불렀어.

“얘야, 송아지를 끌고 지붕으로 올라가거라.”

아버지의 말에 아들의 눈이 휘둥그레졌어.

“아니, 송아지를 끌고 지붕으로 올라가라니요! 아버지, 지금 노망이 나셨어요?”

그래서 이진사는 다시 김진사네 집으로 가서 말했어.

“자네가 시키는 대로 말했다가 아들녀석한테 욕만 잔뜩 얻어먹었네. 망령들었다고 말일세.”

그 말을 듣고 김진사가 고개를 끄덕이며 말했어.

“내 그럴 줄 알았네. 그럼, 이번엔 자네 며느리한테 가서, 소금 한 가마니를 개울에 가지고 가서 물에 푹 담갔다가 꺼내오라고 해 보게나.”

다시 집으로 돌아온 이진사가 며느리를 불렀지.

“얘야, 소금 한 가마니만 개울물에 갖고 가서 푹 담갔다가 꺼내오너라.”

“아이, 아버님도 참, 망령이셔! 소금을 물에다가 담그면 어떡해요? 모두 녹아서 못 쓰게 되잖아요? 아니, 칠십 평생 사시도록 그런 것도 모르세요?”

며느리 역시 자기 말을 듣지 않자, 이진사는 다시 김진사를 찾아갔지.

"며느리도 역시 내 말을 안 듣더군."

그러자 김진사가 고개를 끄덕이며 말했어.

"그러면 지금부터 내가 하는 걸 잘 보게나."

김진사는 자기 아들을 불렀어.

"얘야, 어서 송아지를 끌고 지붕 위로 올라가거라."

"예."

김진사네 아들은 군말 한 마디 없이 얼른 외양간으로 달려가서 송아지를 끌고 나왔어. 그러고는 지붕에 사다리를 걸쳐놓고 올라가서 송아지 고삐를 잡아당겼지. 그러나 송아지가 사다리를 타고 올라갈 리가 없지. 그러자 아들은 고삐를 더욱 힘껏 잡아당기며 외쳤어.

"이랴! 이놈의 송아지야. 우리 아버지께서 지붕으로 올라가라신다. 이랴!"

그래도 송아지가 뒤로 버텨 대며 올라오려 하지 않자, 자기 아내를 불렀어.

"여보, 어서 와서 송아지 엉덩이 좀 받쳐 주구려."

그러자 며느리가 나와서 송아지 엉덩이를 받치고, 아이들까지 달려 나와 영차영차 엉덩이를 밀어 올리느라 한바탕 난리가 났지.

그렇게 한동안 애를 쓰는 것을 보고 있던 김진사가 말했어.

"얘들아, 안 올라가거든 그만둬라."

그제야 김진사네 식구들은 그 일을 그만두었지.

이번에는 김진사가 며느리를 불러서 말했어.

"애야, 개울물에 소금 한 가마니만 갖고 가서 흠씬 담갔다가
꺼내오너라."

"예."

며느리 역시 군말 없이 부엌으로 갔어. 그러고는 소금 가마니
를 들어 올리려고 했지만 무거워서 도저히 들 수가 없었지.

그걸 보고 있던 아들이 얼른 부엌으로 달려가서 자기 아내와
소금 가마니를 마주 들고 성큼성큼 개울 쪽으로 걸어갔어.

"이제 그만들 하고 다시 제자리에 갖다 놓도록 해라."

김진사가 한 마디 하자, 또 군말 없이 소금 가마니를 들어다
가 다시 부엌에 갖다 놓았지.

김진사가 이진사를 바라보고 껄껄 웃으며 말했어.

"잘 봤는가? 이게 우리 집안이 잘되는 이유일세. 이렇게 식구
들이 서로 믿고 힘을 합해야만 무슨 일이든 잘되는 걸세."

이것이 바로 순종인 것이다. 순종이란 자기 마음에 들면 따르
고 그렇지 않으면 따르지 않는 것이 아니라, 자기보다 세상 경험
이 많은 어른의 말씀이기에 자기 마음에 좀 들지 않더라도 존경
하고 신뢰하는 마음으로 따르는 것을 말한다.

그런데 어떤 여자는 시부모님이 좀 싫은 소리라도 해서 마찰이
생기면 곧바로 남편에게 달려가서 이렇게 다그친다.

"당신은 어머니가 중요해요, 내가 중요해요? 도저히 이 집에서
더 이상 못 살겠으니 어느 한쪽을 택하세요!"

그럼, 네 셋째작은엄마의 경우를 보자. 그분은 네 할머니나 할

아버지께서 섭섭한 말씀을 하셔도 공손히 고개를 숙이고 끝까지 들은 다음, 이렇게 말씀하신다.

"어머님(아버님), 제가 잘못했습니다. 앞으로 다시는 안 그러겠습니다. 용서해 주세요."

이런 모습을 본 네 작은아빠가 작은엄마에게 잘해 주고 싶은 마음이 드는 것은 당연할 것이다. 아들이 며느리에게 너무 잘해 준다 싶으면 못마땅해 하는 시부모들이 많지만, 이런 며느리에게 자기 아들이 아무리 잘해 준다 해도 얼굴을 찌푸리며 싫어하는 시부모는 아마 세상에 없을 것이다.

셋째, 상대방의 입장을 헤아리는 자세로 시집 생활에 임해라.

상대의 못마땅한 태도에 대해 화를 내거나 비난하기 이전에 '이런 경우, 나 같으면 어떻게 할 것인가?' 하고 입장을 바꿔서 생각하며, 마음을 열고 상대방의 설명을 끝까지 들어보는 자세가 필요하다.

넷째, 시어머니의 기득권을 인정해라.

시어머니는 아들이 결혼하게 되면 자신은 아들에게 있어 무용지물이 아닌가 하는 우울한 생각을 가질 수 있다. 그러므로 시어머니에게 기득권과 어머니로서의 역할을 행사할 실질적인 기회를 제공해 드리는 것이 좋다. 시어머니가 아들에게 할 수 있는 일을 만들어 드리면 된다. 그러면 시어머니는 자신이 인정받고 있다고 느껴 그런 생각에서 벗어날 수 있게 될 것이다. 그러나 더욱 중요한 것은 시어머니와 서로 경쟁하지 않고 시어머니의 심리적 기득권을 이해하고 수용하는 마음가짐, 그리고 시어머니의 마음 깊은 곳에 대해 관심을 기울이는 것이다.

다섯째, 자녀에게 노인 부양의 일차적 책임이 있음을 인정해라.

우리나라의 노인들은 대부분 사회적 부양에 의존하기보다는 자립이나 가족에 의한 부양을 원하고 있다고 한다. 그러므로 아무리 오늘날의 가족 제도가 핵가족화되어 가는 경향이라 할지라도 노부모의 부양 책임을 도외시해서는 안 된다. 이는 그 동안 부모님의 보살핌을 받아왔던 자식으로서의 도리가 아니다. 따라서 노인 부양의 일차적인 책임은 자녀에게 있음을 항상 마음 속에 새겨 두도록 해라. 이런 기본적인 생각을 갖고 시어머니를 존중하고 이해하고자 노력한다면 고부간의 갈등은 남의 얘기가 되지 않을까 싶구나.

여섯째, 세대 차이를 인정하고 삶의 지혜를 배워라.

시부모와 너는 시대적으로 성장 배경이 다르므로 당연히 세대 차가 나게 되어 있다. 그런데 거기에서 오는 의견 차이에 대해 내 의견은 옳고 시부모의 의견은 그르다는 식으로 시부모님의 말씀을 무시해서는 안 된다. 그분들은 내가 살지 않은 나의 미래를 살아오신 산 경험의 소유자들이다. 그러므로 내 의견과 맞지 않는다고 해서 즉석에서 반대 의견을 내세우며 가르치려 하지 말고, 다소 불만스런 점이 있더라도 다소곳이 듣는 자세로 어른의 지혜를 구하도록 해라.

다음은 〈탈무드〉에 나오는 한 구절이다.

> 아이들을 가르친다는 것은 백지 위에 글씨를 쓰는 것과 같은 것이고, 노인들을 가르친다는 것은 이미 빽빽이 채워진 종이에서 여백을 찾아 글씨를 써넣는 것과 같다.

그만큼 노인들은 세상을 오래 살고 경험이 풍부해서 머릿속에 지혜가 가득함을 뜻하는 말이지.

일곱째, 태도는 공손하고 웃는 얼굴로 상냥하게 대하여라.

웃는 얼굴에 침 못 뱉는다는 말이 있듯이, 상냥하게 미소 띤 얼굴로 다가오는 며느리를 뿌리치며 미워할 시어머니는 세상에 아무도 없을 것이다. 그러므로 평소에 시부모님을 대할 때는 항상 웃음 띤 얼굴로 상냥하게 대하도록 해라. 여기에 존중하는 마음으로 공손한 태도까지 갖춘다면 금상첨화가 아닐까 싶구나.

여덟째, 전화를 자주 드리고 이따금씩 편지도 보내드려라.

전화벨이 울리면 자녀에게서 걸려온 전화일까 싶어 반가운 마음으로 수화기를 들지만, 다른 사람임을 알고 아내 마음 한켠이 쓸쓸해지는 게 부모의 심정이다. 이런 부모님의 심정을 헤아린다면, 직접 선물을 사들고 찾아뵙지는 못해도 자주 전화라도 드리는 것이 자식으로서의 도리가 아닐까 싶구나.

가장 적은 비용으로 최고의 효과를 볼 수 있는 이 전화 통화
야말로 시부모님의 마음을 기쁘게 하는 첫걸음이다. 전화는 얼
굴을 마주 대하고 할 수 없는 말들을 가능케 하는 마술과도 같
은 힘이 있다. 그러므로 적어도 일주일에 두세 번은 안부 전화를
드리도록 해라.

그리고 가끔은 편지를 보내 드리는 것도 좋다. 시부모님은 구
구절절한 사연을 편지로 주고받던 시절을 사신 분들이다. 이따
금씩 친필로 마음을 담아 정성스럽게 적은 편지를 보내드린다면
시부모님은 그 어떤 선물보다도 더욱 값지게 생각하고 기뻐하실
것이다.

아홉째, 시어머니의 노하우를 칭찬하며 존중해 주어라.

누군가가 자신의 노하우를 칭찬하며 존중해 주면 기분 좋은
법이다. 따라서 요리하는 법이나 살림 비결 등을 칭찬하며 시어
머니께 자주 여쭤보아라. 자신의 살림 노하우를 존중하고 전수
받으려는 며느리가 한껏 예뻐 보일 것이다.

열째, 시댁을 방문할 때는 빈손으로 가지 말고 선물을 준비해라.

남의 집을 방문할 때도 마찬가지지만, 시부모님을 찾아뵐 때는
빈손으로 가지 말고 작은 선물이라도 사들고 가는 정성을 보이
도록 해라. 과일을 사들고 가서 미소 띤 얼굴로, "어머님, 벌써 풋
사과가 나왔지 뭐예요?" 하고 내놓는다거나, 시아버지가 좋아하
는 딸기를 사들고 가서 "아버님, 딸기 좋아하시죠? 이것 좀 드셔

보세요.” 하고 내놓는다면 기뻐하실 것이다.

시골에 계신 네 셋째작은엄마께서 보건소 출퇴근길에 사탕이며 과일 등을 사들고 오셔서 네 할머니와 할아버지께 내놓으며 이러는 모습을 보면 어찌나 좋아보였는지 모른다. 그런 따님으로 길러주신 그분의 부모님까지도 존경스러워지고 말이야. 하물며 당사자이신 네 할머니와 할아버지의 기분은 어떠하셨겠는지 한 번 생각해 보거라.

그런가 하면, 세상에는 속이 훤히 들여다보이는 행동을 하는 얄미운 ‘실속파 며느리’도 적지 않다.

다음은 한 젊은이의 말이다.

저의 아버지는 평생을 교육 공무원으로 재직하시다가 지금은 정년 퇴임을 하신 후 한 아파트에서 살고 계십니다. 퇴직금과 함께 연금도 일시불로 받아서 은행에 넣어 두었는데, 그 이자가 적지 않습니다. 그런데 아버지께서 정년 퇴임하시기 전에는 시댁 가기를 죽기보다도 더 싫어하던 아내가 요즘에는 웬일인지 일요일만 되면 빨리 찾아가 뵙자며 꼭두새벽부터 선물을 챙겨들고 재촉을 합니다.

“그분들이 사시면 얼마나 사시겠어요? 살아 계셨을 때 빨리 점수를 따야 한 푼이라도 우리 몫으로 더 챙길 수 있죠.”

세상에 돈이 아무리 좋다지만, 이러한 ‘자기 실속 챙기기’식의 효도는 비난받아 마땅하다.

결혼하고 나서 가장 먼저 해야 할 일은 집안의 경조사를 달력에 체크하는 일이다. 그랬다가 그날이 가까워졌을 때, 미리 시어머님께 여쭙고 어떻게 해야 할지를 의논한다면 며느리에 대한 신뢰도가 높아질 것이다. 시댁 식구들의 생일이나 제사, 조카들의 입학식이나 졸업식 등을 꼼꼼히 달력에 표시해 두었다가 정성껏 챙긴다면 시어머니의 사랑은 따놓은 당상이다. 여기에 결혼 기념일 등과 같은 시부모님의 기념일까지 챙겨 드린다면 금상첨화다. 잘 챙기면 칭찬을 받지만, 반대로 못 챙기면 미움을 사게 되는 것이 시집의 애경사임을 명심하도록 해라.

열두째, 시댁 식구 앞에서 남편을 부를 때 올바른 호칭을 사용해라.

시댁 식구들은 남편에 대한 아내의 태도에 민감하다. 어른들 앞에서 '야'라든가, '오빠'라든가, 또는 '○○씨' 하며 부르는 것은 예법에도 어긋날뿐더러 어른들이 듣기에도 언짢아하신다. 그러므로 어른들 앞에서 남편을 부른다거나 지칭할 때는 '여보'라든가, '당신'과 같은 표준 호칭을 사용하도록 해라. 어른들의 경우, 이처럼 사소한 언행 한 가지만 봐도 가정 교육을 제대로 받았느냐 못 받았느냐를 쉽게 구별할 수 있다. 따라서 어른 앞에서는 모든 언행에 있어 특별한 주의를 기울일 일이다.

열셋째, 시댁에서의 궂은일은 먼저 하겠다고 나서라.

식사 후의 설거지나 힘을 써야 하는 집안일엔 항상 남보다 먼저 팔을 걷어붙이고 나서도록 해라. 예의상 마지못해 “제가 할게요”가 아니라, 진정으로 시어머니를 위하는 마음으로 나서도록 해라. 설령, 시어머니께서 “괜찮다.” 라고 말씀하시며 만류하신다 하더라도 이에 밀려나서는 안 된다. 시어머니의 말씀을 액면 그대로 믿고 그대로 주저앉아 텔레비전을 보았다가는 ‘철부지’ 소리를 듣기 십상이다.

고부간의 갈등은 오해로부터 빚어지는 경우가 많다. 따라서 정기적으로 마음을 터놓고 얘기할 수 있는 대화의 시간을 갖도록 해라. 이거야말로 시부모님과 가까워지는 하나의 비결이다. 며느리와 시어머니 사이에 이런 관계가 형성될 때 웬만한 허물은 다 덮어진다. 고부 관계는 혈연 관계가 아니기 때문에 남남으로 생각하면 모든 것이 다 허물이다. 그러나 이처럼 마음을 터놓고 대화하며 딸과 어머니로 정을 들여 버리면 모든 허물은 덮어지게 되어 있다.

누구나 자기의 가족을 욕하는 것에 대해 좋아할 사람은 없다. 설사 서운한 일이 있더라도 다른 사람들 앞에서 시댁 흉을 보아서는 안 된다. 만일 잘못되어 이 말이 시댁 식구들의 귀에라도 들어가게 되는 날이면 그야말로 걷잡을 수 없는 어려움이 닥치게 된다. 시댁 식구들 입장에서 볼 때(남편 입장에서도 마찬가지다),

며느리가 남들에게 시댁 흉을 본다는 건 배신 행위나 다름없기 때문이다.

열여섯째, 시부모를 모시고 가끔 외식이나 여행을 해라.

한 번의 외식과 여행은 메마른 대지를 적셔 주는 시원한 소낙비와도 같은 것이다. 가보고 싶었던 곳, 맛있는 먹거리가 있는 곳에 시부모님을 모시고 떠나 보자. 함께 나들이를 하는 그 순간부터 시부모님의 마음은 기쁨에 들떠 설렐 것이다. 그 기쁨과 설렘의 마음이 곧바로 며느리를 사랑하는 마음으로 변하게 될 것임은 물론이다.

열일곱째, 시누이를 친자매처럼 여기고 친하게 지내라.

시누이와의 사이가 좋지 않으면 다른 시댁 식구들과의 관계도 보장 못 한다. 반대로, 시누이와의 관계가 돈독하면 웬만한 문제는 시누이가 나서서 해결사 노릇을 해 준다. 시댁에서는 시누이가 한번 발 벗고 나서면 안 되는 일이 거의 없다고 생각하면 된다. 괜히 시누이와의 사이가 돈독치 못함으로써 결혼 생활을 힘들게 하는 일이 없도록 해라.

열여덟째, 정기적으로 용돈을 챙겨드려라.

노인들에게 있어 그다지 많은 돈은 필요 없겠지만 궁색하지 않을 정도는 있어야 한다. 돈이 없으면 어디 가서 사람 구실도 제대로 하지 못하게 되는 경우가 있기 때문이다.

경로당에서도 돈이 있는 노인은 대우가 달라진다고 한다. 점심 때 친구들에게 자장면이라도 한 그릇씩 사 줄 수 있는 사람은 대우를 받지만, 식사때만 되면 자기 먹을 밥값도 제대로 없어서 이리 기웃 저리 기웃하는 노인들은 찬밥 신세를 면하지 못한다고 한다.

명절 때 한 방송사에서 노인들을 대상으로, '가장 갖고 싶은 것이 무엇인가' 조사한 적이 있는데, 대부분이 돈이었고, 그 액수도 5만 원에서 10만 원 정도가 가장 많았다고 한다.

노인들에게 있어서는 돈이 꼭 필요하기 때문에 있어야 하는 것은 아니다. 돈을 가지고 있다는 사실만으로도 노인들은 마음의 풍요를 맛볼 수 있다. 대개의 경우, 노인들께 돈을 드려도 허튼 데 쓰지 않으신다. 그 돈을 다시 어린 손자 손녀들의 손에 쥐어주시거나 식구들을 위해 쓰면서 인생의 즐거움을 느끼시는 것이다.

일단 용돈을 드리기로 작정했으면 정기적으로 성의껏, 그리고 기쁜 마음으로 드리도록 해라.

머느리인 너는 시어머니에게 '제발 잔소리 좀 그만 하세요.' 라고 주문하기 전에 네가 먼저 며느리로서 해야 할 일을 다하고 그분의 욕구를 충족시켜 드리려고 노력해라.

아이들에게는 힘이 발에 있기 때문에 항상 돌아다니기를 좋아하고, 젊은이들에게는 힘이 가슴에 있기 때문에 가슴에서 뜨거운 사랑의 열꽃이 치솟지만, 나이가 많으신 노인에게 남아 있는 힘이라곤 입밖에 없다는 사실을 알아야 한다. 그런데 그 입의 힘마저 못 쓰게 한다면 그분들에게서 살맛을 빼앗아 버리는 것이나 다름없다.

그분이 가지고 있는 입의 힘을 너에 대한 원망으로 소모하게 하지 말고, 너에 대한 칭찬과 행복에 겨운 웃음으로 바꿀 수 있도록 배려해 주는 며느리가 되기 바란다. 시어머니의 잔소리가 대부분 며느리에 대한 염려와 가르침의 말씀인 점을 감안할 때, 배우는 자세로 고맙게 받아들여야 할 일이다.

한 부인의 차 안에는 항상 빨간 돼지저금통이 준비되어 있다. 십 원짜리 동전을 모으기 위해서다. 올해로 칠순이 되시는 시어머니는 경로당에서 심심풀이로 돈내기 고스톱을 치시는데, 그 십 원짜리 동전이 밑천이 된단다.

요즘 십 원짜리 동전은 백 원짜리나 오백 원짜리에 비해 생각 외로 구하기가 그리 쉽지 않다. 그러다 보니 시어머니는 그 어떤 선물보다도 며느리가 구해다 주는 이 십 원짜리 동전을 더 좋아하신단다.

시어머니는 며느리가 모아다 준 십 원짜리로 가득 담긴 빨간 돼지저금통을 동네 사람들에게 내보이며 며느리 자랑에 침이 마르신단다. 노인들에게 있어서 이런 것이야말로 사는 재미가 아닐까 싶구나.

이 정도면 그들에게 있어 고부간의 갈등이란 남의 말이 아니겠느냐? 고부간의 관계뿐만 아니라 모든 인간 관계에서도 마찬가지다. 아무리 작은 선물이라 할지라도 정성이 가득 담겨 있다면 받는 사람의 입장에서는 그것이 세상에서 가장 값진 것으로 여겨지는 것이다.

어느 뜨거운 여름 날, 태양 열기에 지친 몇 명의 나그네가 플라타너스 나무를 발견하고 그곳으로 재빨리 달려갔다. 그들은 넓게 뻗은 나뭇가지 그늘 아래에 벌러덩 드러누워 휴식을 취했다.

그때 한 나그네가 말했다.

"이 플라타너스란 나무는 참 쓸모없는 나무야. 열매도 열리지 않고, 어떤 방법으로도 사람이 이용할 수 없으니 말이야."

옆에 누웠던 나그네도 같이 거들었다.

"그래, 맞아. 정말 아무짝에도 쓸모없는 것이 이 플라타너스 나무지."

그러자 플라타너스 나무가 버럭 화를 내며 말했다.

"은혜도 모르는 이 고약한 것들아! 뭐? 내가 아무짝에도 쓸모없다고? 나 때문에 무더위를 식히며 혜택을 받는 이 순간에도 너희는 나를 조롱하고 있구나!"

설마 너도 이렇게 네 배우자를 낳으시고 길러주신 나이 드신 시부모님을 '쓸모없는 존재'라며 무시하는 일은 없겠지? 그 어른들은 이 플라타너스 나무와 같이 그냥 너희 옆에 계시는 것만으

로도 너희에게는 정신적인 지주요, 든든한 마음의 안식처가 되신
다는 사실을 잊지 말기 바란다.

너는 이쯤에서 이렇게 투덜거릴지도 모르겠구나.

"왜 며느리인 나만 그렇게 일방적으로 모든 걸 참고 양보하고
배려하며 살아야 하는 거죠?"

그리고 또 요즘 신세대답게,

"시부모에게만 그렇게 온갖 신경을 다 쓰고 잘해 주다 보면,
우리 친정엄마와 친정아빠는 누가 챙겨 주죠?"
하고 반문할지도 모르겠구나.

그래, 그 말이 맞다. 너뿐만 아니라 세상의 모든 며느리들의 속
마음은 시부모님보다는 자신을 낳고 길러 주신 친정 부모님께
몇 배, 아니 몇 십 배는 더 잘해 드리고 싶을 거야.

그러나 그런 걱정은 좀 나중에 해도 되지 않을까 싶구나. 세상
엔 공짜란 없기 때문이지. 양보하고 베푼 만큼 다시 메아리처럼
내게 되돌아오게 되는 게 이 세상의 법칙이란 것을 안다면 아마
그런 반문은 하지 않을 것이다.

장담하건대, 이 아빠의 가르침들을 네가 마음을 다해 성실하
게 실천하고 나면, 머지않아 그에 상응하는 대가가 돌아오게 되
어 있다. 그럼, 그 실례를 먼 곳에서 찾지 말고 가까운 곳에서 한
번 찾아보자꾸나. 너를 무척이나 아끼고 사랑하는 안산의 네 고
모네 집에서 말이다.

지금부터 18년 전, 아빠는 결혼을 눈앞에 둔 고모를 앉혀놓고
결혼 생활 전반에 대해 말해 주며, '시부모님께는 어떻게 대하고,

한 집안의 큰며느리로서 시동생들에게는 어떻게 대하고' 등등 많은 얘기를 해 주었었다. 지금 이 책에서 너에게 그러하듯이 말이다.

다른 때 같았으면 별 관심 없이 흘려들었을지도 모르겠지만, 막상 결혼을 눈앞에 둔 상황이라서 그런지 관심을 갖고 진지한 표정을 지으며 마음 속 깊이 새겨듣는 것 같더구나. 궁금한 건 묻기도 하면서 말이다.

그리고 그 뒤로 고모가 결혼하고 나서 지금까지 아빠가 지켜보았는데, 고모 시부모님의 칭찬이 자자하시더구나. 시댁에서 예쁜 짓만 골라하는 네 고모가 그 어르신들의 마음에 쏙 들었던 것이다. 그래서 그 어르신들께서 모처럼 서울의 아들 집에 올라오시기라도 하면 손수 농사 지은 것들을 이것저것 가져오시곤 하셨는데, 같은 농산물을 꼭 반반씩 나눠 갖고 오서서는 우리 집에도 내놓으시며 하시는 말씀이 있었다.

"아이고, 사돈양반! 사돈양반이 우리 아들 내외한테, 부모한테 잘 해드리라고 신신당부했다면서유. 그래서 그런지 우리 며느리가 시집 식구들한테 얼마나 잘 하는지 몰라유. 고마워유, 정말."

그 동안 네 고모부와 고모를 앉혀놓고 누누이 강조한 이야기를 네 고모부가 그분들께 말씀드린 모양이었다.

그리고 작년 추석 때의 일이다. 아빠 4형제와 네 고모부가 밤새 잠 안 자고 술 한잔씩 들면서 이런저런 집안 이야기를 나눈 적이 있는데, 그때 네 고모부가 이런 말을 하더구나.

"형님, 저도 처가에서 아들 노릇 좀 하고 싶습니다."

그래서 아빠가 웃으면서 말했다.

“그럼, 자네 집안은 어떻게 하려고? 장남인 자네가 한쪽만 책임 지는 것도 벅찰 텐데, 어떻게 양쪽 집 아들 노릇까지 한다고 그러는가? 이 집안엔 아들이 넷씩이나 있으니까 자네 집이나 확실히 책임 지게나.”

그때, 고모부가 목소리를 약간 낮추며 진지한 표정으로 이렇게 말하더구나.

“형님, 형님 앞이라서 그런 게 아니라, 집사람은 정말 제가 미안할 정도로 시집 식구들에게 아주 똑 소리 나게 잘 하고 있습니다. 그게 너무 고마워서라도 이 집안에서 아들 노릇 좀 해야겠습니다.”

그래서 아빠는 껄껄 웃으면서 이렇게 대답했다.

“알았네. 자네 말대로 내 동생이 시집 생활을 그렇게도 잘 한다면, 자네도 그 빚을 좀 갚아야 되겠구먼그려. 그럼, 우리 다섯이서 이 집안의 아들 노릇 좀 해 보세.”

그러면서 우리 4형제, 아니 5형제는 기분 좋게 술잔을 부딪치며 ‘우리 5형제를 위하여’ 하고 큰소리로 외쳤다.

아빠는 그렇게 마음 써 주는 네 고모부가 눈물겹도록 고맙더구나. 그리고 지금 너를 그렇게도 예뻐해 주며 매사를 자상하게 배려해 주는 네 고모부의 모습에서 너는 무엇을 읽었느냐? 아마 너는 그 표정에서 형식적이 아닌 진심어린 마음을 읽었을 것이다.

네가 학교에 입학하거나 졸업할 때, 또 처가의 웬만한 행사 때마다 꼬박꼬박 참석해서 성의를 다하는 걸 보면 네 고모부에게도 고맙다는 생각이 들지만, 남편에게 그런 마음이 들도록 결혼 생활을 훌륭하게 해 준 네 고모에게도 고맙다는 생각이 드는구나. 네가 대학에 입학하던 날만 하더라도 엄마 아빠가 바빠서 참석하지 못했을 때, 네 고모와 고모부가 꽃다발을 사 들고 대신 참석해서 너를 축하해 주지 않았느냐?

고모가 만일 시집 식구들에게 열과 성을 다하지 않고 데면데면 아무렇게나 대해서 집안에 불화로 가득 차 있다면, 그래도 과연 고모부가 그렇게 처가 쪽에 잘 해 주고 싶은 마음이 들었을까? 물론, 고모부의 사람 됨됨이가 좋아서이기도 하겠지만, 그만큼 고모가 시집 식구들에 대해 열과 성을 다해 대하니까 고모부도 그렇게 처가 쪽에 베풀고자 하는 마음이 더 많이 생겼다고 본다.

이렇듯 어느 곳에 처하든 간에 항상 자신이 해야 할 바를 다하고 베푸는 마음으로 살다 보면 그 당시에는 좀 손해 보는 듯해도 언젠가는 그에 상응하는 것이 돌아오게 되어 있다는 것, 이것이 베푼 자를 위한 '하늘의 선물'인 것이다.

'주는 행위'에 대해 독일 출신의 미국 정신분석학자이며 사회학자인 에리히 프롬은 《사랑의 기술》이라는 책에서 이렇게 말하고 있다.

> 이기적인 사람은 오로지 자기 자신에게만 관심이 쏠려 있어서 오직 남한테 받기만을 원하고 주는 일에는 전혀 기쁨을 못 느낀다. 그러다 보니 그는 다른 사람의 필요에 대해서는 안중에도 없고 타인의 존엄성과 완전성에 대한 존경도 없다. 그는 자신 외에는 아무것도 볼 수 없고, 또 모든 사람과 물건들을 자신

에게 필요한 존재로만 여기고 이용하려 든다. 그런 그가 남을 사랑한다는 것은 낙타가 바늘 구멍에 들어가는 것보다도 더 희박한 것이다.

사랑은 활동이며 인간의 자유에서만 실천되고 강제의 결과로서는 결코 실천되지 않는 힘의 실천이며, 피동적 감정이 아니라 활동이며, '빠지는 것'이 아니라 '참여하는 것'이다. 가장 보편적인 방법으로 사랑의 활동적 성격을 표현한다면, 사랑은 원래 '주는 것'이지 '받는 것'이 아니다.

그럼, '주는 것'이란 무엇을 의미할까?

진정한 사랑의 의미를 모르는 사람에게 있어 '주는 것'이란 '어떤 것을 포기하는 것', 또는 '빼앗기거나 희생하는 것'으로서 생각된다. 그런 사람들이 무엇인가를 남에게 준다는 것은 받는다는 조건이 밑바닥에 깔려 있다. 즉, '내가 너에게 주었으니 나도 너한테 받아야겠다'는 교환에 불과한 것이다. 그러니까, 그런 사람에게 있어서 '받는 것 없이 주는 것'은 사기를 당하는 것이 된다.

주로 비생산적인 성향의 사람은 '주는 것'을 손실로만 생각한다. 그러므로 이런 유형의 사람들은 주기를 거부한다. 또 어떤 사람들은 '남에게 주는 일은 희생'이라고 여겨 '미덕'으로 표현한다. 즉, '남에게 주는 일'은 '고통스럽고 자신을 희생하는 일'인데, 그런 힘겨운 일을 하기 때문에 '미덕'으로 여기는 것이다. 그러니까 그런 사람들에게 있어서 '받는 것보다 주는 것이 좋다'는 기준은 '기쁨을 경험하기보다는 손실을 겪는 것'이다.

그러나 생산적 성격인 사람에게 있어 '주는 것'은 전적으로 다른 의미를 가진다. 주는 것은 잠재력의 최고 발휘이다. 준다는 행위에서 그는 힘과 부와 역량을 경험한다. 이 고양된 생명력과 잠재력의 경험은 자신을 기쁨에 차게 한다. 그는 자신이 소비하고 생활하는 만큼 기쁨을 느끼는 자신을 경험한다. 주는 것은 빼앗기는 것이 아니라, 주는 행위 속에 나의 표현이 있기 때문에 받는 것보다 더욱 기쁜 것이다.

이 원리의 정당성을 이해하기란 그리 어렵지 않다. 가장 기본적인 예는 성(性)의 영역에서 찾아볼 수 있다.

남성의 성적 기능의 절정은 주는 행위에 있다. 즉, 남성은 여성에게 자기 자신을, 즉 성기를 준다. 오르가슴의 순간에 그는 그의 정액을 여성에게 준다. 그는 성적 능력이 있는 이상 주지 않을 수가 없다. 만약 그가 그걸 여성에게 줄 수 없다면 그는 성 불구자다. 여자도 역시 그 자신을 준다. 즉, 여자는 자기 내부의 핵심으로 통하는 문을 열어주며, 받는 행위 속에서 여자는 주는 것이다.

또 여자의 경우, 남자에게 자신을 줄 수 없고 그저 받기만 한다면 성 불감증 환자다. 여성에게 있어서 '주는 행위'는 아내로서의 기능뿐만 아니라 어머니로서의 기능에 의해서도 일어난다. 여자는 자기 자신을 자기 안에 있는 아이를 키우는 데 주고, 아이를 낳으면 모유를 주고 자신의 체온을 준다. 주지 않으면 스스로가 고통스러워서 못 견디게 된다.

… 중략 …

그럼, 남에게 준다는 것은 무엇인가? 그는 스스로를 주고 자기의 생명을 준다. 이것은 반드시 그가 자신의 생명을 타인을 위하여 희생한다는 것을 의미하는 것이 아니라, 자기 속에 살아 있는 것을 준다는 것이다. 그의 기쁨·흥미·이해·지식·유머·슬픔, 즉 자기 안에 살아 있는 모든 표현과 표시를 남에게 준다. 이처럼 자신의 생명을 준다는 것에서 다른 사람을 부유하게 하고, 그 자신의 생동감을 고양함으로써 다른 사람의 생동감을 고양시킨다.

그는 받기 위해 주는 것이 아니다. 주는 것 자체가 더할 나위 없는 기쁨인 것이다. (이런 기쁜 마음을 갖고 상대에게 주다 보면, 결국 원하든 원하지 않든 또다시 자신에게도 돌아오게 되어 있다.) 그러나 그는 상대의 생에 무엇인가 주지 않으면 견디기 힘들며, 상대의 생에 준 그것은 자기에게 다시 되돌아온다. 이렇게 해서 되돌아오는 것은 받지 않을 수 없는 것이다.

또 다음의 이야기는 뭔가 너에게 깨달음을 줄 것 같구나.

옛날에 사이가 몹시 안 좋은 시어머니와 며느리가 한집에서 살고 있었다. 이 두 사람은 어찌나 서로 앙숙이었던지 둘 가운데 어느 하나가 집을 나가거나 죽지 않으면 해결이 나지 않을 지경이었다. 중간에서 보다 못한 남편이 조용히 부인을 불렀다.

"여보, 당신과 어머니 가운데 누구 한 명이 죽어야만 우리 집안이 편안해질 것 같구려. 아무래도 젊은 당신보다는 살 만큼 사신 어머니가 돌아가시는 편이 나을 것 같기에 내가 용한 점쟁이한테 가서 그 비법을 알아왔소."

그러면서 남편은 자기 어머니가 들을세라 더욱 목소리를 낮춰 소곤대며 말했다.

"당신은 오늘부터 백 일 동안 하루도 거르지 말고 삶은 달걀 하나씩을 어머니께 갖다 드리도록 하시오. 그런데 그때 한 가지 주의할 것이 있소. 달걀을 드리면서 '이것 드시고 얼른 죽으세요.'하는 마음을 품으면 절대로 안 되고, 마음으로부터 정성을 다해 드려야 하오. 그러면 백 일째 되는 날엔 반드시 효험을 본다고 하는구려."

그렇지 않아도 눈엣가시처럼 지긋지긋한 시어머니였는데, 남편이 자기의 마음을 헤아리고 기가 막힌 비법을 알아왔다고 하니 며느리는 여간 기쁘지 않았지.

그날부터 며느리는 하루도 거르지 않고 달걀을 삶아 시어머니한테 갖다 드리면서, 행여나 효험이 없어질세라 정성을 다해 대접했지. 그러기를 수십 일 동안이나 말이야.

시어머니가 가만히 보니 며느리가 이상해졌단 말이야. 그렇게도 자신에게 쌀쌀맞게 대하던 며느리가 어느 날부터 갑자기 상냥하고 극진해졌으니 그런 생각이 들지 않을 수 없었겠지. 그런데 아무리 뜯어봐도 가식이 아니라 진심에서 우러나는 것이 틀림없지 뭐야.

그때부터 시어머니의 마음 속엔 며느리에 대한 미운 감정이 봄눈처럼 스르르 녹아 사라지면서 그 자리에 사랑의 감정이 가득가득 들어차기 시작했어. 마음 속에 그런 사랑의 감정이 있으니 당연히 며느리에게 아주 잘 대해 주었겠지.

그리고 99일째 되는 날, 부인은 남편 앞에서 통곡을 하기 시작했어.

"알고 보니 그토록 인자하시고 자상하신 분인데, 내가 그런 분을 몰라 뵙고 이렇게 나쁜 비법까지 써서 내일이면 돌아가시게 생겼으니 이 일을 어쩌면 좋겠습니까? 내가 천벌을 받아 마땅할 년이니, 제발 어서 다시 가서 어머님 살리는 비법을 알아오도록 하세요!"

이처럼 아무리 상대가 밉다 하더라도 마음 한번 바꿔먹고 사랑으로 감싸 버리면 왠지 그 사람도 예전과 달라 보이고 자신의 마음까지도 편안해지게 되는 것이다.

흔히, 신세대 며느리는 자기밖에 모른다고들 한다. 그러나 세상에는 시부모님께 즐거움을 드리려고 노력하는 며느리도 많다는데, 그 중 하나가 너였으면 좋겠구나. 시부모는 네가 사랑하는 남편을 너에게 선물한 고마운 분들이기 때문이다.

그럼, 이쯤에서 장차 네 배우자가 될 사람에게도 몇 가지 충고해 주고 싶은 말이 있구나. 고부간의 문제를 해결하자면 아내 못지않게 남편의 역할도 큰 비중을 차지하니까 말이야.

어머니와 아내 사이에서의 남편 역할

내 딸 은경이의 배우자가 될 자네가 어디서 어떻게 살아온 누구이며, 또 지금은 어떤 삶을 살고 있는 사람인지 아직은 전무한 상태지만, 장차 장인 될 입장에서 자네에게도 한 마디 전해 주고 싶은 말이 있으니 귀담아 두었다가 훗날 두 사람의 결혼 생활에 도움이 되었으면 하네.

우선, 아내가 시댁 식구들과 겪는 마찰은 결혼 생활에서 피할 수 없는 부분이라는 걸 말해 주고 싶네. 그렇다면 이러한 마찰을 최소화시킬 필요가 있는데, 이때 가장 중요한 것이 남편의 역할일세.

자신의 아내와 어머니가 입장 차이로 인해 갈등할 때 이들 두 사람 사이에서 어떻게 대처해야 할지 고민해 보지 않은 남성은 아마 없을걸세. 아내 입장만 두둔하기도 그렇고, 또 어머니 입장만 두둔할 수도 없기 때문이지. 이때 만일 어느 한쪽에 지나치게 기울게 되면 반드시 그에 따른 부작용이 나타날 것이고, 나아가서 가정 파탄으로까지 이어질 수 있지. 그렇다고 해서 수수방관하게 되면 관계를 더욱 악화시킬 수 있으므로, 어머니에게는 아들이요 아내에게는 남편이라는 중간 입장에 서서 양측의 갈등을 지혜롭게 중재하는 노력이 필요하네.

우선 남편인 자네는, '이러한 갈등은 우리 가족만의 문제가 아니라 대부분의 다른 가족들에게서도 볼 수 있는 전형적인 갈등 형태'라는 점을 이해해야 하네. 그러니까 '왜 우리 집에만 이런 일이 일어날까?' 하고 낙담할 것이 아니라, 이것은 '서로 적응하기 위한 과정'이라 생각하고, '앞으로 이 문제를 어떻게 다룰 것인가' 하는 보다 긍정적인 측면에서 고민해 볼 필요가 있지. 그리고 신혼 초의 고부 갈등은 어느 한쪽만 노력한다고 해서 해결

되는 게 아니라, 부모 세대와 자녀 세대 모두가 가족의 화합을
위해 보다 적극적인 노력을 기울여야만 한다는 사실을 깨닫고
지혜롭게 대처하지 않으면 안 되네.

가정에 고부 갈등의 문제가 있을 때 남편이 아내 편에 서면 어
머니의 감정을 상하게 하고, 그렇다고 해서 어머니 편에 서면 아
내가 고립 상태에 빠져 결혼 생활을 견뎌 낼 수 없게 되지.

이런 때 남편은 이러지도 저러지도 못하여 고민에 빠질 수밖
에 없는데, 이때 남편인 자네는 어머니의 입장과 아내의 입장을
충분히 공감해 주는 것이 중요하네. 그러니까, 어머니 앞에 가면
'어머님의 말씀이 옳다', 아내 앞에 가면 '당신의 말이 옳다' 식으
로 말해 주는걸세. 그렇게 하여, 각자가 갖고 있는 부정적인 감
정들을 남편(아들) 앞에서 솔직히 표현하게 함으로써 자신이 여
전히 남편(아들)으로부터 이해받고 있고 인정받고 있음을 느끼게
하는 것이 바람직하네.

이처럼 융통성을 발휘하여 아내 앞에서는 아내의 문제와 불
만을 충분히 들어주고 위로하고 이해시키며, 어머니 앞에서는
어머니의 불만과 문제점을 잘 듣고 아내에게 잘못이 있으면 솔
직히 인정하여 서로에 대한 편견과 오해를 씻을 수 있도록 상대
방 입장을 충분히 이해시켜야 할걸세. 그래서 두 사람이 심적으
로 타협할 수 있는 지점을 정할 수 있도록 자네가 중간 역할을
해 주어야 하네. 판사가 법정에서 판결을 함에 있어 진실을 추
구하여 한쪽 편을 들어주다 보면 반드시 평화가 깨지게 마련이
지. 따라서 진실도 파괴하지 않고 평화도 지킬 수 있는 길을 발

견하지 않으면 안 되는데, 그것이 바로 이 타협이란 것이지.

그리고 아내가 자신의 부모를 부정적으로 말하면 자식으로서 당연히 기분 좋을 리가 없겠지. 하지만 심리적으로 부모에게서 독립되지 못한 미숙한 사람일수록 아내가 자신의 부모에 대해 불평을 털어놓으면 민감하게 반응하곤 하지. 아직도 부모를 '자신의 일부'로 여기기 때문에 부모에 대한 불평은 곧 자신에 대한 비판이나 공격으로 간주하기 때문이야.

물론, 시부모에 대한 불만이 있을 때 아내는 스스로 그것을 감당하고 자신을 돌아보는 기회로 삼는 것이 가장 이상적이겠지. 하지만 시부모에 대한 불만을 토로하지 않고는 도저히 못 견딜 것 같은 경우, 아내는 시댁 식구들 가운데서 남편에게밖에 하소연할 사람이 없지 않겠는가? 이런 때 남편마저 외면해 버린다면 아내는 설 곳이 없게 되어 심리적으로 외톨이가 될 수밖에 없지.

시댁에서 며느리라는 자리는 그만큼 불편하고 어려운 것일세. 그러므로 남편은 괴로워도 일단 그런 감정을 유보하고 아내의 말을 귀담아들어야 하네. 아내의 말에도 어느 정도는 '진실'이 담겨 있기 때문이지. 아내는 수십 년 동안 나름대로 분위기가 형성된 낯선 가정에 불쑥 들어온 존재가 아니겠나? 그래서 집안 식구들이 감지하지 못하는 집안의 이러저러한 문제점들을 발견하고 이를 꼬집어낼 수 있을 거야. 이런 때 남편은 부모의 사고 방식이나 가치관, 행동 패턴 등을 아내의 그것들과 비교하여, 공통점은 무엇이고 상반되는 점은 무엇인지를 명확히 파악하고 중재하는 역할을 하지 않으면 안 되네.

아내는 남편과 함께 새로운 가정을 이룬 인생의 동반자일세. 그러므로 외부 세계에 대해 두 사람은 '한 팀'이 되어 반응해야 한다는 걸 잊어서는 안 되네. 그런데 아내의 허물을 집안 식구들에게 들춰내거나 해서 아내를 소외시킨다면 그 결과가 어떻게 되겠는가? 서로 다투고 자기 주장만 펼치다가 결국에는 팀이 해체될 우려도 있지.

고부 문제의 해결을 위해서는 당사자들뿐만 아니라 가족 모두의 노력이 필요하다는 점을 인식하고, 서로가 기꺼이 받아들일 수 있는 제3의 대안을 찾도록 남편인 자네가 적극적으로 나서서 도와줘야 할 것일세.

우리 인간은 누구나가 약간의 허물이 없을 수 없다. 단지 그 허물을 드러내서 문제 삼느냐 안 삼느냐가 모든 인간 관계의 갈등을 해소하는 데 중요한 변수가 되리라고 본다.

한 생각이 막혀서 닫히면 원망과 증오가 되어 원수지간이 되고, 반대로 한 생각이 열리면 쌓였던 원망과 증오가 풀려 원수도 은인이 된다고 하였다.

자녀는 부모가 자녀를 독립시키는 데 따른 정서적 어려움을 충분히 이해하고, 부모님이 그러한 어려움을 극복하는 데에는 어느 정도의 시간이 필요하다는 사실을 인정해 줘야 한다. 물론, 결혼 생활을 막 시작할 때의 부부가 갖는 기대와 흥분은 실로 대단한 것이다. 그러나 그 시간 동안 부모님이 겪어야 할 자식에 대한 진한 애정과 상실이라는 양가 감정(兩價感情)이 있다는 사실

을 충분히 깨닫고 배려할 필요가 있다. 내 부모가 지금 겪고 있
듯이 나 또한 언젠가는 그것을 겪게 될 것이기 때문이다.

며느리가 잘 들어와야 집안이 잘 된다는 말이 있을 만큼 며느
리가 가정 생활에 미치는 영향은 실로 큰 것이다. 거듭 당부하건
대, 네가 다른 집안의 며느리로 들어감으로써 그 집안이 더욱 화
목하고 사랑이 넘치게 될지언정, 너로 인해 불화가 생기지 않았으
면 하는 마음 간절하다. 그것은 또한 너의 행복이기도 하기 때문
이다. 너의 행복이라면 또 너를 사랑하는 이 엄마 아빠의 행복이
기도 하지 않겠느냐?

부부는 '일심동체' 라고들 말한다. 이 말을 글자 그대로 받아들
인다면, 남편의 부모님은 곧 너의 친부모나 다름이 없어야 할 것
이다. 마음 속으로 그렇게 받아들일 때, 그분들을 네가 어떻게
대해야 할지는 이미 답이 내려지지 않았나 싶구나.

그럼 마지막으로, 미국의 어느 기독교인 며느리가 쓴 아름다운
시 한 편을 소개하고 이 장의 이야기를 마치도록 하겠다.

나의 어머님, 시어머님!
사람들은 당신을 시어머니라 부르라 하지만
나는 당신을 어머니라 부르리이다.
나의 사랑인 남편의 생명의 시작을 가능케 하신 당신,
당신은 그에게 처음으로 기도와 찬양을 가르치신 어머니,
당신은 그에게 처음으로 미소를 가르치신 어머니,
그이가 피곤하여 잠들었을 때 그이는 당신의 품 안에서

안식을 청했으며

그이가 넘어졌을 때 당신의 손안에서 다시 일어나

걸을 수 있게 되었고,

당신은 그이가 잘 할 수 있도록 언제나 그의 곁에

머물러 계셨으니

당신은 그이가 위를 쳐다보고 살 수 있도록

무릎을 꿇으셨으니

그이가 내 사랑하는 님이 될 수 있도록 도우신 그 큰 사랑에

나는 누구보다 빚진 자이오니

나는 그이와 함께 당신을 영원히 나의 어머니라고 부르리이다.

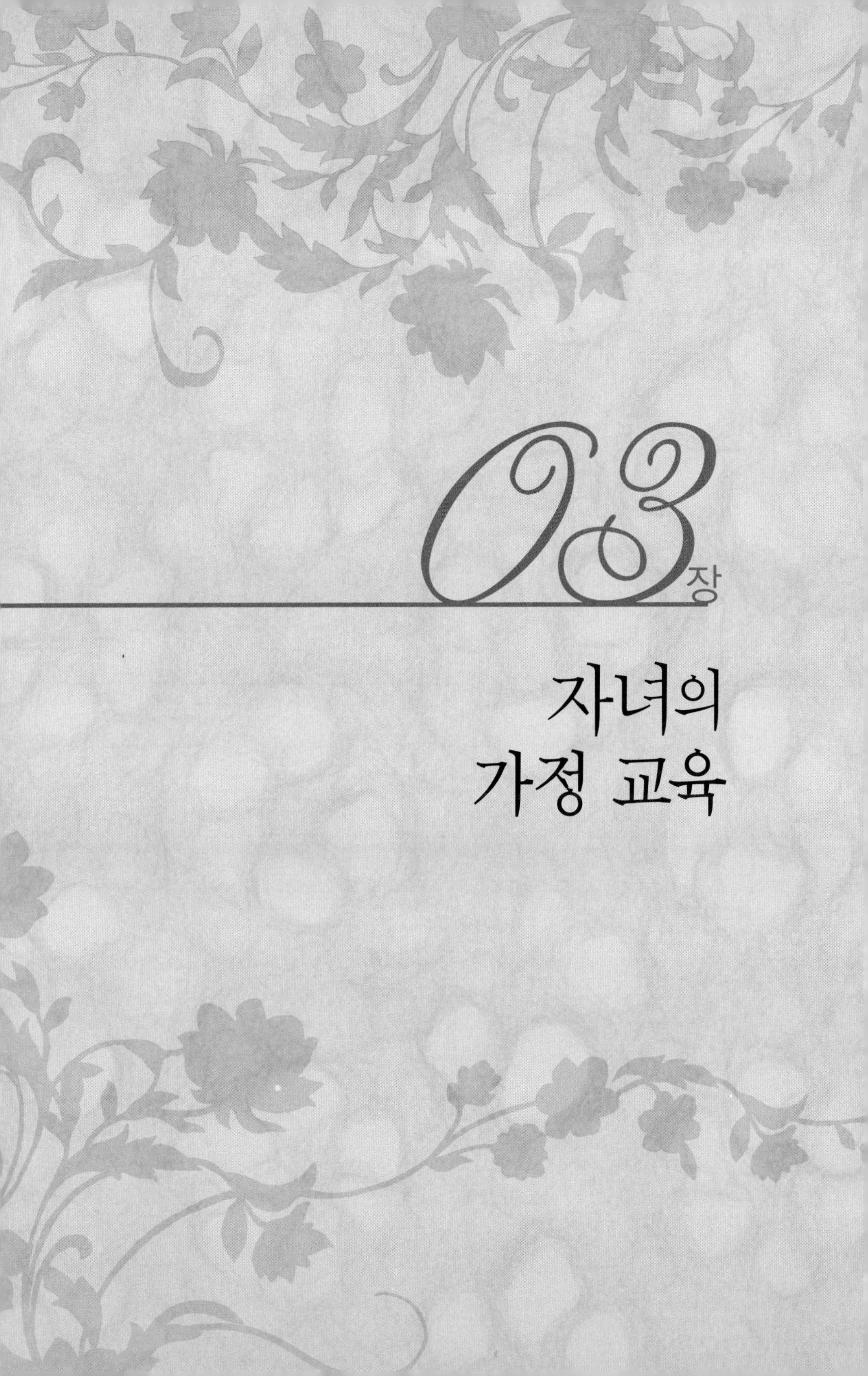

03장

자녀의
가정 교육

교육의 참된 목적은,
사람들에게 착한 일을 하도록 강청할 뿐만 아니라,
사람들에게 착한 일을 하는 그 자체에
기쁨을 발견하도록 하는 것이다.
사람들을 결백하게 만들 뿐 아니라,
그 결백함을 사랑하도록 함에 있다.
정의를 지키게 할 뿐 아니라,
정의에 대해 목마르게 희구하게 만드는 데 있다.
— J. 러스킨

부모는 자녀의 거울

학교 교육이 학문과 전공 교육이고 사회 교육이 생활과 적응 교육이라면, 가정 교육은 사람다움을 확립시키는 인성(人性) 교육이다. 이 인성 교육이 잘못되어 사람답게 살지 못하면 아무리 학문이 뛰어나고 사회적으로 출세를 하더라도 남들로부터 사람 대접을 못 받게 되어 제대로 사회 생활을 유지할 수 없게 된다.

자녀들의 가정 교육은 가르치는 것도 시키는 것도 아닌, 세상을 먼저 산 부모가 솔선 수범하여 보여주고 들려주는 것이다. 그러면 자녀들은 부모가 보여준 감정과 표정, 말과 행동에 이르기까지 그대로 본받고 따라하면서 하나의 습관이 되어 정신과 몸에 밴다.

그럼, 사랑하는 자녀들에게 무엇을 보여주고 들려주면 좋을지 한번 생각해 보기로 하자.

① 자녀들 앞에서 함부로 말하거나 성내지 말고 온화한 표정을 보여줘라.

그러면 자녀들도 남들에게 함부로 말하거나 성내지 않고 온화하게 대하게 된다.

② 어른 앞에서 공손하고 예의 바른 자세를 취하여라.

그러면 자녀들도 본받아서 어른들에게 공손하고 예의 바르게 대하게 된다.

③ 다른 사람들과 화기애애하게 지내는 모습을 보여줘라.

그러면 아이들도 다른 사람들과 화기애애하게 지내게 된다.

④ 부부간에 서로 공경하는 모습을 보여줘라.

그러면 아이들도 이성간에 서로 공경하면서 지내게 된다.

⑤ 자기의 직무에 충실하고 정의감에 투철한 모습을 보여줘라.

그러면 아이들도 자기의 맡은 바 일에 충실하고 정의감을 갖게 된다.

⑥ 근검 절약하고 환락을 멀리하는 모습을 보여줘라.

그러면 아이들도 이를 본받아 근검 절약하고 착실하게 자라준다.

  시집에는 친정엄마가 없다

⑦ 대화할 때는 큰 소리를 치지 말고 고운 어조로 조용조용 말하여라.

그러면 자녀들도 다른 사람들과 대화할 때 몰상식하게 떠들어 대거나 욕설을 사용하지 않는다.

⑧ 남을 꾸짖고 탓하고 원망하기보다는 사랑하고 용서하고 이해하며 칭찬하는 모습을 보여줘라.

그러면 아이들도 다른 사람들을 대할 때 그렇게 대한다.

⑨ 조상의 훌륭한 점을 얘기해 주고, 부모에게 효도하는 모습을 보여줘라.

그러면 아이들도 가정을 소중히 여기고, 조상을 공경하며, 효를 실천하게 된다.

⑩ 아이들에게 성현들의 좋은 말씀을 자주 들려줘라.

그러면 아이들도 그 말씀을 본받아 훌륭하게 자라준다.

⑪ 무섭고 싸우는 이야기보다는 아름답고 착한 이야기를 자주 들려줘라.

그러면 아이들도 그렇게 흉내 내며 착하게 자라준다.

세계적으로 유명한 영화 감독 스티븐 스필버그의 어머니는 날마다 잠자리에서 그가 잠들 때까지 책을 읽어 주었다고 한다. 그래서 그는 잠을 자면서, 어머니가 읽어 준 책 속에 등장하는 사람들과 마주앉아 도란도란 얘기하는 꿈도 꾸고, 재미있는 놀이를 하는 꿈도 꾸었다고 한다. 그가 만든 〈ET〉와 〈쥬라기 공원〉 등은 어릴 적 상상 속의 내용이 영화로 실현된 것들이라고 하는데, 너도 알다시피 이렇게 해서 만들어진 영화들은 연속적으로 히트하게 되었고, 이제 그는 세계적인 영화 감독이자 재벌이 되어 있지 않느냐?

자식 농사는 저절로 되는 것이 아니다. 밭농사나 논농사처럼 올해에 흉작이 들었다고 해서 다음해를 기약할 수 있는 것이 아니라는 사실을 명심해라.

⑫ 어른이 나들이하실 때에는 자녀들과 함께 공손히 예를 올리고, 너희가 나들이할 때에도 꼭 아이들에게서 예를 받도록 해라.

그러면 자녀들도 예의 실천이 몸에 배어 그대로 실천하게 된다.

⑬ 집안에 결혼식이나 제사와 같은 행사가 있을 때에는 아이들과 함께 빠짐없이 동행해라.

그러면 혈족의 귀함을 알고 가족 관계를 돈독히 하게 된다.

⑭ 자녀들 앞에서 일상 생활 예절이나 사회 생활 예절을 잘 지켜라.

그러면 아이들도 이를 보고 듣고 배워 모범된 생활을 하게 된다.

자녀는 부모가 하는 것을 그대로 보고 듣고 배우며 자란다. 다시 말해, 부모는 자녀의 모델인 셈이지. 부모가 아무리 그럴 듯한 말을 사용하여 아이들에게 인성 교육을 시킨다 해도 자녀는 그동안 부모가 자신들에게 보여 준 행동을 우선적으로 따른다는 사실을 명심해라.

어느 날, 엄마 게가 아들 게에게 말했다.
"애야, 왜 그렇게 구부정하게 걷는 거니? 똑바로 좀 걸어봐."
그러자 어린 게가 대답했다.
"엄마, 어떻게 걸어야 하는지 시범을 한번 보여 주세요. 그럼 엄마가 걷는 대로 따라서 걸을게요."
"……."

이것은 이솝 우화에 나오는 이야기인데, 행동이 따르지 않는 가르침은 무용지물이라는 뜻이지.

행동은 말보다 그 소리가 크다고 했다. 나는 '바담 풍'할 테니까 너는 '바람 풍'하라고 아무리 가슴을 치며 큰소리로 외쳐 본들 아이는 여전히 '바담 풍'이라고 따라할 뿐 부모가 원하는 진정한 답을 들을 수가 없다.

그러는 아이를 바라보자니 부모는 그저 답답하기만 하다. 아이 역시 답답한 건 마찬가지다. 부모가 말한 대로 정확히 '바담 풍'이라고 따라했는데도 부모가 저렇게 가슴을 쳐대며 답답해 하니, 그런 모습을 보고 있는 아이 역시 어찌 답답하지 않을까?

이런 식의 가정 교육은 안 된다. 아이들에게 아무리 유창한 언어 구사력으로 예의 범절을 가르친다 해도, 그 가르침이 평소에 부모가 해왔던 행동과 다르다면 모두 허사가 되고 만다. 그들의 마음 속에 "엄마(아빠)는 안 그랬으면서 왜 나한테만 그렇게 하라고 강요하지?" 라는 생각이 자리잡고 있기 때문이다. 행동이 따르지 않는 교육은 오히려 자녀로 하여금 반발심을 불러일으킬 수 있음을 명심하기 바란다.

자녀는 의식하지 못하는 사이에 부모의 모습을 그대로 닮아가게 되어 있다. 그러므로 부모들은 그 동안 자기들이 살아왔던 많은 세상 경험을 토대로 '어떻게 사는 것이 옳은가?'를 자녀들에게 수시로 깨우쳐 주어야 한다.

'병이 생기기 전에 고쳐 주는 의사가 가장 훌륭한 의사다' 라고 했다. 이는 부모에게도 해당되는 말이다. 자녀에게 문제가 발생하기 전에 해답을 찾아주는 부모가 1등 부모다. 그러나 대부분, 문제가 발생하고 나서야 비로소 해결사로 등장하는 것이 오늘날의 부모이고 보면 매우 안타까운 일이 아닐 수 없다.

가정 교육은 학문도 아니고 기술도 아니다. 가정 교육은 오로지 사람다움을 추구하고, 사람 노릇을 하며, 사람으로서의 사는 방법을 배우는 것이다. 너의 사랑스런 자녀들이 모범된 생활을 하여 남들에게 칭찬을 받을지언정 사람다움이 결여됨으로써 남들로부터 지탄받는 일이 없도록 자녀들 앞에서의 일거수 일투족에 각별히 신경 쓰도록 해라.

그럼, 자녀들에게 본을 보이는 멋지고 훌륭한 부모가 되기를 기대하마.

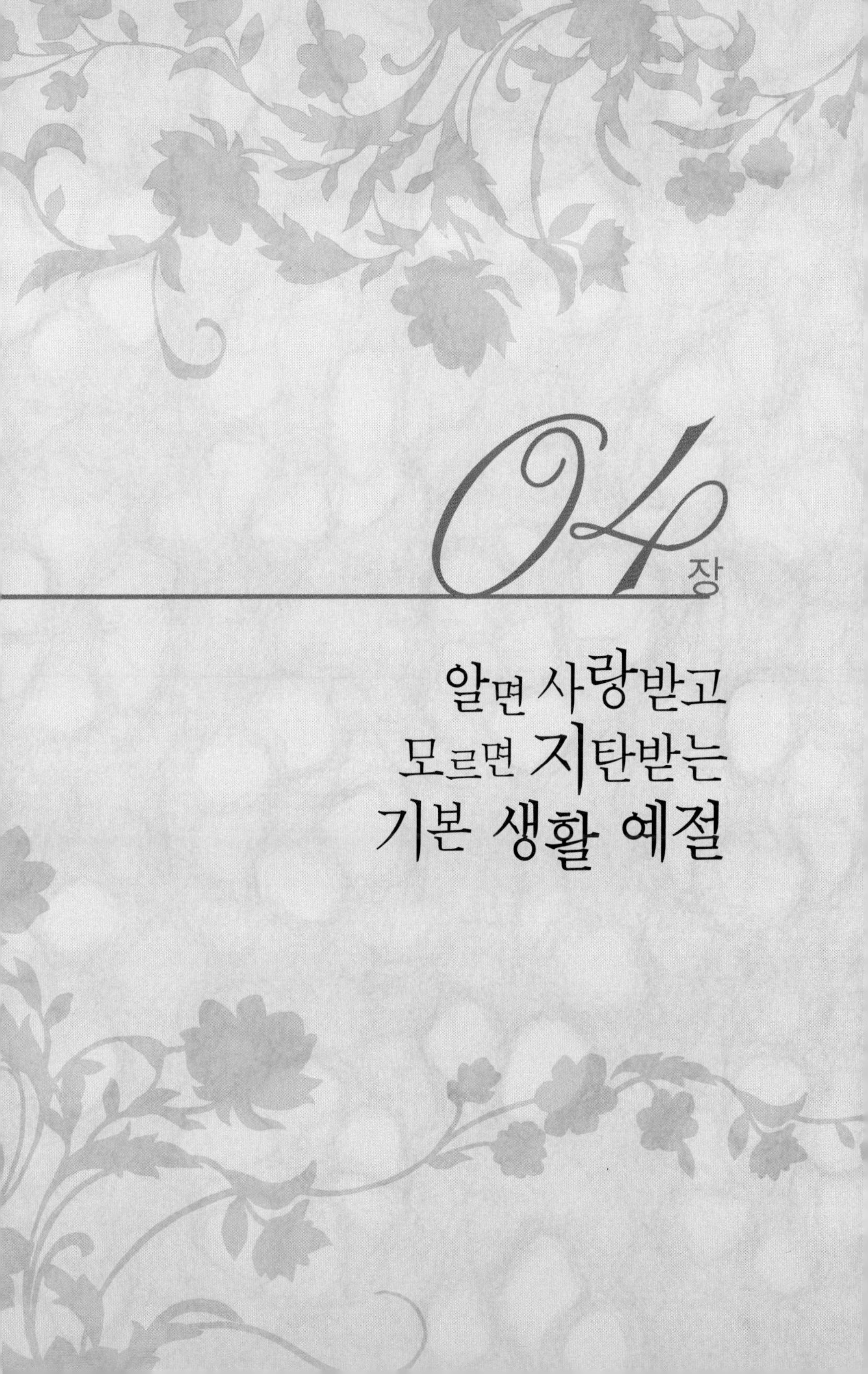

04장

알면 사랑받고
모르면 지탄받는
기본 생활 예절

사람이 무인도에 혼자 산다면 예절이 필요 없을 것이다. 그러나 인간은 사회적인 동물이다. 따라서 인간은 자기가 속한 사회에서 요구하는 도덕성과 윤리관에 입각해 자기를 정립하고, 그것을 바탕으로 대인관계에 임하지 않으면 안 된다.

부모님께 효도하고 웃어른을 공경하며 아랫사람을 사랑해야겠다는 마음이 곧 예절의 실제이다. 그러나 아무리 마음속에 그런 생각으로 가득하다 하더라도 겉으로 표현하지 않으면 누가 그것을 알아줄까? 그런 속마음을 드러내어 상대에게 '언어'나 '행동'으로 옮겨야만 비로소 상대가 이쪽의 속마음을 인식할 수 있는 것이다.

그런데 이 언어와 행동 예절에는 좀 까다로운 격식이 따른다. 그 격식을 바로 알고 잘 지키면 그 사람의 인격이 올라가고 대인관계가 원만해지지만, 그것을 모르고 지키지 않으면 그 사람의 인격은 땅에 떨어지고 대인관계에서 소외될 수밖에 없다.

아내에 대한 평판은 아내에게서 끝나지 않는다. 선거 때 아내 때문에 오히려 표를 잃는 사람이 있는 것을 보면, 아내의 이미지가 남편의 이미지에 얼마나 큰 영향을 미치는지 알 수 있을 것이다.

자 그럼, 지금부터 인관관계를 함에 있어서 꼭 알고 지켜야 할 우리의 생활 예절들에 대해 알아보기로 하자.

1. 어른 앞에서의 몸가짐

어른 앞에 서게 되었을 때, 또는 회사 면접관들 앞에서 괜히 몸둘 바를 몰라 안절부절못한 적은 없는지 모르겠구나. 이는 평소에 습관이 몸에 배지 못함에서 오는 결과다. 그럼, 어른 앞에서 몸가짐을 어떻게 가져야 하는지에 대해 상황별로 살펴보겠으니, 평소에 이를 실행하여 몸에 익히도록 해라.

① 방 안에 누워 있거나 앉아 있을 때, 밖에서 어른의 인기척이 나면 지체하지 말고 재빨리 일어나 문 밖으로 나가서 공손히 맞아들이도록 해라.

② 어른 앞에 앉을 때 정면으로 막아서서 앉으면 실례다. 남자나 윗사람은 어른의 좌측에, 그리고 여자나 아랫사람은 어른의 우측에 앉는 것이 예의다.

③ 어른이 편히 앉으라고 명하셨다고 해서 곧바로 편히 앉지 말고 몇 번 사양하다가 앉도록 해라. 편히 앉으라는 말씀이

떨어지기가 무섭게 마치 기다렸다는 듯이 편히 앉는 것은 어른 앞에서의 예의가 아니므로 주의하도록 해라.

④ 어른께서 명하시는 말씀이 자기에게 이로운 것이면 몇 번 사양하다가 따르고, 불편하거나 수고를 해야 할 일이면 얼른 "예" 하고 따르도록 해라.

⑤ 어른께서 일어나실 기미가 보이면 먼저 일어나서 어른을 부축하거나 양손을 모으고 한 쪽으로 비켜서도록 해라.

⑥ 어른이 나가시기 위해 문 쪽으로 향하시면, 먼저 문 쪽으로 가서 문을 열어드린 다음, 한쪽으로 비켜서도록 해라.

⑦ 어른이 문 밖으로 나가시면 뒤따라 나가서 가시는 곳까지 모시도록 해라. 그렇지 않고 어른이 나가시기가 무섭게 쾅 하고 문을 닫는 것은 어른에 대한 예의도 아닐뿐더러 흉이 되므로 주의하도록 해라.

⑧ 어른과 대화할 때 어른의 말씀을 중간에 끊고 끼어들어서 는 안 된다. 말씀하신 것 가운데서 의문 사항이 있으면 기 억했다가 어른의 말씀이 모두 끝나고 난 다음에 공손한 자 세로 질문하는 것이 예의다.

2. 계단을 오르내릴 때

계단을 오르고 내릴 때에도 예의가 있다. 이를 하찮게 여겨서 지키지 않으면 흉이 될 수 있으므로 유의해라.

① 남녀가 함께 계단을 오를 때는 남자가 먼저 오르고 여자는

그 뒤를 따르도록 한다. 이는 남성에게 뒷모습의 하반신을 보이지 않기 위함인데, 특히 여성이 짧은 치마를 입었을 때에는 더더욱 유의해야 할 일이다. 이때 만일 계단의 폭이 넓다면 남성은 여성의 한 걸음 좌측에 서서 올라가는 것이 예의다.

② 남녀가 함께 계단을 내려갈 때는 여자가 먼저 내려가도록 한다.

③ 손윗사람과 손아랫사람이 함께 계단을 오를 때는 손윗사람이 앞서고 손아랫사람은 그 뒤를 따라 올라가야 한다. 특히 손님을 안내하는 경우에는 한 걸음 오른쪽으로 비켜서서 얼굴과 몸을 약간 손님 쪽으로 돌리는 듯하면서 올라가도록 한다.

④ 손윗사람과 손아랫사람이 함께 계단을 내릴 때는 손아랫사람이 앞장선다. 이는 손윗사람이 넘어지거나 할 때 손아랫사람이 아래쪽에서 부축하기 위함이다.

⑤ 계단식 에스컬레이터를 오르고 내릴 때 역시 일반 계단과 마찬가지다.

3. 음식 예절

사람이 세상에 태어나서 가장 먼저 배우는 것이 음식 예절이다. 그러므로 그 사람이 음식을 먹고 마시는 것을 보면 다른 생활 예절이 어떤지도 금방 추측할 수 있다.

그럼, 지금부터 우리가 기본적으로 알고 있어야 할 음식 예절에 대해 알아보기로 하겠다. 하나하나 잘 기억해 두었다가 나중에 자녀들에게도 본을 보여서 남들로부터 버릇없단 소리를 듣지 않도록 해라. 아이들이 버릇없단 소리는 부모가 잘못 가르쳤다는 소리도 되므로 유념하도록 해라.

1) 식사할 때의 예절

① 어른이 자리에 앉으신 다음에 아랫사람이 자리에 앉는다.

② 상 끝과 몸의 간격을 주먹 하나가 들어갈 정도로 두고 반듯한 자세로 앉는다.

③ 어른이 수저를 든 다음에 아랫사람이 수저를 든다.

④ 숟가락으로 김치나 국 등과 같은 국물을 먼저 떠먹고 나서 다른 음식을 먹는다. (양식일 때는 수프를 먼저 떠먹는다.)

⑤ 남의 집에 가서 밥을 먹다가 남기면 실례다. 그러므로 많다고 생각되면 미리 다른 그릇에 덜어 놓고 나서 먹도록 한다.

⑥ 젓가락을 들어야 할 때는 숟가락을 상에 내려놓지 말고 밥그릇이나 국그릇에 넣어 걸쳐 놓는다.

⑦ 젓가락질을 할 때는 반찬을 뒤적이거나 들었다 놓았다 하지 말고 한 번에 집어먹는다.

⑧ 숟가락에 음식이 묻지 않도록 깨끗하게 빨아먹는다. 여럿이 함께 먹는 물김치나 찌개 등을 숟가락으로 떠야 할 때엔 특히 신경을 쓰도록 한다.

⑨ 입 안에 든 음식이 다른 사람에게 보이지 않도록 먹는다.

⑩ 마시거나 씹을 때는 되도록 소리가 나지 않도록 하고, 쩝쩝

거리며 입맛 다시는 소리를 낸다든가, 수저와 그릇 부딪치는 소리가 나지 않도록 먹는다.

⑪ 밥그릇이나 국그릇에 찌꺼기가 남아 있지 않도록 깨끗하게 먹는다.

⑫ 식사 중에는 잡담을 금하고, 어른이 물으시는 말씀에만 대답한다. 간혹 식사할 때 보면, 입 안의 음식물을 마구 튀겨대며 쉴 새 없이 떠들어대는 사람이 있는데, 이처럼 불결해 보이고 볼썽사나운 것도 없으므로 주의하도록 해라.

⑬ 식사 전후에 큰 소리로 트림을 한다든가 상머리에서 이를 쑤시는 것은 실례이므로 삼간다. 그리고 음식을 먹고 난 뒤에 물로 입 안을 소리 내어 헹구는 것도 큰 실례이므로 주의하도록 한다.

⑭ 다른 사람들보다 너무 빨리 먹어치우거나 늦게 먹지 말고 다른 사람들과 같은 시간에 마칠 수 있도록 식사 시간을 조절한다. 만일 다른 사람들보다 먼저 식사를 끝냈을 때는 숟가락을 상에 내려놓지 말고 빈 밥그릇이나 국그릇 속에 넣어 두는 것이 예다. 그리고 식사를 먼저 끝냈다고 해서 어른보다 먼저 일어나는 것은 예의에 어긋나므로 삼간다.

⑮ 양식이 아닌 한식 초대를 받았을 때에는 유의할 사항이 있다. 국과 밥이 나왔을 때 덥석 밥을 국에 말아먹는 것은 실례이므로 밥은 밥대로, 국은 국대로 먹도록 한다.

⑯ 그릇을 들게 될 때에는 손가락과 손가락 사이를 벌리지 말고, 되도록 엄지손가락 외의 다른 네 손가락을 모두 붙이는

것이 여성스럽고 단정하게 보인다.

① 손님에게 차를 대접할 때는 우선 무슨 차를 들고 싶은지 묻고 나서 내놓는 게 상식이다. 엽차 같은 것은 누구에게나 적당하지만, 커피나 홍차를 내놓는 경우에는 일단 손님의 의사를 물어보고 대접하도록 한다. 커피를 좋아하는 손님에게 커피를 맛있게 끓여내 놓으면 기뻐하지만, 그렇지 않을 경우에는 난처해지기 때문이다.

② 커피를 탈 때, 상대의 입맛은 전혀 아랑곳하지 않고 자기 입맛에 맞추어 커피·설탕·프리마를 듬뿍 타서 내놓는 경우가 있는데, 이는 실례다. 사람마다 취향이 다르므로 반드시 손님에게 물어보고 나서 손님의 구미에 맞게 타도록 한다.

③ 차는 너무 많지도 적지도 않게 적당히 따르도록 한다. 홍차의 경우는 7부, 커피의 경우는 8부 정도로 따르면 적당하다.

④ 탁자 위에 차를 올릴 때는 우선 쟁반을 방바닥에 내려놓은 다음, 두 손으로 찻잔 받침을 들어 손님 앞에 놓는다. 이때 찻잔을 받쳐 온 쟁반을 테이블 위에 잔과 함께 올려서는 안 된다.

⑤ 만일 손님의 뒤쪽에서 찻잔을 놓아야 할 때는 손님의 왼쪽 뒤에서 앞쪽으로 놓는다.

⑥ 받침에 찻잔을 놓을 때는 찻잔을 일단 찻잔 받침에 놓았다가 빙그르 돌려서 손잡이 부분이 손님의 오른쪽으로 향하

도록 하고, 찻숟가락은 손잡이가 오른쪽으로 가도록 하여
찻잔의 앞쪽, 즉 손님 쪽에 놓는다.

⑦ 손님이 차를 마시고 나면 빈 잔을 오래 방치하지 말고 즉시
치우도록 한다. 치울 때도 역시 처음에 차를 낼 때와 마찬
가지로 쟁반을 방바닥에 내려놓은 다음, 두 손으로 들어서
치운다.

3) 차를 마시는 예절

① 먼저, 차를 대접하는 사람에게 고맙다는 인사를 한다.

② 찻숟가락으로 설탕 등을 넣고 조용히 저은 다음, 찻숟가락
을 찻잔의 뒤쪽에 놓는다. 이때 찻숟가락과 찻잔 부딪치는
소리가 나지 않도록 조심한다.

③ 오른손으로 찻잔 손잡이를 들고 왼손바닥으로 찻잔 밑을
받치듯이 하고 마신다. 마실 때는 홀짝이는 소리가 나지 않
도록 해야 하며, 뜨겁다고 해서 후하고 불거나 찻숟가락으
로 떠서 마시는 일이 없도록 한다.

④ 물을 마시듯이 꿀꺽꿀꺽 마시지 말고 맛을 음미하면서 조
금씩 마신다.

⑥ 다 마시고 나면 찻잔을 뒤쪽으로 약간 밀쳐놓은 다음, 잘
마셨다고 인사를 한다.

4) 술을 대접하는 예절

① 우선, 손님에게 무슨 술을 마시겠느냐고 의견을 묻는다.

② 술은 손님의 주량이 얼마나 되는지를 감안하여 준비하고, 중간에 안주가 식거나 모자라는 일이 없도록 신경을 쓴다.

③ 손님이 싫다고 하는 술을 억지로 권하지 않는다.

④ 어른에게 술을 올릴 때는 무릎 꿇고 앉아 어른에게 드릴 술잔을 자기 앞에 놓은 다음, 두 손으로 술을 따라서 두 손으로 잔을 받들어 올린다.

5) 술 마시는 예절

① 어른에게 먼저 권하여서 어른이 마시고 나면 아랫사람이 마신다.

② 어른과 마주앉아 술을 마실 때는 어른과 정면으로 마시지 말고 몸을 약간 옆으로 돌리고 마신다.

③ 어른이 술잔을 주시면 무릎 꿇고 두 손으로 받으며 "고맙습니다." 라고 인사하고 받아 마신다.

④ 술은 맛을 음미하며 조용하게 마신다.

⑤ 자기에게 술을 권한 사람에게는 반드시 술을 따라준다. 이때 사양하면 억지로 권하지 않는다.

⑥ 건배할 때는 술을 못 마시더라도 잔을 그대로 내려놓지 말고 입에 살짝 대었다가 뗀다.

⑦ 여러 사람이 술을 마실 때는 주위 사람들과 보조를 맞추어서 천천히 마신다.

4. 방문 예절

1) 휴일 방문은 피한다.

미리부터 약속되거나 초대받은 방문이 아니라면, 휴일에 남의 집을 방문하는 것은 실례다. 휴일은 가족과 함께 교외에 나간다든가, 집에서 편히 쉰다든가, 어쨌든 휴일을 부담 없이 즐기자는 것이 각박한 세상을 살아가는 현대인들의 생각이다. 바쁘게 일하다가 모처럼 휴일을 맞아 쉬려던 참에 손님이 찾아오면 여간 곤혹스러운 일이 아니다. 또 이른 아침이라든가 늦은 밤, 또는 식사 시간 전후에는 남의 집 방문을 피하도록 한다. 피치 못할 일이 있어서 방문하게 될 때엔 미리 전화로 연락한 뒤에 방문하도록 한다.

2) 방문하기 전에 상대방에게 알린다.

다른 사람을 방문할 일이 있을 때, 미리 아무런 연락도 취하지 않고 갑자기 밀어닥치는 사람이 있다. 미리 연락을 취하면 상대방에게 부담을 줄 것 같다는 생각에서 그럴 수도 있겠지만, 그렇게 하면 상대에게 뜻밖의 부담을 주어서 오히려 폐를 끼치는 결과가 되고 만다. 따라서 갑자기 불쑥 찾아가서 상대를 당황시키는 실례를 범하지 않도록 주의할 일이다.

3) 초인종은 여러 번 누르지 않는다.

남의 집을 방문할 때 초인종을 여러 번 누르는 것은 좋지 않다.

여러 번 자꾸 누르면 집주인에게 빨리 나오라고 명령하는 듯한 인상을 심어 줄 수가 있기 때문이다. 그러므로 초인종은 살짝 한 번만 누르고 집주인이 나올 때까지 기다리도록 한다. 주인이 옷을 갈아입고 있거나 다른 볼 일을 볼 수도 있기 때문이다. 한 번 누르고 나서 1~2분 정도 기다렸다가 반응이 없으면 다시 한두 번 더 누르고 나서 기다리도록 한다.

4) 약속 시간에 맞춰 방문한다.

약속 시간은 꼭 지키도록 한다. 특히 부탁할 일로 인해 윗사람을 만나기로 약속한 경우에는 절대로 늦지 않도록 한다. 이런 때는 충분한 시간적 여유를 두고 일찌감치 집을 나오도록 한다. 그래서 만일 약속 시간보다 일찍 도착하게 된다면, 근처를 산책한다거나 커피숍에서 차라도 한 잔 마시면서 시간을 보냈다가 시간에 맞춰 방문하도록 한다. 약속 시간보다 너무 일찍 도착할 경우, 집주인이 난처해 할 수도 있기 때문이다.

5) 남의 집에서 자기 아이를 꾸짖을 때는 짤막하게 끝낸다.

남의 집에 가서 아이가 실수를 하여 물 같은 것을 엎질렀을 때, 아이를 꾸짖기 전에 우선 뒤처리부터 하도록 한다. 아이의 옷보다도 먼저 주인집의 방이나 방석 등을 먼저 처리하고 나서 정중히 사과한다. 그리고 나서 아이를 짤막하고 따끔하게 나무란다. 그렇지 않고 아이에게 갖은 욕설을 퍼붓는다든가, 때려서 울린다든가 하는 것은 실례이므로 절대 삼간다.

남의 집에 장시간 있게 될 때는 어쩔 수 없지만, 단 한두 시간 정도 방문할 정도라면 되도록 그 집의 화장실을 사용하지 않는 것이 좋다. 그러기 위해서는 집에서 나오기 전에 미리 용변을 보고 가는 등, 평소의 훈련이 필요하다. 어떤 사람은 남의 집을 방문하자마자 화장실부터 찾는 사람이 있는데, 이것이 되풀이되면 그 사람의 교양이나 품성의 평가가 떨어질 것은 당연하다.

남편이 집 안에 없고 자기 혼자만 있을 때 갑자기 남편의 친구가 찾아오는 경우가 있을 수 있다. 그때 그 사람을 집 안에 들이면 안 된다. 이럴 때는 정중하게 남편과 통화해 보라고 하면서 돌려보내도록 한다. 만일 남편이 곧 돌아올 시간이라면, "밖에서 산책이라도 하다가 그 시간에 다시 오시지요." 하면서 예의를 표하도록 한다. 가족이 아니라면, 여자가 외간 남자와 한 방에 있지 않는 것이 양식 있는 여자의 태도이다.

손님이 현관을 나서기가 무섭게 문을 딸깍 잠가 버리는 사람이 있는데 이는 크나큰 실례다. 이렇게 하면, 손님 쪽에서는 왠지 쫓겨난 듯한 느낌이 들어 기분이 상할 수도 있기 때문이다. 특히 밤에 손님을 돌려보낼 때에는 더욱 조심해야 한다. 현관문을 잠그거나 불을 끄는 일은 손님이 집에서 멀어질 때까지 지켜 본 뒤

에 해야 한다. 그리고 방문 손님이 돌아갈 때는 골목 밖까지 배
웅하는 것이 기본 예의다. 손님을 아무리 잘 대접했다 하더라도
이런 사소한 실수를 저지르게 되면 그 공이 수포로 돌아갈 수도
있으므로 주의하도록 한다.

9) 방문 손님과 대화 중에 전화가 걸려오면 간단히 통화를 끝낸다.

손님과 이야기를 하다가 중간에 부득이 볼 일을 봐야 할 경우
가 있을 수 있다. 이런 때는 텔레비전이나 라디오를 틀어주거나
잡지 같은 것을 상대방 앞에 놓아 주고 나서 잠시 양해를 구하도
록 한다. 그리고 손님과 대화 중에 전화가 걸려오면 되도록 간단
히 통화를 끝내고, 이야기가 길어질 것 같으면 '손님이 오셔서 그
러니 나중에 전화하자'며 상대편에게 양해를 구하는 것이 좋다.
손님을 옆에다 앉혀 놓고 콩이냐 팥이냐 하며 길게 전화를 해대
는 것은 자기 집을 찾아온 손님에 대한 예의가 아니므로 유의하
도록 한다.

10) 출산 축하 방문은 산후 일주일 정도 후에 한다.

출산하고 나서 일주일 정도는 임산부에게 있어 가장 귀중한
휴양기다. 따라서 그 기간 안에 가는 것은 부모 형제 정도로 하고,
친척이나 친구는 일주일 정도 지나서 가는 것이 좋다. 그리고 갓
태어난 아기는 세균에 대한 저항력이 약하므로 아기 방으로 들
어가기 전에 반드시 비누로 손을 씻고 양치질을 하도록 한다. 되
도록 아기는 만지지 않는 것이 좋다.

11) 파티 도중에 먼저 일어설 때는 본인에게만 살짝 알린다.

리셉션이나 파티에 참석했다가 부득이한 사정으로 중간에 먼저 일어나야 할 경우가 있다. 이런 때는 접수를 보는 사람에게 먼저 사정 이야기를 하고, 먼저 일어서야 하는 이유를 간단히 메모하여 주인에게 전달토록 한다. 그래서 그 주인이 메모를 받아보고 자기에게 시선을 보내면 가볍게 눈짓을 보내고, 옆 사람에게만 가볍게 인사한 뒤 살며시 자리에서 빠져나오는 것이 좋다. 그러지 않고 파티 도중에 여러 사람에게 인사를 하며 소란스럽게 자리를 뜨는 것은 예의에 어긋나는 행동이다.

12) 피로연에 참석할 때는 신부보다 화려한 옷을 입지 않는다.

피로연에 참석할 때 지나치게 화려한 옷차림을 하여 오히려 신부보다도 더 눈에 띄게 하는 것은 좋지 않다. 만일 화려한 옷차림을 한 미혼 여성이 신부 곁에 있어서 신부의 복장이 오히려 초라해 보인다고 생각해 보자. 이것은 신부에 대한 예의가 아니다. 그날의 주인공은 어디까지나 신부인만큼 최고의 화려한 옷차림은 신부에게 양보하고 자신은 수수한 옷차림을 선택하는 것이 신부에 대한 최소한의 예의다.

13) 새해에 남의 집을 방문할 때는 초하룻날을 넘긴 다음에 한다.

새해에 남의 집을 방문할 때는 초하룻날을 넘긴 초이튿날과 초사흗날 사이에 하는 것이 좋다. 그리고 가족간일 때에는 마땅히 어린아이를 데리고 가서 함께 새해 인사를 드려야겠지만, 그렇지 않은 경우에는 가능한 한 어린아이와의 동반은 피하는 것이 좋다. 부득이 어린이와 함께 가게 될 경우에는, 미리 든든하게 먹여 남의 집에서 음식을 탐하지 않도록 한다.

그리고 만일 부득이 초하룻날에 인사를 가야 할 사정이 있을 때는, 친한 사이가 아니라면, 그냥 현관에서 인사만 드리고 곧장 돌아서는 것이 좋다.

14) 정초에 남의 집을 방문했을 때

부부가 정초에 남의 집을 방문하게 되어 방 안으로 안내받았을 때에는 한식 온돌방일 경우엔 남편을 먼저 들어가게 하고, 양식이면 부인이 먼저 들어가는 것이 보기에 자연스럽다. 선물로 가져간 물건이 있으면 인사가 끝난 다음에 반드시 그 집 부인에게 전하도록 한다.

그리고 아이들에게 세뱃돈을 줄 때에는 그 집 어른들이 보는 앞에서 주되, 아이들의 나이에 비해 지나치게 많은 금액을 주는 것은 피하도록 한다.

15) 식사때 손님이 찾아오면

식사하고 있는 중에 손님이 찾아올 때가 있다. 이런 때 보통, "식사하셨습니까?" 하고 묻는데, 이것은 올바른 인사법이 못 된다. 그 자리에서 어느 누가, "예, 아직 안 먹었습니다." 하고 대들며 식사 상에 앉을 수 있을까? 이러한 인사는 형식적인 것에 지나지 않고, 사실은 그 사람에게 식사를 대접할 의사가 없다는 표현이 된다. 이럴 때는 "마침 잘 오셨네요. 찬은 없지만 같이 좀 듭시다." 하고 식사를 권하는 것이 더욱 자연스럽다.

16) 식사를 사양했으면 속히 일어난다.

남의 집을 방문했다가 얘기가 길어지게 되어 식사 시간이 되었을 때 집주인이 식사를 권하면 가능한 한 사양하지 않는 것이 좋다. 그냥 돌아가겠다고 사양해 놓고도 좀처럼 일어날 기미를 보이지 않는 사람이 있는데, 이것처럼 주인의 입장을 곤란하게 만드는 것도 없다. 저녁을 들고 가겠다면 곧바로 일어나서 식사 준비를 하련만, 그렇지 않고 곧 일어나서 가겠다는 사람을 앉혀두고 식사 준비를 할 수가 없기 때문이다.

5. 소개의 예절

세상을 살다 보면 사람과 사람을 소개해야 할 때가 많은데, 이때에도 지켜야 할 예절이 따른다. 사람을 소개할 때는 지나치게 과장하지 말고 사실대로 간명하게 하도록 한다. 지나치게 과장하여 소개하면, 이것은 상대를 위하는 것이 아니라 오히려 거북하게 만드는 것이므로 삼가도록 한다.

1) 첫인사의 예절

① 상대가 인적 사항을 물을 때는 분명하게 대답하고, 나이를 물으면 끝 숫자만 말하지 말고 모두를 말하며, 직업을 물으면 상대가 이해하기 쉽게 대답한다.

② 첫인사를 나눌 때는 극히 정중하게 자기를 낮추고 상대를 존중하는 자세로 한다. 그렇지 않고 자기 자신을 내세우는 데에만 여념이 없으면 오히려 자신의 인품을 깎아내리는 격이 되므로 삼가도록 한다.

2) 연소자를 연장자에게, 남성을 여성에게 인사시킨다.

사람을 소개할 때 원수·귀족·성직자 등을 제외하고는 연장자와 여성이 상위가 된다. 따라서 비슷한 또래의 이성간에는 남성을 여성에게, 동성간에는 연소자를 연장자에게 소개시키도록 한다. 소개시킬 때는 여성이 항상 상위라 해도, 육친의 여성과 다른 남성을 소개시킬 경우, 예를 들어, 남편이 동료 남성과 자기 아내를 서로 소개시킬 때는 "여보, 이쪽은 우리 회사의 김과장이오."하면서 소개시키는 것이 자연스럽고 좋다.

3) 남성이 연장자면 여성을 남성에게 인사시킨다.

남성이 연장자이고 사회적 지위도 높은 경우에는 여성을 남성에게 인사시키는 것이 자연스럽다. 예컨대 사장과 사원 부인, 또는 은사와 여동생을 인사시킬 경우, 남성을 여성에게 소개하기가 곤란하다. 이런 경우에는 연장자인 남성에게 '아무개를 소개시켜 드리고 싶습니다만' 하고 미리 승낙을 얻은 뒤에 소개하도록 한다.

4) 같은 또래의 동성을 소개할 때는 친한 쪽을 먼저 소개시킨다.

동성이면서 나이와 지위가 서로 비슷한 경우에는 어느 쪽을

먼저 소개해야 할지 몰라 망설이게 되는 경우가 있는데, 이런 때
는 친한 쪽부터 먼저 소개시키면 된다. 가령, 자신의 초등학교
동창생인 L씨와 몇 번 만난 사이인 K씨를 서로 소개시킬 경우, L
씨를 K씨에게 소개하는 것이다.

5) 그룹끼리의 소개는 좌측에서부터 한 사람씩 한다.

그룹끼리의 소개는 보통 좌측에서부터 한 사람씩 차례로 소개
하며, 다른 쪽의 그룹도 그렇게 한다. 그룹 가운데 여성이 섞여
있다 해도, 그 여성이 그룹의 리더이거나 특별한 지위의 사람이
아니라면 그냥 좌측부터 순서대로 하면 된다. 그룹의 리더가 나
서서 "좌측부터 한 분씩 자기 소개를 하시지요." 라고 말하거나,
리더가 직접 한 사람씩 소개하도록 한다. 그리고 한 사람과 여러
사람을 소개할 때는 한 사람을 여러 사람에게 소개한다. 이 경
우는 위에서 말한 1, 2, 3, 4번의 순서보다 우선한다.

6) 앉은 채로 인사받지 않는다.

서로 소개할 때는 누워 있는 환자나 고령자를 제외하고는 모
두 자리에서 일어나 인사를 주고받도록 한다.

7) 소개된 사람의 이름은 두 번 묻지 않는다.

일단 소개를 주고받고 나면 상대방의 이름을 잊지 않도록 노력
한다. 이름을 외어두었다가 대화 도중에 그의 이름을 불러주면
친밀감이 더해질 것이다. 그러나 소개받은 사람의 이름이 생각나

지 않을 때는 또다시 묻지 않는 것이 좋다. 일단 소개받은 사람
의 이름을 또다시 묻는 것은 실례이므로 나중에 다른 사람에게
물어서 확인하도록 한다.

8) 명함은 연소자가 먼저 연장자에게 건넨다.

명함은 "처음 뵙겠습니다. 아무개라고 합니다." 라고 인사말을
먼저 건네고 나서 꺼내도록 한다. 명함을 주고받을 때는 연소자
가 연장자에게 먼저 건네고, 나중에 연장자가 연소자에게 건네
는 것이 순서이다.

명함을 줄 때는 명함의 위쪽을 두 손으로 잡고 정중하게 건넨
다. 그리고 명함을 받는 사람은 명함의 아래쪽을 두 손으로 잡
아서 받는다. 한 손으로 받을 경우에는 오른손으로 명함의 오른
쪽 귀퉁이를 잡고 왼손으로 오른손을 받친다.

그리고 인사를 주고받을 때는 항상 명함을 손쉽게 찾도록 미
리 준비해 두는 것이 좋다. 인사를 나누고 나서야 명함을 찾느라
고 여기저기 호주머니를 뒤지며 법석을 떠는 사람이 있는데, 이
것은 아무래도 보기 좋은 모습이 아니다.

9) 이성간의 악수는 여성이 먼저 청한다.

여성과 남성, 그리고 연장자와 연소자가 악수를 나눌 때는 먼
저 여성이나 연장자의 요구가 있고 나서 악수를 해야 하며, 만일
여성이나 연장자가 고개 숙여 인사만 하면 남성이나 연소자는
그것에 따라야 한다. 그리고 악수를 나눌 때는 허리를 약간만 굽

히도록 한다. 이때 상대방의 눈을 바라보면서 부드러운 미소를
지어보이면 한껏 친밀감이 더해질 것이다.

노상에서 악수를 나누게 될 경우, 장갑을 낀 채로 악수를 나누
면 실례다. 그러나 여성의 경우, 장식용 장갑은 드레스의 일부이
므로 벗지 않아도 된다.

6. 연하장 및 선물 예절

형식적인 글귀로 인쇄되어 있는 연하장은 받아도 그다지 기쁨
을 느낄 수 없다. 따라서 인쇄된 연하장을 보낼 경우에는 자필
로 몇 마디 적어 넣거나, 하다못해 자기의 이름만이라도 직접 적
어 넣도록 한다. 그림에 소질이 있다면 그림을 그려 넣어도 받는
사람이 한결 흐뭇해할 것이다. 그리고 기왕 보낼 바에는 돈이 좀
들더라도 지질이 좋은 것을 고르도록 한다. 흔하디흔한 싸구려
연하장은 보낸 사람의 성의가 부족한 느낌이 들기 때문이다.

연하장의 경우 상제(喪制)에게는 보내지 않지만, 크리스마스 카
드는 그 해에 육친을 잃은 사람에게 보내도 괜찮다. 다만, 지나치
게 화려한 카드는 피하는 것이 좋겠다.

3) 선물의 답례는 즉시 하지 않는다.

사람과 사람 간에 오가는 선물은 마음의 교류를 위한 윤활유라고 할 수 있다. 그런데 선물을 받으면 즉시 자기도 선물을 해야만 직성이 풀리는 사람이 있는데, 이것은 잘못된 생각이다. 그렇게 되면 선물의 참뜻이 없어지고 단순한 물물교환이 되기 때문이다. 비록 하찮은 물건이라 할지라도 정성을 담아 보내는 정성, 그리고 고맙게 받는 마음씨, 이것이 선물을 주고받는 목적이 되어야 할 것이다.

4) 선물은 실속 있는 것으로 보낸다.

선물은 형식적인 것이 아니라 상대방에 대한 배려가 담긴 물건이라야 한다. 따라서 소용이 없는 물건은 아무리 많이 보내더라도 효과가 없다. 가령, 출산이나 돌과 같은 날에 다른 사람들과 똑같이 애기 옷을 선물하는 것보다는 얼마간의 돈을 넣어 만든 아기 이름의 통장을 선물하는 것도 좋을 것이다. 그리고 친한 사이라면 무엇이 필요한지 물어보고 나서 선물해도 좋을 것이다.

5) 선물은 그 자리에서 풀어본다.

손님이 선물을 가져오면 그 손님과 함께 개봉하여 함께 기쁨을 표하는 것이 선물을 가져온 사람에 대한 예의이다. 그렇지 않고 고맙다는 인사 한 마디만 하고 한쪽으로 밀쳐놔 버리면, 선물한 사람은 왠지 호의를 무시당한 것 같은 기분이 들어 섭섭한 생각이 들 수 있다. 옛날에는 선물한 사람 앞에서 선물을 풀어보는 것이 실례가 되었지만, 요즈음은 선물을 받으면 선물한 사람이 보는 앞에서 풀어보는 것이 일반화되었다. 또한 가져온 물건이 과자나 과일 같은 음식일 경우, 함께 나눠 먹으면서 정담을 나누는 것도 좋을 것이다.

6) 선물을 보낼 때는 편지를 첨부한다.

결혼 축하 선물은 결혼식 일주일 전쯤에 보내는 것이 좋다. 선물을 보낼 때는 물건만 보내지 말고 축하 편지를 따로 써서 보내든가 선물에 동봉하도록 한다. 아무래도 신랑 신부에게는 당장 도움이 되는 생활 필수품이나 결혼 생활에 지침이 되는 서적 등이 좋겠다. 너무 형식적이거나 실용적인 가치가 없는 것은 되도록 피한다.

7) 경사와 흉사가 겹치면 축하를 하지 않는다.

평소에 알고 지내던 집에 아기가 태어나서 축하 선물을 보내려고 하는데, 그 집에 상을 당했다는 소식을 듣는 경우가 있는데, 이처럼 경사와 흉사가 겹쳤을 때에는 반드시 조사를 먼저 하고 축하는 안 하는 것이 원칙이다.

7. 대화의 예절

예절에는 반드시 말(언어)이 따른다. '세 치의 혓바닥으로 다섯 자의 몸을 살리기도 하고 죽이기도 한다'는 중국의 속담이 있듯이, 말이란 정말 중요한 것이다. 자칫 경솔한 말 한 마디로 자기의 일생을 망칠 수도 있기 때문이다. 말 한 마디를 잘못함으로써 크나큰 손실을 입게 되는 경우를 우리는 주위에서 많이 볼 수 있는데, 이처럼 말로 인한 피해를 입지 않으려면 평소의 말에 신중을 기울이는 습관을 들이는 것이 좋다.

1) 말은 가려서 한다.

말의 에티켓에는 여러 가지가 있겠으나 가장 명심할 것은 '때와 장소에 따라 말을 가려서 해야 한다'는 것이다. '잘 생각하지도 않고 하는 말은, 겨누지 않고 총을 쏘는 것과도 같다'고 했다. 그러므로 말하기 전에 한번 마음 속으로 되풀이해 보고 나서 한다면 거의 실수가 없을 것이다. 그때그때 생각나는 대로 주워섬길 것이 아니라 반드시 상대방의 입장에 서서, '이 말을 하면 상대방이 과연 어떻게 생각할 것인가'를 먼저 고려해야 한다. 말 한 마디가 자신의 일생을 좌우할 수도 있다고 생각할 때, 말의 중요성은 아무리 강조해도 지나치지 않다.

옛날에 어떤 왕이 병에 걸렸는데, 세상에서 보기 드문 희귀병이었다. 의사는 암사자의 젖을 먹어야만 나을 수 있는 병이라고 말했지. 그러나 문제는 어떻게 암사자의 젖을 구해 올 것인가였어.

이때 꾀 많은 한 남자가 날마다 사자가 살고 있는 동굴 가까이로 다가가서 새끼 사자 한 마리씩을 사자에게 가져다주었어.

그렇게 열흘이 지나자 암사자와 그는 퍽 친하게 되었고, 왕의 약으로 쓸 젖을 조금 짜낼 수가 있었지.

왕궁으로 돌아오는 도중에 그는 자기 몸의 여러 부분이 서로 다투고 있는 꿈을 꾸었어. 그것은 몸 중에서 어디가 제일 중요한가에 대한 논쟁이었지.

다리는 "만약 내가 없었더라면 사자가 있는 곳까지 갈 수 없었을 것이다."라고 말했고, 눈은 "내가 없었더라면 사자가 사는 동굴을 찾을 수 없었을 것이다."라고 말했고, 심장도 역시 "내가 없었더라면 이제까지 살 수도 없었을 것이니 사자 젖을 구할 수도 없었을 것이다."라고 말하는 거였어.

그때 갑자기 혀가 큰소리로 외쳤어.

"내가 말을 할 수 없었더라면 너희는 아무짝에도 쓸모가 없었을 거야!"

그러자 몸의 각 부분들이 일제히 혀를 공격했어.

"뼈도 없는 작은 고깃덩어리 주제에 건방진 소리 작작해!"

그런데 남자가 궁전에 도착했을 때 혀는 '누가 제일 중요한가를 알려주고야 말겠다'고 단단히 별렀지.

왕이 남자에게 물었어.

"이 젖은 무슨 젖인가?"

그러자 혀가 큰소리로 외쳤지.

"개 젖이옵니다!"

순간, 혀를 공격했던 몸의 모든 부분이 놀라 혀에게 잘못했다고 싹싹 빌며 사과했어.

혀는 그제서야 말을 돌리며 이렇게 말했지.

"죄송하옵니다. 제가 잠깐 실언을 했사옵니다. 이것은 틀림없이 암사자의 젖이옵니다."

그 말을 들은 왕은 만면에 웃음을 띠면서 그 남자의 노고를 칭찬하고 큰 상을 내렸다는구나.

이렇듯 우리의 중요한 부분인 혀가 자제심을 잃어버린다면, 어처구니없는 일이 생기게 되는 것이다.

2) 상대방의 말에 귀를 기울이는 습관을 들여라.

남이 싫어하든 말든 쉴 새 없이 자기 말만 떠들어대고 남의 말은 전혀 들으려 하지 않는 사람이 있는데, 이런 사람은 대인 관계가 제로이다. 말을 잘 한다는 것은 말을 많이 한다는 것이 아니라 말을 아껴서 농도 진한 말을 하는 것을 말한다. 말은 다른 사람에게 자신의 마음을 전달하는 심부름꾼 역할을 하기 때문에, 자신의 생각을 충분히 정리하고 나서 상대방을 향해 던져야만 한다. 말에 따라 자기의 인격과 사람 됨됨이가 모두 결정된다고 생각할 때 주의를 기울이지 않을 수 없다.

3) 상대방과 말이 동시에 부딪쳤을 때에는 상대에게 양보해라.

이야기를 하다가 두 사람의 말이 동시에 부딪치는 경우가 있다. 이럴 때에는 일단 이야기를 멈추고 상대방에게 먼저 말하도록 양보하는 것이 좋다. 특히 상대가 자기보다 윗사람이라면 더더욱 그러하다. 지금 이 순간에 말을 못 하면 평생을 두고 말할 기회가 없는 것처럼 상대의 말을 자꾸 가로채는 사람이 있는데, 이것은 교양 있는 여성으로서 취할 일이 아니다.

이때는 그 사람도 이해할 수 있는 최대공약수적인 대화로 이끌어 가는 것이 좋다. 그것이 그 자리에 참석한 제삼자에 대한 배려이며 예의다. 자기들끼리만 실컷 얘기하고 떠들다 보면 나머지 사람들은 그 자리에 있기가 거북해진다. 반대로, 자기가 제삼자인 경우에는 다른 사람들이 대화하는 것을 잠자코 듣고 있다가 질문이 있을 때에만 그것에 응하도록 한다. 당사자간의 이야기가 진지해질 때는 어떤 구실을 만들어서 잠시 자리를 피해 주는 것도 좋다.

상대방에게 물어서는 안 될 말이 있다. 여성에게 나이라든가 몸무게를 묻는 것은 실례다. 신변에 관한 질문도 마찬가지다. 한마디로, 상대방이 망설이거나 난처해 할 것 같은 질문은 삼가는 것이 좋다. 따라서 질문을 하기 전에 먼저 상대방의 입장이 되어 한 번쯤 더 생각해 본 다음에 질문하는 것이 좋겠다.

학력이 초등학교 졸업 정도인 사람 앞에서 다른 사람을 말할 때, "그 사람은 초등학교밖에 졸업하지 못한 주제에" 라든가, 집 한 칸 없는 가난한 사람 앞에서 다른 사람을 말할 때, "그러니까 그 사람이 아직까지 집 한 칸 없이 그 모양 그 꼴로 살지." 라든가, 몸이 불편한 장애인 앞에서 다른 사람의 신체를 가지고 흠을 잡는다든가 하면 커다란 실례가 아닐 수 없다. 그리고 자기의 전문에 속하는 말은 되도록 간단히 그치는 것이 좋다. 그 전문적인 것에 대해 상대가 물어온다면 몰라도, 묻지도 않는 말을 자기 중심적으로 장황하게 나열하다 보면 상대방은 잘 알아들을 수 없게 되어 피로를 느끼게 되기 때문이다.

7) 처음 만난 사람과 대화할 때는 가벼운 화제를 택해라.

처음 만난 사람과 대화를 나눌 때는 공통의 화제를 선택하는 것이 좋다. "오늘은 날씨가 참 좋군요." 라는 등의 말로 시작해서 여행이나 예술, 스포츠 등과 같은 가벼운 화제가 좋다. 그렇지 않고 자기의 일신상의 문제라든가, 가족 이야기, 정치·종교 같은 화제는 좋지 못하다. 초대면의 대화에서 자기 주변 이야기밖에 못하는 사람은 화제가 궁한 교양 없는 사람으로 취급당하기 쉽다.

8) 대화할 때 상대를 기분 좋게 하는 습관을 가져라.

상대가 말한 것을 되풀이하여 앵무새처럼 따라 하는 것도 상대를 기분 좋게 하는 방법이다. 만일 상대가, "우리 ○○ 아빠가 이번에 꼭 승진해야 할 텐데 걱정이네요." 라고 말했다면, 이쪽에서도 "맞아요. 이번에는 ○○ 아빠가 꼭 승진하셔야 할 텐데." 라는 식이다. 그 말에는 상대가 바라는 간절한 마음이 그대로 실려 있기 때문에, 상대는 그렇게 말해 주는 사람에게 고마움을 느끼게 된다.

9) 때를 가려서 웃어라.

인간이 웃을 때는 즐거울 때, 기쁠 때, 우스울 때다. 또 어이가 없을 때에도 사람은 웃음을 웃는다.

남을 대할 때 웃음으로 대하는 것은 좋은 일이다. 그러나 웃는다고 해서 무조건 다 좋은 것은 아니다. 예컨대, 남에게 질문을 받고 대답 대신 웃는 버릇이 있는 사람이 있는데, 이는 상대방에게 무시당한 기분이 들게 하여 심한 불쾌감을 준다. 다른 사람한테서 주의를 받고 웃는 사람도 있다. 이 또한 상대방으로 하여금 무시당한 기분이 들게 하여 기분을 상하게 하는 일이다.

따라서 웃을 때는 때를 가릴 줄 알아야 한다. 웃음에 너무 인색해도 곤란하지만, 그렇다고 아무 때나 웃으면 다른 사람에게 불쾌감을 줄 수 있으므로 주의할 일이다.

또 이야기할 때 마치 비웃는 듯한 웃음을 흘리면서 말하는 사람이 있는데, 이것은 하루 빨리 고쳐야 할 안 좋은 습관이다. 물론, 당사자는 그것을 잘 깨닫지 못할 수도 있겠지만, 함께 대화하는 상대는 몹시 기분이 상할 수도 있기 때문이다. 만일 누군가로부터 그러한 지적을 받았다면 거울을 보면서라도 얼굴 표정을 바꿔야 할 것이다.

10) 대화 중에 재채기나 하품이 나오려고 할 때는 이렇게 해라.

조용한 회의 장소에서나 엄숙한 장소에서 재채기나 하품을 한다는 것은 대단한 실례가 아닐 수 없다. 우선 재채기가 나오려고 하면 코 안이 간질간질해지므로 이때 빨리 코를 쥐고 조금 움직이면 대개는 방지할 수 있다. 그리고 하품이 나오려고 하면 얼른 혀를 내어 윗입술을 빨면 그대로 가라앉는다. 그러고 나서 심호흡을 두어 번 크게 하면 한동안은 하품이 나오지 않는다.

11) 대화 자리에서 시계를 자꾸 들여다보는 것은 실례다.

한창 대화를 나누고 있는 자리에서 자꾸 자기의 손목시계를 들여다보는 것은 상대방에 대한 예의가 아니다. 그러나 특별한 일이 있어서 꼭 시계를 봐야 할 경우가 있으면, 상대방의 눈치를 보면서 자기 시계를 힐끗거리는 것보다는, 찻잔을 들 때나 테이블 위에 손을 올려놓을 때, 남자 같으면 담배를 입에 물 때를 이용해서 요령껏 보는 것이 좋다.

8. 호칭에 대한 예절

대화 중에 상대방의 호칭을 잘못하게 되면 상대의 기분을 상하게 하여 서로의 감정이 오가서 더 이상 대화를 진행시킬 수 없는 경우가 있다. 그럼, 기본적으로 알아두어야 할 호칭에 대해 살펴보기로 하겠다.

1) '나' 와 '저'

다섯 살 이상 차이가 나는 윗사람에게 자신을 일컬을 때는 '저'라고 표현하는 것이 무난하다. 그러나 자기보다 연하의 사람이라 할지라도 공석에서는 '저'로 칭하는 것이 바람직하다. 그러나 부부간에는 서로 동격이므로 어떠한 경우라도 '나' 라고 표현함이 옳다.

'당신'이라는 호칭은 다음 세 가지의 경우에 사용할 수 있다.

① '하오' 할 자리에서 상대방을 일컬을 때.

② 웃어른을 높이어 일컬을 때. 이때는 3인칭으로 사용된다.

제삼자에게 자기 부모님을 일컬을 때에는 '당신'이라는 표현을 쓸 수 있지만, 부모님 면전에서 '당신'이라고 부르면 큰일난다. 잊지 말도록 해라.

③ 부부가 서로 상대방을 일컬을 때.

이 '당신'이란 말은 대화의 상대와 내용, 그리고 분위기에 따라 이미지가 크게 달라진다. 좋은 관계에서 좋은 말이 오갈 때의 '당신'이란 표현은 화기애애하게 들리지만, 그렇지 않고 좋지 못한 관계에서 삿대질하며 하는 표현은 마치 욕설처럼 들리기조차 하므로 주의해야 한다. 이처럼 '당신'이란 표현은 존칭이면서도 상반되는 뜻을 지닐 때가 많으므로 '당신'이란 호칭은 될 수 있는 대로 좋은 일의 대화에서만 사용하는 것이 좋다. 그러나 아무리 좋은 관계이고 좋은 대화라 할지라도 이 말은 연소자가 연장자에게 쓸 수 없는 호칭이다.

3) 형

'형'이란 호칭은 다음과 같이 세 가지로 구분하여 사용한다.

① 동기(同氣) 또는 같은 항렬에서 자기보다 나이가 많은 사람을 부를 때 사용하는데, 나이 차가 4~5세 이상 나면 '형' 뒤에 '님'자를 붙이는 것이 좋다.

② 자기와 나이가 비슷한 친구 사이에 서로 상대편을 높여 부를 때 '성(姓)' 뒤에 넣어 사용한다.

③ 그다지 친한 사이가 아닌 관계에서 자기보다 나이가 적거나 비슷한 상대를 공대하여 부를 때 '성' 뒤에 넣어 사용한다.

②와 ③의 경우, 나이 차가 아래위로 4~5세 범위 내에서 사용하는 것이 무난하다. 그러나 4~5세 연하인 사람이 연장자에게 쓸 때는 특히 신경 써서 불러야 한다.

'형'이라고 해서 무조건 자기보다 윗사람을 부를 때 사용하는 호칭이라고 생각하면 안 된다. '성' 뒤에 '형'이란 호칭을 붙여 '○형'이라고 부를 때는 '친구'를 높여 부른다는 생각으로 불러야 한다. 따라서 자기보다 4~5세 이상 연장자에게 '김형, 이형' 하는 식으로 부르면 실례다. 이럴 때는 이름 뒤에 '형'이나 '형님'을 붙여 '○○형' 또는 '○○형님'이라고 불러야 한다.

4) 자기

주로 애인이나 부부간에 있어서 상대를 부를 때 사용하곤 하는 이 '자기'란 말은 질서 의식의 혼란에서 생겨난 잘못된 표현이다. '자기'란 말보다는 '○○씨' 나, '여보', '당신' 정도가 무난하다.

공적인 장소에서는 이름 뒤에 '씨'를 붙여 '○○씨' 라고 한다거나, 성과 이름을 함께 붙여 '○○○씨' 라고 부르면 좋을 것이다.

그러나 애인 관계가 아닌 결혼한 여자가 시어른들 앞에서 자기 남편을 부를 때 '○○씨' 라고 한다면 그다지 점잖은 표현이 못된다. 이런 때는 '여보', '당신' 또는 '○○ 아버지' 정도가 무난하다.

이처럼 남편을 부를 때는 좌석에 따라 상대방을 부르는 호칭도 달라져야 한다.

5) ○○○ 씨

특히 사적인 자리에서 나이가 10년 이상 차이 날 때는 이 호칭을 사용하지 않는 것이 좋다. 20대가 40~50대에게 '○○○ 씨' 라고 부르면 좀 건방져 보이기 때문이다. 이럴 때는 '○○○ 선생님' 정도가 무난하겠다.

6) 자네

'…하게' 할 자리의 상대자를 가리켜 일컫는 말로서 초면인 사람에게는 쓸 수 없는 호칭이다.

'자네'란 표현은 점잖은 노인이 친한 젊은이를 대접하여 부르는 호칭이므로 젊은이들 간에는 사용하지 않는 것이 좋다. 나이든 친구 사이라 할지라도 아주 친한 경우가 아니면 '성' 뒤에 '형'을 붙인 '○형' 정도가 무난하다.

장인·장모가 사위를 부를 때는 '자네' 나 '○서방'으로 호칭하는 것이 무난하다.

남편이 옆에 있을 때는 '이이' 나 '이 사람'으로, 조금 떨어져 있을 때는 '저이' 나 '저 사람'으로, 눈앞에 안 보일 때는 '그이' 나 '그 사람' 등과 같이 3인칭 대명사를 쓴다.

남 앞에서 자기 남편을 지칭할 때는 '제 남편'이나 '우리 남편' 등이 적합하다. 그러나 친구 앞에서는 '우리 신랑' 정도의 호칭이 무난하다.

40대 중반 이상의 여성이 자기 남편을 남 앞에서 지칭할 때 '애비' 나 '아범'이란 호칭을 쓰게 되면 삶의 연륜도 느껴지고 무게도 있어 보인다.

8) 남 앞에서 자기 아내를 말할 때

'집사람' 이나 '안사람' 등이 적당하다. 가족이나 일반 손윗사람 앞에서는 '제 아내' 나 '제 처', '집사람', '안사람'으로, 아랫사람이나 친구 앞에서는 '내 아내'로 지칭하는 것이 좋다.

'마누라' 라는 호칭은 젊은 층보다는 중년 이상의 친한 친구끼리 쓸 수 있는 말이다.

9) 아버지에 대한 호칭

남 앞에서 살아 계신 자신의 아버지를 일컬을 때는 '아빠', '아버지', '아버님' 외에도 '가친(家親)', '엄친(嚴親)', '가군(家君)' 등과 같은 한문 호칭을 사용할 수 있다.

살아 계신 상대방의 아버지를 일컬을 때 '가친'이란 말을 사용하기도 하지만, 그보다는 '춘부장(春府丈)'이라는 표현이 더 일반적이다. 또 '춘부장'이란 말 대신 '어르신네' 라는 표현을 쓰면 어감도 부드럽고 충분한 공경의 뜻도 나타나 있다.

그리고 상대방의 돌아가신 아버지를 일컬을 때 '선대(先代)' 나 '선부군(先父君)'이란 호칭을 사용하기도 하지만, 그보다는 '선고장(先考丈)'이라는 호칭이 널리 쓰인다.

10) 선생님

'선생'은 존경과 정이 담긴 최상의 존칭어다. 누구나 존경할 만한 사람이나 처음 만나는 사람, 나이 차가 아주 많이 나는 연장자에게는 '선생님', 동년배나 연하에게는 '선생'으로 부르는 것이 무난하다. 대학에서도 '교수님' 보다는 '선생님'이란 호칭이 옳다.

11) 남편의 형제를 부를 때

요즘 젊은 세대에선 시동생을 '삼촌'이나 '작은 아빠' 등으로 부르는 경향이 있는데 이는 잘못된 호칭이다. 미혼인 시동생은 '도련님', 기혼인 시동생에겐 '서방님'이라고 불러야 한다. 남편의 형을 부를 때도 '큰아빠' 나 '큰아버지'가 아닌 '시아주버님' 또는 그냥 '아주버님'이라고 불러야 맞다.

12) '시누이' 와 '올케'

젊은 시누이에겐 '아가씨', '고모', 또는 'ㅇㅇ 엄마', 나이 든 시누이에게는 '형님', 또는 '누님' 등이 좋다.

손위 올케인 경우 '형님' 보다는 '언니' 라는 호칭이 더 다정해 보인다. 그리고 손아래 올케일 경우 '○째 올케' 나 '○○ 엄마' 정도가 무난하다.

서로 부담 없이 통할 수 있는 관계거나 친형제처럼 가까운 관계일 경우, 손위 시누이나 올케가 상대방의 이름을 불러 주는 것도 한결 더 다정하게 들린다.

13) '동서'를 부를 때

여자의 경우, 윗동서를 '○째 형님' 또는 그냥 '형님'으로, 아랫동서를 '○째 동서' 나 '자네' 등으로 부르면 무리가 없고, 남자 동서 간에는 서열에 따라 '형님'이나 '동서' 또는 '○서방' 등이 무난하다.

여자 동서의 경우는 여자 나이에 관계 없이 남편 형제들의 서열에 따라 윗동서를 '형님'으로, 아랫동서를 '○째 동서' 또는 '○○ 엄마'로 호칭한다.

14) '장인'을 부를 때

'아버님'이나 '장인어른' 또는 '빙장어른'이 무난하다. 전통 예법에 따른다면 '빙장어른'이나 '장인어른'이 바람직하지만, 요즘에는 '아버님'이라는 호칭으로 변화되는 추세이다.

그러나 지방과 가문에 따라 장인에 대한 호칭이 다를 수 있으므로 상대가 어떻게 불러 주길 원하는가에 대해 미리 아내를 통해 알아두는 것이 좋다.

 시집에는 친정엄마가 없다

15) 처남과 매부(妹夫)

처남(아내의 오빠일 경우)의 나이가 자기보다 5세 이상 많을 경우엔 '형님' 대우를 하며 깍듯이 대해 줌이 마땅하다.

손위 처남(아내의 오빠)이 자기보다 연하일 때나 손아래 처남(아내의 남동생)인 경우는 '처남'이라는 호칭을 사용하거나 '이름'을 부르고 평교(平交)로 해도 무방하다.

그리고 매제의 나이가 자기보다 연상일 경우가 있는데, 이런 땐 '매부' 혹은 'ㅇ서방'으로 부르며 중간형 존대어를 쓰는 것이 바람직하다. 5세 이내의 연상일 때는 '매부' 또는 'ㅇ서방'으로 부르고 깍듯한 존대어를 쓰지 않아도 되지만, 5세 이상 연상인 경우는 'ㅇ서방'이란 호칭 대신 '매부'로 부르고 존대어를 쓰는 것이 바람직하다.

누나의 남편인 매부에 대해서는 연령 차이에 따라 '형님', '매부', '매형', '자형' 등으로 호칭하고 반드시 말을 높여야 한다.

16) 처형과 처제

대부분의 처형은 기혼자인 데다가 아내의 손위이므로 당연히 존대어를 사용해야 한다. 대체로 '이모' 나 '처형'이라고 부르곤 하는데, 자기보다 나이가 아래인 처형은 'ㅇㅇ 엄마' 정도가 무난하다.

자기와 나이 차가 많이 나는 처제에게는 동생처럼 대하는 것이 좋다. 그리고 결혼한 처제에게는 'ㅇ서방댁'이나 'ㅇㅇ 엄마' 등의 호칭이 좋다.

17) 처남의 아내를 부를 때

손위 처남의 부인일 경우, 자기 아이들의 이름을 붙인 '○○ 외숙모' 혹은 처조카의 이름을 붙인 '○○ 어머니'로, 손아래 처남의 부인일 경우 '처남댁'으로 호칭하는 것이 무난하다.

처남댁은 손위나 손아래를 막론하고 존대어를 사용해야 한다.

18) 친구의 남편을 부를 때

허물없는 사이에는 성을 붙여서 '○선생님', 오랫동안 가깝게 지내는 친구의 남편은 '○○○ 씨'로 부르면 무난하다. 그러나 그러한 가까운 사이가 아니라서 '씨' 라는 호칭을 사용하기가 어색할 경우, 남편 친구 아이들의 이름을 붙여 '○○ 아빠'로 부르는 것이 무난하다.

19) 친구의 아내를 부를 때

허물없이 지내는 사이라면 '아주머니' 나 '○○ 어머니'로 부르는 것이 무난하다. 그러나 나이가 들어 사회적인 지위를 생각할 경우엔 '○여사' 혹은 '○선생'으로 부르는 것이 좋다. 정중하게 예의를 갖추어야 할 자리라면 '○○ 안분'이나 '부인' 등으로 호칭한다.

20) 자식의 친구를 부를 때

아들의 친구가 20세 미만일 경우에는 자기 아들을 대하듯이 반말을 사용하는 것이 좋다. 그렇지 않고 꼬박꼬박 경어를 쓰게 되면 대화의 진행이 어려워 쉽게 가까워질 수 없게 된다. 대학생이나 직장인일 경우, 친밀도에 따라 '하게', '하오', '하소' 등의 반 경어를 쓰는 것이 바람직하다. 어른이 된 아들 친구에 대한 언어 예절은 연령과 장소에 따라 달라질 수 있다. 즉, 사적인 분위기 에서는 'ㅇ 아빠' 또는 '하게'도 무난하지만, 공적인 장소에서는 경 어를 써 주는 것이 바람직하다. 딸 친구의 경우에도 이에 준하여 여성의 어감에 어울리도록 하면 된다.

21) 친구의 자식을 부를 때

친구의 결혼한 아들이나 딸은 'ㅇㅇ 아빠', 'ㅇㅇ 엄마'로 호칭하 는 것이 무난하다. 장소가 직장이라면 이름 대신 직함을, 가정이 라면 'ㅇㅇ 아빠', 'ㅇㅇ 엄마' 식으로 호칭하는 것이 좋다. 아주 친 한 친구의 자식일 경우, 사석에서는 나이에 관계 없이 이름을 부 르고 반말을 해도 좋지만, 직장 등과 같이 공적인 장소에서는 직 함을 불러 주고 반 경어를 사용하는 것이 좋다.

22) 사돈간의 호칭

사돈간에 있어 서로 지나친 정중함보다는 정답게 지내는 편이 결혼한 자녀들에게 더 큰 기쁨이 될 것이다. 대화할 때는 맞공대 어를 써야 원칙이나, 오래 전부터 잘 알았던 사이라면 그에 어울 리게 '하게'나 '자네'란 말을 써도 무방하다.

사돈의 자녀들을 호칭할 때는 '사돈도령' 또는 '사돈아가씨'가 좋고, 나중에 서로 친숙한 사이가 되었을 때 'ㅇ양' 또는 'ㅇㅇ군' 과 같이 서로 가까운 느낌을 주는 호칭을 사용해도 좋다. 그럼,

좀더 세분하여 알아보도록 하자.

① 사장(査丈)어른 : 며느리의 친정 조부모, 딸의 시조부모, 형수나 제수의 친정 부모, 자매의 시부모 등을 부를 때. 즉 자기보다 윗세대인 사돈 남녀에 대한 칭호.

② 사돈(査頓) : 여자의 친정과 시댁의 아버지끼리나 어머니끼리 서로를 말할 때. 즉 같은 세대 동성(同性)끼리의 사돈으로서 연령이 10년 이내 연상자에 대한 칭호.

③ 사돈어른 : 여자의 친정 어머니가 시아버지를, 친정 아버지가 시어머니를, 시아버지가 친정 어머니를, 시어머니가 친정 아버지를 말할 때. 또는 같은 세대의 이성(異性)간의 사돈이나 동성이라도 자기보다 10년 이상 연상일 때.

④ 사돈양반 : 아랫세대의 기혼 이성인 사돈을 말할 때. 시어머니가 며느리의 오라비, 시아버지가 며느리의 올케나 형, 친정 아버지가 딸의 시누이나 동서, 친정 어머니가 딸의 시숙이나 시동생을 말할 때.

⑤ 사돈도령·사돈총각 : 미혼남자인 사돈을 말할 때.

⑥ 사돈처녀·사돈아가씨 : 미혼여성인 사돈을 말할 때.

⑦ 사돈아기씨·사돈아기 : 어린 사돈에 대한 칭호.

23) 연상의 조카와 연하의 아저씨

조카의 나이가 자기보다 15세 이상 많으면, 즉 나이 차가 많이 나면, 연령에 대한 대접을 해서 '조카님'이라고 부르고 경어를 사용하는 것이 바람직하다. 이때 연상의 조카는 연하의 아저씨에게 말을 놓아도 괜찮으나 5세 미만으로 나이 차가 뒤바뀐 숙질 간에는 반드시 예법을 지켜 '아저씨, …하셨소?' 라는 식으로 예절을 지켜야 한다. 이때 연하의 아저씨는 연상의 조카에게 '조카, …하게' 정도가 무난하다. 그러나 종손인 장조카에게는 맞절을 해 주어 조상을 모시는 사람에게 대한 예우를 해 주는 것이 전통 예법이다. 그리고 연상의 여자 조카일 경우, 조카와 아저씨는 서로 경어를 사용하는 것이 언어 예절에 맞다.

24) '아주머니' 와 '아줌마'

'아주머니' 와 '아줌마' 라는 호칭은 상황이나 상대방에 따라 다양한 뉘앙스로 들릴 수 있다. 대체로 어머니와 비슷한 연배일 경우엔 '아주머니'로, 누님이나 언니뻘 되는 부인에게는 '아줌마'로 부르는 것이 바람직하다.

25) 아가씨

연장자들이 젊은 미혼 여성을 부를 때만 사용한다. 그러나 때론 이러한 호칭을 싫어하는 여성들로 있는데, 이런 땐 '김○○ 씨' 정도로 부르면 무난하다.

26) '미스' 와 '양'

20세 전후의 미혼 여성을 부를 때는 '미스○' 또는 '김○○ 양' 정도가 무난하다. 그러나 대부분의 여성들은 이 '미스' 나 '양'보다는 '○○○ 씨'로 불러 주길 원하므로 상대의 취향에 따라 무난한 호칭을 사용하는 것이 좋다. 선배 여직원에 대한 호칭은 '언니' 나 '선배님' 정도가 무난하다. 직장에서는 젊은 기혼 여성에게도 '미스○', '김○○ 양', '김○○ 씨'로 불러 주는 것이 바람직하며, 직장 밖의 모임에서는 '미세스○' 나 '○여사'로 호칭해도 좋다. 이때 '여사'란 호칭은 중년 부인이란 느낌이 풍겨 상대가 언짢아할 수도 있으므로 조심스럽게 사용해야 한다.

9. 태도 예절

세상에는 뛰어난 재능을 가지고 있으면서도 미움을 받는 사람이 있고, 별로 재능이 없지만 호평을 받는 사람도 많다. 전자는 자신의 뛰어난 재능을 뽐내기 때문이고, 후자는 자신에게 재능이 없음을 인정하여 겸손하기 때문이다. 요약하면, 뛰어난 재능을 가지고 있든 없든 간에 자신의 신분에 어울리는 모습과 말투와 태도를 취할수록 남에게 호평을 받고, 그런 것으로부터 멀어질수록 남에게 미움을 받는다고 할 수 있다. 그럼, 그 기본이 되는 몇 가지를 살펴보도록 하겠다.

1) 윗사람에게 물건을 드릴 때.

칼과 같이 날이 서 있는 물건을 웃어른께 드릴 때는 위험하므로 쟁반에 담아서 드리는 것이 원칙이지만, 야외에서와 같이 쟁반을 사용할 수 없는 경우라면, 칼날을 자기 쪽으로 향하게 하여 오른손으로 손잡이를 잡고 그 옆에 가볍게 왼손을 대고 건네야 한다.

그리고 우산이나 지팡이와 같이 긴 물건은 약간 낮게 들고 손잡이를 상대방이 잡기 편하도록 건네고, 신문이나 책 등의 읽을거리는 상대방 쪽에서 글씨가 바로 보이도록 건네며, 컵이나 잔과 같은 그릇은 입에 닿을 곳에 손이 닿지 않도록 들어서 건네고, 음식이 담긴 그릇은 안쪽이나 음식에 손이 닿지 않도록 들고 건네야 한다.

그리고 웃어른께 물건을 드릴 때, 그분이 방 안에 앉아 계시다면 함께 앉아서 드려야 하지만, 서 계시거나 의자에 앉아 계실 때에는 그냥 몸을 가볍게 굽히며 서서 드려도 좋다.

2) 다리를 포개고 앉으면 남에게 좋지 않은 인상을 준다.

의자에 앉을 때 다리를 포갠다고 해서 여자를 남자로 보는 사람은 없겠지만, 그러한 자세는 교양 있는 여자가 취할 자세가 못 된다. 어지간히 날씬한 다리가 아니라면 포갠 자리의 장딴지가 불룩하게 솟아올라서 다리가 더욱 굵어 보이고, 피 순환이 나빠지기 때문에 정맥이 퍼렇게 솟아나와 미관상에도 좋지 않다. 그리고 특히 회식 자리에나 어떤 모임의 단상에 있을 때, 혹은 취직 시험의 면접관 앞에서 다리를 포개면 남에게 썩 좋지 않은 인상을 주게 되므로 주의하도록 한다.

3) 돈 안 드는 인사, 먼저 하는 것이 좋다.

잘 아는 사람이건 그저 안면만 있는 사람이건 간에 일단 길을 가다가 아는 사람을 만나게 되면 상대보다 먼저 인사를 하는 것이 좋다. 어떤 사람을 보면 길을 가다가 아는 사람을 만나게 되었을 때 꼭 상대가 먼저 인사를 해 와야만 인사를 하는 사람이 있는데, 이는 좋지 않은 습관이다. 인사 하나만으로도 자신에 대한 남의 평판이 달라진다고 생각할 때, 돈 안 들고 손쉬운 인사의 시기를 놓쳐서 이러쿵저러쿵 남들의 입에 오르내릴 필요는 없는 것이다.

안면만 있고 친하지 않은 사람이라고 해서, 또 상대가 남성이라는 이유로 그냥 모른 체하고 지나치는 것은 그다지 좋은 태도라 할 수 없다. 반대로, 상대가 그러한 태도를 보이더라도 이쪽에서 먼저 아는 척하며 인사를 하면 상대에게 좋은 이미지를 남길 수 있을 것이다.

특히 윗사람에 대한 인사는 형식적인 것이 되지 않도록 해야 한다. 건성으로 하는 인사는 차라리 안 하느니만 못 하다. 아침에 길을 가다가 웃어른을 만났을 때 고개를 숙이는 둥 마는 둥 하는 경우가 있는데, 이러한 습관은 하루 빨리 고쳐야 한다. 아침은 그날 하루의 시작이다. 따라서 오늘 하루를 무사히 보내시라는 의미에서 진정한 마음을 실어 명랑하고 쾌활하게 하는 것이 좋다.

4) 아이들 싸움에는 관여하지 마라.

'아이들 싸움이 어른 싸움 된다'는 속담이 있다. 아이들은 금방 싸웠다가 금방 친해지는 속성이 있으므로, 공연히 아이들 싸움에 어른이 끼어들어 문제를 복잡하게 만들 필요가 없다. 만일 그렇게 되면, 아이들 생각에 '정말 중대한 일인 것'으로 생각되어서 오히려 역효과를 가져오게 된다. 따라서 아이들 싸움은 아이들 싸움으로 끝나게 하는 것이 현명하다. 다른 아이한테 자기 아이가 조금 맞았다고 해서 그 부모를 찾아가서 따지게 되면 자칫 어른들의 싸움으로 번질 수도 있으므로 이 점 주의해야 한다. 그리고 아이들의 경우, 시도 때도 없이 친구네 집에 놀러 가기도 하는데, 식구들이 모이는 식사 시간이라든지 늦은 시간에는 집으로 반드시 불러들이도록 한다.

5) 지나치게 튀는 행동을 하지 마라.

옛 속담에 '모난 돌이 정 맞는다' 라는 말이 있다. 이 말은 남들 앞에서 유난히 튀는 행동을 하면 그다지 좋은 결과로 이어지지 않음을 이르는 말이다.

다음은 《탈무드》에 나오는 말이다.

> 다른 사람들이 모두 옷을 입고 있을 때에는 벌거벗지 말라.
> 다른 사람들이 모두 벌거벗고 있을 때에는 옷을 입지 말라.
> 다른 사람들이 모두 앉아 있을 때에는 일어서지 말라.
> 다른 사람들이 모두 서 있을 때에는 앉지 말라.
> 다른 사람들이 모두 울고 있을 때에는 웃지 말라.
> 다른 사람들이 모두 웃고 있을 때에는 울지 말라.

이 말을 교훈 삼아, 쓸데없이 남들과 다른 행동을 해서 주위 사람들로부터 미움을 사는 일이 없도록 매사에 조심하도록 해라.

10. 교통편 이용의 예절

하찮은 것 같지만, 우리가 자주 이용하는 교통편에도 지켜야 할 예절이 있다. 꼭 알아야 할 몇 가지만 살펴보기로 하겠다.

1) 택시나 승용차를 탈 때는 엉덩이를 먼저 시트에 얹는다.

택시나 승용차를 탈 때에는 머리부터 쑥 들이밀지 말고, 우선 시트에 엉덩이를 얹고 나서 발을 안으로 들여놓는 포즈가 자연스럽고 아름답게 보인다. 그리고 반대로, 차에서 내릴 때는 발부터 먼저 내리고 엉덩이를 마지막으로 시트에서 떼도록 한다.

2) 자동차를 탈 때에는 반드시 윗사람을 먼저 태운다.

자가용이든 영업용이든 남성과 여성이 함께 자동차를 타게 될 때는 여성을 먼저 차에 오르게 하는 것이 예의이다. 따라서 남성이 여성에게 "먼저 타시지요." 하고 배려하면 여성은 쓸데없는 사양을 하지 말고 "그럼, 먼저 타겠습니다." 라고 말하면서 먼저 타면 된다.

3) 자기보다 윗사람이나 여성에게는 승용차의 상석, 즉 뒷자리의 창가에 앉힌다.

승용차에서 가장 상석은 뒷자리의 창가, 즉 운전수의 바로 뒷자리가 되므로, 자기보다 윗사람이나 여성에게 그 자리를 권하는 것이 예의이다. 그리고 가장 안 좋은 곳은 뒷자리의 한가운데 다. 따라서 뒷자리에 세 사람이 타게 될 경우에는 먼저 연장자나 여성을 태우고, 다음에는 다른 사람에게 타라고 권할 것이 아니라 자신이 먼저 올라가서 가운데 자리에 앉도록 한다.

11. 경조(慶弔)·부조(扶助) 및 선물(膳物) 예절

기쁨과 걱정과 슬픔이 남의 일이라고 해서 나 몰라라 한다면 내게 그런 일이 있을 때도 남이 모른 체할 것이다. 따라서 선물이나 부조할 형편이 못 된다 하더라도 기쁨과 슬픔을 나누는 일에는 빠짐없이 참석하도록 해라. 선물이나 부조보다도 더 값진 것은 정성어린 마음이기 때문이다. 또, 선물이나 부조를 할 때도 마지못해 하는 체면치레가 되어서는 안 된다. 진심으로 축하하는 선물이어야 하고, 진정으로 걱정하는 위문품이어야 하며, 진정으로 슬퍼하며 위로하는 조문(弔問)이어야 한다.

1) 경조사에 참석할 때의 옷차림

기쁜 일에 참석할 때와 걱정스러운 일이나 슬픈 일에 참석할 때는 각각 차림새가 달라야 한다. 즐겁고 기쁜 일에 참석할 때는 밝고 곱고 현란한 색깔이나 디자인의 의상이 어울리고, 근심과 걱정스러운 일로 참석할 때는 단조롭고 엷은 색깔의 의상에 지나친 액세서리는 피하도록 한다. 그리고 슬픈 일에는 흰 옷이나 검은 옷 등으로 단정하게 차려 입도록 한다. 만일 슬픈 일에 현란한 색깔의 옷을 입고 참석했다가는 남에게 손가락질당하기 십상이니 주의하도록 해라.

2) 각종 행사 등의 부조금 봉투에 쓰는 인사말

집안이나 친지의 각종 행사에 참가할 때마다 부조금 봉투에
어떻게 써야 할지를 몰라 당황할 때가 있다. 지성과 교양이 겸비
된 주부라면 다음의 인사말 정도는 쓸 줄 알아야겠다.

·임신과 출산 : 祝 順産(축 순산), 慶賀順産(경하순산)

·아기의 백일 : 慶賀百日(경하백일)

·아기의 돌 : 慶賀晬宴(경하수연)

·취학과 진학 : 慶祝就學(경축취학), 慶祝進學(경축진학)

·졸업 : 慶賀卒業(경하졸업)

·결혼 : 祝 聖婚·祝 盛典·祝意·祝 結婚·祝 華燭·祝 華婚·祝
　　　　華燭盛典·祝 華燭之典(축 성혼·축 성전·축의·축 결혼·축
　　　　화촉·축 화혼·축 화촉성전·축 화촉지전)

·혼인기념일 : 慶賀婚姻記念(경하혼인기념), 慶賀回婚(경하회혼)

·취직 : 慶賀就職(경하취직)

·승진 및 영전 : 祝 昇進·祝 榮進, 祝 榮轉(축 승진·축 영진·축 영전)

·집들이와 이사 : 慶祝設産(경축설산), 慶祝轉移(경축전이)

·개업과 이전 : 慶祝開業(경축개업), 慶祝發展(경축발전)

·생일과 생신 : 慶祝生日(경축생일), 慶祝生身(경축생신)

·회갑(回甲) : 祝 壽宴·賀儀·祝儀·祝 禧筵·祝 暇筵(축 수연·하의
　　　　·축의·축 희연·축 가연)

·칠순(七旬) : 祝 七旬(축 칠순), 祝 稀宴(축 희연)

·77세 : 祝 喜壽宴(축 희수연)

·88세 : 祝 米壽宴(축 미수연)

·99세 : 祝 白壽宴(축 백수연)

·정년과 퇴직 : 謹慰勞功·謹祝·領功(근위노공·근축·영공)

·도난과 화재·수재 : 謹慰災難(근위재난)

·병문안 : 祈祝快癒(또는 快差)·快癒(또는 快差)祈願·簿謝回春〔기
　　　　　축쾌유(쾌차)·쾌유(쾌차)기원·부사회춘〕

·문상과 조상 : 賻儀·弔意·謹弔·尊儀·弔慰(부의·조의·근조·존의
　　　　　·조위)

·졸곡(卒哭) 이후의 모든 제사와 추도식 : 尊儀(존의)

* 졸곡이란, 사람이 죽은 지 석 달 만의 정일〔丁日＝일진의 천간(天干)이 정(丁)으로 된 날〕
이나 해일〔亥日＝일진의 지지(地支)가 해(亥)로 된 날〕에 지내는 제사를 말한다.

·유덕을 기리는 행사 : 獻誠(헌성)

·수고에 대한 사례 : 幣帛·謝禮(폐백·사례)

·배움에 대한 예물 : 幣帛(폐백)

·송별 : 餞別·惜別(전별·석별)

·설날 : 歲儀·菲品·歲饌·歲暮(세의·비품·세찬·세모)

·출국(出國) : 祝 壯途(축 장도)

* 祝(축)을 쓸 자리에 慶賀(경하)나 慶祝(경축)을 사용해도 무방하다.

① 부조금 봉투 안에는 단자(單子=물건의 수량이나 이름을 적은 흰 종이)를 써 넣는다.

② 단자를 쓰지 않을 때는 봉투 표면에 물품 이름과 수량, 또는 금액을 표기한다.

③ 물품을 보낼 때는 물품을 따로 싸고, 단자만 봉투에 넣어서 보낸다.

④ 부조하는 사람의 이름 뒤에는 아무것도 쓰지 않아도 되지만, 아래의 서식과 같이 상황에 맞게 賀禮(하례)·賀拜(하배)·哭拜(곡배)·謹呈(근정)·謹上(근상)·再拜(재배) 등을 쓰기도 한다.

그럼, 우리가 자주 사용하는 '결혼 축의금' 과 '상사 부의금'을 낼 때, 그 봉투와 단자 쓰는 서식의 예를 보도록 하자.

▲ 혼인 예식의 부조 서식

단자를 넣는 봉투(앞면)

祝 華婚

단자 없이 봉투만 사용할 때(앞면)

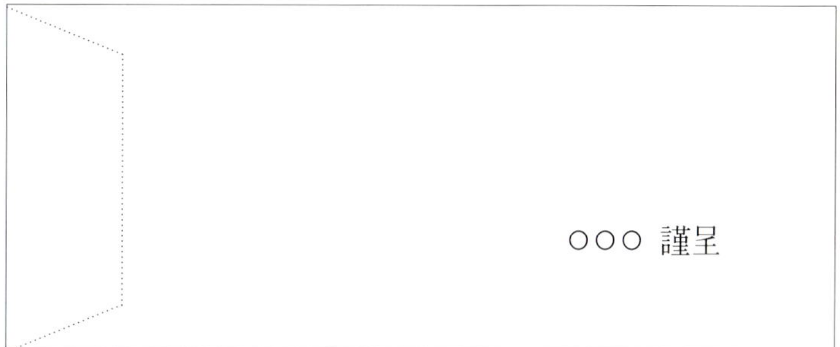

봉투의 뒷면

축하 단자 쓰는 법 (1)

축하 단자 쓰는 법 (2)

○○○ (物目)

두 분의 百年佳約을 祝福드리며 簡素하나마
이로써 祝賀의 뜻을 표합니다.

○年 ○月 ○日

○○○ 謹呈

신랑 ○○○ 귀하

▲ 상사(喪事) 부의 서식

단자를 넣는 봉투(앞면)

賻 儀

○○○ 宅 護喪所 入納

단자 없이 봉투만 사용할 때(앞면)

賻 儀

金 ○○○원

○○○ 宅 護喪所 入納

봉투의 뒷면

謹 封

○○○ 謹上

물품 단자 한글 서식

삼가 조의를 표합니다.

청주 ○두

○년 ○월 ○일

○○○ 드림

○○○ 선생 댁

호상소 귀중

현금 단자 한글 서식

삼가 조의를 표합니다.

金 ○○○원

○년 ○월 ○일

○○○ 드림

○○○ 선생 댁

호상소 귀중

단자를 넣는 봉투(앞면)

祝 壽宴

○○○ 先生宅 吉宴所 入納

단자 없이 봉투만 사용할 때

祝 儀

○○○ 先生宅 吉宴所 入納(金 ○○원)

당사자에게 보낼 때의 축하 단자 서식

祝 儀

○○○ 氏

春堂(또는 자당) 壽宴時

○○○(기념품명 혹은 金 ○○원)

○年 ○月 ○日

○○○ 謹呈

자녀에게 보낼 때의 축하 단자 서식

○○○ 선생님께

삼가 수연을 축하하나이다.

○○○ (기념품명 혹은 金 ○○원)

○년 ○월 ○일

○○○ 올림

3) 선물과 부조를 주고받는 예절

선물이나 부조는 남을 의식하지 말고 자기의 형편에 맞도록 하며, 남에게 과시하거나 생색 내지 말고 한껏 미안하고 약소함을 나타내는 정중한 자세로 한다.

그리고 이를 받는 사람은 당연히 받아야 할 것처럼 덥석 받아
서는 안 된다. 송구스럽고 죄스러우며 과분한 것을 받는 양 사양
하는 마음과 자세여야 한다.

만일 접수처가 따로 마련되어 있으면 그곳에 정중히 두 손으로
접수시키고, 접수처가 없으면 주인 앞에 정중히 두 손으로 밀어놓
으며 인사한다. 그리고 인사말은 다음과 같은 식으로 하면 된다.

① 선물인 경우

"얼마나 기쁘십니까? 댁의 기쁨에 동참하고자 적으나마 이런
것을 준비했습니다. 변변치 않은 것이지만 받아주시면 고맙겠습
니다." 라고 인사하며 선물을 건넨다.

그러면 주인은 "고맙습니다. 뭘 이렇게까지 마음을 쓰셨습니까?
아주 요긴하게 쓰겠습니다." 라며 받는다.

② 현금인 경우

"얼마나 기쁘십니까? 댁의 기쁨에 동참하고자 선물을 마련하
려 했지만 무엇을 해야 좋을지 몰라 이렇게 실례를 무릅쓰고 돈
을 조금 준비했습니다. 허물 마시고 받아주시면 고맙겠습니다."
라고 인사하며 봉투를 건넨다.

그러면 주인은 "고맙습니다. 뭘 이렇게까지 마음을 쓰십니까?
아주 요긴한 데 잘 쓰겠습니다." 라며 받는다.

③ 부조물품의 경우

"얼마나 놀라셨습니까? 무엇이라도 도와드릴 게 없을까 생각하다가 이런 것을 조금 마련했습니다. 허물 마시고 받아주시면 고맙겠습니다." 라며 부조물품을 건넨다.

그러면 주인은 "고맙습니다. 너무나 염려를 끼쳐 죄송스럽습니다. 주시는 물건은 요긴하게 잘 쓰겠습니다." 라며 받는다.

12. 상례(喪禮)

한 인간의 관점에서 조명해 본다면, 죽음이란 살아오면서 맺은 모든 인간 관계를 일시에 끊어 버리는 '단절'의 순간이기도 하다. 정들었던 가족과 그리고 친지·친구·이웃 들과의 완전한 단절인 것이다. 그러니 얼마나 안타깝고 슬픈 일이겠느냐?

함께 살아가던 사람이 세상을 떠난다는 것은 참으로 안타깝고 슬픈 일이 아닐 수 없다. 그렇기 때문에 상례에는 안타깝고 슬픈 마음을 예절에 맞게 표현하는 것이 중요하며, 고인과의 마지막 이별을 엄숙하고 정중하게 대해야 함이 원칙이다. 따라서 상례에서 가장 중요한 일은 자기의 형편과 사정에 따라 예를 다하되 성의를 가지고 대하는 일이다.

상례 절차

갑자기 상을 당하게 되면 가족들은 몹시 당황하게 된다. 상례 절차에 대해 모를 경우에는 더더욱 그러하다. 따라서 상례에 대한 기본적인 것들을 평소에 알아 둘 필요가 있다. 그럼, 임종에서 발인까지의 상례 절차를 알아보기로 하겠다.

① 임종(臨終)

지극한 간병과 치료에도 불구하고 환자의 병세가 깊어져 운명을 눈앞에 두고 있으면 남자(家主에만 한한다)는 정침(正寢 : 안채의 큰방)에, 여자는 내침(內寢)에 모신다. 그러고 나서 집안의 안팎을 깨끗이 청소하고, 병자의 머리가 동쪽을 향하도록 하며, 북쪽 창 아래에 편하고 바른 자세로 눕히고, 옷을 새것으로 갈아입힌다. 그리고 요와 이불도 새것으로 바꾼다. 그런 다음, 유언이 있으면 기록하거나 녹음해 두고, 직계와 비속 및 특별한 친지들을 불러 모아 환자의 운명을 옆에서 조용히 지켜보도록 한다.

② 속광(屬纊)

운명할 때가 되었다고 생각되면 병자의 코밑에 깨끗한 솜을 조금 올려놓고 완전히 숨을 거두었는지를 지켜보아야 하는데, 이것을 '속광'이라고 한다. 코밑에 놓아 둔 솜이 움직이지 않으면 완전히 호흡을 멈추었다는 것을 알 수 있기 때문이다. 만일 환자가 완전히 숨을 거두시지도 않았는데 요란하게 울부짖으며 곡성을 해 대면 심리 상태가 불안해져 편안히 숨을 거둘 수 없다. 그러므로 가족들은 아무리 서러워도 울음을 참고 옆에서 조용히 지켜보고 있다가 환자가 완전히 호흡을 멈추었을 때 곡성을 해야 한다.

 시집에는 친정엄마가 없다

③ 수시(收屍)

‘수시’란, 운명한 고인의 시신이 경직되기 전에 머리와 팔다리를 바로잡는다는 말이다. 환자가 운명하면 우선 눈을 감기고, 미리 준비한 깨끗한 솜이나 백지로 코와 귀를 막고 입을 다물게 한다. 머리는 베개를 베어 드려 반듯하게 하고, 손발을 주물러 반듯하게 펴고, 손을 배 위에 단정히 포개어 올려놓는다. 이때 남자는 오른손이 아래로 왼손이 위로 향하도록 하고, 여자의 경우 그 반대로 한다. 그런 다음, 백지로 시신의 얼굴을 덮고 무명베 또는 한지로 양어깨를 단단히 묶은 뒤, 시신의 손발이 움직이지 않도록 역시 단단히 동여맨다. 그리고 양쪽 무릎과 발목, 엄지발가락을 맞대어 단단히 정성스럽게 동여맨다. 단단히 수시하지 않으면 시신의 손발과 몸이 뒤틀리게 되므로 정성을 기울여야 한다. 이때 상주(喪主)는 곡을 하지 않고 수시해야 한다. 수시가 모두 끝났으면 시신에 깨끗한 홑이불을 덮고 병풍이나 장막으로 가린 다음, 촛불을 밝히고 향을 피운다.

④ 발상(發喪)

수시가 끝나면 자손들은 모두 소복으로 갈아입은 다음, 머리를 풀고 근신하며 곡을 하는데, 이처럼 자손들이 상제(喪制)의 모습을 갖추고 초상이 났음을 외부에 알리는 것을 ‘발상’이라고 한다. 대문 앞에는 ‘謹弔(근조)’라고 쓰인 등을 달거나, ‘忌中(기중)’이나 ‘喪中(상중)’이라고 쓰인 종이를 대문에 붙인다.

초상이 나면 예제에 따라 상주(喪主)·주부(主婦)·호상(護喪)·사서

(司書)·사화(司貨) 등이 정해진다. 상주(喪主)란 상사(喪事)의 중심이 되는 사람을 가리키는데, 운명하신 분의 장남이 되는 것이 원칙이며, 상제(喪制)는 운명하신 분의 배우자와 직계 비속이다. 만일 장남이 없다면 장손자, 장손자가 없다면 둘째아들이 상주가 된다. 그러나 고인에게 자손이 없다면 친족 중의 최고 연장자가 주장(主張)이 되는데, 친족도 없을 경우에는 가장 가까운 일가(一家)가 주장이 된다. 처가 쪽은 아무리 가깝다 해도 주장이 될 수 없다. 고인에게 있어 8촌 이내가 되는 친척은 상복이나 상장을 착용한다.

초상이 나면 호상소(護喪所)를 마련하고, 친족이나 친지 중에서 경험이 많은 사람을 '호상'으로 정해, 장례 절차와 진행, 부고, 조객록, 사망 신고, 매장(화장) 허가 신청 등을 주관하도록 한다. 또 '사서'와 '사화'를 정해 호상을 돕도록 한다. 사서는 상사(喪事)에 관련된 모든 문서를 담당하며, 사화는 돈과 물품을 관장한다. 부고장은 상주와 의논하여 호상이 신속히 발송하고, 염습에 관한 옷 등의 준비물을 마련한다.

그리고 참고로, 부고에는 인편에 전하는 '전인 부고', 우편으로 보내는 '우편 부고', 신문에 게재하는 '신문 부고' 등이 있는데, 이 모두 현대인이 알기 쉽도록 한글로 쓰는 것이 좋다.

 시집에는 친정엄마가 없다

부　고

(본관 성명) 공께서 ○년 ○월 ○일 ○시에 노환으로
별세하셨기, 이에 삼가 알려드립니다.

미 망 인　　○ ○ ○

아　　들　　○ ○

　　　　　　○ ○

딸　　　　　○ ○

손　　자　　○ ○

장　　일　　○년 ○월 ○일

영결식장　　○ ○ ○ ○ ○ ○

장　　지　　○ ○ ○ ○ ○ ○

　　　　　　○년 ○월 ○일

호상 ○ ○ ○

부　고

○○아버님 ○○○장로께서 ○년 ○월 ○일
오전 ○시 자택에서 하나님의 부르심을
받으셨으므로 알려드립니다.

영결예배 일시　　○월 ○일 ○시
장　소　○ ○ ○ ○ ○ ○
장　지　○ ○ ○ ○ ○ ○

미 망 인　　○ ○ ○　권사
아　　들　　○ ○
　　　　　　○ ○
딸　　　　　○ ○
손　　자　　○ ○
주례목사　　○　○　○
우인대표　　○　○　○
호상　○ ○ ○

⑤ 염습(殮襲)

　시신의 몸을 씻긴 뒤에 옷을 입히고 염포(殮布)로 묶는 것을 ‘염습’이라 한다. 시신을 묶는 소렴(小殮=망인이 운명한 다음날에 시신을 옷과 이불로 싸는 의식) 때는 시신을 죄어 매는 광목(길이 10자, 넓이 한 폭짜리)과 명주로 만든 겹이불을 준비하고, 대렴(大殮=소렴이 끝난 그 이튿날 시신을 대렴포로 싸고 묶어서 입관하는 의식)시에는 관 속의 공간을 채우도록 고인이 생전에 입던 옷을 준비해 둔다.

⑥ 성복(成服)

　‘성복’이란 망인이 운명한 지 나흘째 되는 날 상주와 가족들이 각자의 복제(服制)에 따라 상복(喪服) 입는 절차를 말한다. 망인이 운명하고 나서 바로 상복을 입지 않고 이처럼 나흘째 되는 날에 상복을 입는 것은, 부모의 운명이 자신의 잘못임을 알고 그 죄를 남에게 일찍 보이지 않기 위한 까닭이다. 상제는 대렴한 다음날 상복으로 갈아입는데, 장일(葬日)까지 입으며, 상장(喪杖)은 탈상 때까지 단다. 상복을 입기 전에는 조문객이 시신에게 절하지 않고 상주만 위로하며, 상주가 상복을 입은 연후에야 비로소 정식 예를 갖추어 조문할 수 있다.

⑦ 발인(發靷)

　‘발인’(發靷 : 상여가 집을 떠나는 것)은 영구를 상여에 옮겨 모신 다음에 거행되므로 운구하기 전에 상가의 대문 밖에 상여를 미리 설치해야 한다. 이때 상여를 메고 갈 사람들을 미리 점검하고,

공포(功布)·만장(輓章) 등 발인에 필요한 물건들이 빠지지 않았는지 잘 점검해 보아야 한다.

집에서 마지막으로 발인제(發靷祭 : 운구가 집에서 떠날 때 상여 앞에서 지내는 제)를 드리고 영구가 집을 떠나게 된다. 영구가 장지에 도착하면 하관〔下棺 : 관을 지실(地室)로 내리는 일〕·성분〔成墳 : 흙을 쌓아올려서 무덤을 만드는 일〕의 절차를 거치고 위령제를 드리는 순서로 진행된다. 하관할 때에 상주와 복인들은 곡을 그쳐야 하며, 하관하는 것을 일일이 주시해야 한다. 하관시에 관이 비뚤어졌는지, 쓸데없는 다른 물건이 떨어지지는 않는지를 유심히 살펴보아야 한다.

⑧ 장례 참석자들에 대한 사례장

장례식을 모두 마치고 나면, 마땅히 조문객들에게 일일이 전화를 걸거나 사례장을 우편으로 보내어 감사 인사를 드려야 한다.

삼가 아뢰옵니다.

지난번 아버님 상을 당하였을 때 바쁘신 중에도

장례에 참석하여 따뜻한 위로의 말씀을 해 주셔서

감사한 마음 금할 길이 없사옵니다.

황망한 가운데 우선 글로써 인사를 대신하려 하옵니다.

ㅇ년 ㅇ월 ㅇ일

ㅇㅇㅇ 올림

어떤 사람들은 장례식이 끝나고 나서도 조문객들에게 감사 인사 한 마디 안 해서 참석자들로부터 욕을 얻어먹는 경우도 있는데, 이래서는 바쁜 중에 어려운 발걸음을 한 조문객들에 대한 예의가 아니다. 앞의 서식은 그 사례장의 예다.

그리고 장례식장에 참석하지는 못했지만 '조장〔弔狀 : 조상(弔喪)하는 편지나 글〕'을 보내온 사람들에게도 다음과 같이 '답조장(答弔狀)'을 보내어 감사의 인사를 올리는 것이 예의이다.

부친 상중에 정중하신 위문과 부의를 보내 주시어

감사하옵니다. 염려하여 주신 덕택으로 장례를

무사히 마쳤사옵기에 삼가 감사의 뜻을 표하옵니다.

○년 ○월 ○일

○○○ 재배

○○○ 귀하

13. 문상 예절

상(喪)을 당하게 되면 그 가족들은 몹시 슬픔에 젖게 된다. 이런 때 가까운 친지라든가 친구·직장 동료·이웃들이 참례해 주면 상주에게 있어 커다란 위로와 힘이 된다.

불가피한 사정으로 문상을 갈 수 없을 때에는 편지(弔狀)나 조전(弔電)을 보내도록 한다. 부고(訃告)를 냈는데도 문상을 오지 않았거나 조장 또는 조전조차 보내오지 않은 사람과는 평생 동안 말도 않고 대면도 하지 않는 것이 예전의 풍습이었다고 하니, 주위에서 상을 당하게 되면 반드시 참석해서 예를 표하도록 해라.

그럼, 조문객으로서 지켜야 할 몇 가지 문상 예절에 관해 알아보겠다.

1) 근친자의 경우

연락을 받으면 곧바로 상가로 간다. 근친자는 상제를 대신하여 상가의 여러 가지 절차를 차근차근 진행해 주고, 특히 여성의 경우는 조문객의 접대라든가 부엌일 등을 돕는다.

2) 그다지 친하지 않은 경우

특별한 사유로 인해 장례식에 참석할 수 없으면 상주 앞으로 조전(弔電)을 치도록 한다. 조전을 칠 때는 간단해야 하며, 장례가 끝나기 전에 도착하도록 한다. 상가를 방문했을 시는 방으로 들어가지 않고 현관 정도에서 위로해도 좋다.

3) 옷차림

남자는 되도록 검정색이나 곤색 등의 양복을 입고, 넥타이만은 검은 것을 사용하는 것이 예의이다. 그리고 가능한 한 흰 와이셔츠와 검정 양말·검정 구두를 신도록 한다. 만일 검정색 양복이 준비되지 못한 경우, 감색이나 회색도 실례가 되지 않는다.

그리고 여성의 경우, 검정색 상의에 검정색 스커트를 입고, 검정색 구두에 무늬가 없는 검정색 스타킹을 착용하는 것이 좋다.

그 밖에 장갑이나 핸드백도 검정색으로 통일시키도록 한다. 요란한 색채 화장은 실례가 되므로 피하고, 액세서리는 모두 풀고 참석하도록 한다.

4) 조문 순서

① 외투는 대문 밖에서 벗어 든다.

② 상제에게 가볍게 목례를 한다.

③ 영정 앞에 무릎을 꿇고 분향한다.

향나무를 깎아서 만든 나무향이면 왼손을 오른손목에 바치고 오른손의 엄지와 검지로 향을 집어서 향로 위에 놓고, 제조된 향이면 하나만 집어서 촛불에 붙인다. 만일 여러 개의 향에 불을 붙였을 경우에는 불을 끈 다음 하나씩 꽂아야 한다. 향불은 절대로 입으로 불어 끄지 말고, 손가락으로 가만히 잡아서 끄든지, 아니면 왼손을 가볍게 흔들어서 끄도록 한다. 그런 다음에 두 손으로 향로에 꽂도록 한다.

④ 영정에 두 번 절한 뒤, 한 걸음 물러서서 상제와 맞절을 하고 꿇어앉아 정중한 말씨로 예를 표한다. 이때 조객과 상제가 주고받는 인사말 몇 가지를 예로 들어보겠다.

· 조객 : 상사 말씀 무슨 말씀 여쭈오리까?

· 상제 : 모두 저의 죄가 많은 탓인가 봅니다.

· 조객 : 대고를 당하시니 얼마나 애통하십니까?

· 상제 : 원로에 이토록 수고하여 주시니 송구하옵니다.

·조객 : 병환이 침중하시더니 상사까지 당하시니 오죽 망극하
　　　오리까?
·상제 : 망극하기 그지없습니다.

또, 돌아가신 분이 누구냐에 따라서 인사말이 다르므로 잘 기억했다가 조문시에 실수하는 일이 없도록 해라.

▲ 상제의 부모가 돌아가신 경우

"상사에 얼마나 애통하십니까?"

"친환(親患)으로 그토록 초민(焦悶)하시더니 이렇게 상을 당하시어 얼마나 망극하십니까?"

"환중이시라는 소식을 듣고도 찾아뵈옵지 못하여 죄송하기 짝이 없습니다."

"그토록 효성을 다하셨는데도 춘추가 높으셔서인지 회춘을 못하시고 일을 당하셔서 더욱 애통하시겠습니다."

"망극한 일을 당하셔서 어떻게 말씀드려야 좋을지 모르겠습니다."

* '망극(罔極)'이란 말은 부모상(父母喪)에만 쓰도록 한다.

▲ 상제의 아내가 죽은 경우

"위로할 말씀이 없습니다."

"옛말에 고분지통(叩盆之痛)이라 했는데, 얼마나 섭섭하십니까?"

* 고분지통(叩盆之痛) : 아내가 죽었을 때 물동이를 두드리며 슬퍼했다는 장자(莊子)의 고
  사에서 나온 말.

▲ 상제의 남편이 죽은 경우

"상사에 어떻게 말씀 여쭤야 할지 모르겠습니다."

"천붕지통(天崩之痛)에 슬픔이 오죽하십니까?"

"하늘이 무너진다는 말씀이 있는데, 얼마나 애통하십니까?"

* 천붕지통(天崩之痛) : '하늘이 무너지는 듯한 아픔'이라는 뜻으로 '남편이 죽은 슬픔'을
  이르는 말.

▲ 상제의 형제인 경우

"백씨(伯氏) 상을 당하셔서서 얼마나 비감하십니까?"

"할반지통(割半之痛)이 오죽하시겠습니까?"

* 할반지통(割半之痛) : '몸의 절반을 베어내는 아픔'이란 뜻으로 '형제 자매가 죽은 슬
  픔'을 이르는 말.
* 백씨(伯氏) : 남의 맏형을 높이어 일컫는 말.
* 중씨(仲氏) : 남의 둘째형의 높임말.
* 계씨(季氏) : 남의 사내 아우에 대한 높임말.

▲ 자녀가 죽었을 때 그 부모에게

"얼마나 상심이 되십니까?"

“참척(慘慽)을 보셔서 얼마나 마음이 아프십니까?”

“참경(慘景)을 당하시어 얼마나 비통하십니까?”

5) 부의금 전달

부의금은 가능한 한 새 돈을 준비하여 호상소에 내거나 유족에게 직접 전해 주도록 한다. 또는 분향하기 전에 영전에 놓아도 된다. 집안에 따라서는 별도로 조위금을 접수하지 않고 함(函)을 비치하여 조위금을 받기도 하는데, 이때에는 함에 직접 넣으면 된다.

6) 종교 의식에 참석하는 경우

상례(喪禮)가 종교 의식으로 치러지면, 자신이 종교를 가지고 있지 않더라도 그에 따르는 것이 예의이다.

7) 조문시 삼가야 할 일

유족을 붙잡고 계속해서 말을 시키는 것은 실례가 되므로 삼가도록 한다. 장례의 진행에 불편을 주고 유족에게 정신적 피로감을 주기 때문이다.

그리고 상가에서 반가운 친구나 친지를 만나더라도 큰 소리로 이름을 부르며 반가워하지 말아야 하며, 낮은 목소리로 조심스럽게 말하고, 조문이 끝난 뒤 밖에서 따로 이야기하도록 한다. 고인

의 사망 원인이나 경위 등을 유족에게 상세하게 묻는 것은 실례
가 되므로 피하도록 한다. 그리고 연세가 지극하신 분이 돌아가
셨을 때에는 호상(好喪)이라 하여 웃고 떠드는 일이 있는데, 이렇
게 웃고 떠드는 일은 삼가야 한다. 사람이 이 세상과 마지막 작
별을 고하는 데 호상이란 있을 수 없기 때문이다. 또 한가지, 술
자리에서 서로 술잔을 부딪치며 건배하면 크나큰 실례가 되므로
절대 삼가도록 한다.

8) 조장(弔狀) 서식

부득이한 사정으로 인해 장례식에 참석하지 못했을 때는 다음
과 같은 '조장(弔狀)'을 써서 우편으로 보내도록 한다.

▲ 한자 조장 서식(화환에도 사용한다.)

謹　弔
大夫人

喪事
　〇年　〇月　〇日
〇〇〇　再拜

부친께서 별세하셨다니 참으로 놀라운 일이오며
부득이한 사정으로 인해 곧 가서 조문치 못하고
서면으로서 삼가 조의를 표하나이다.

ㅇ년 ㅇ월 ㅇ일

ㅇㅇㅇ 근조

ㅇㅇㅇ 귀하

14. 제례(祭禮)

유교에서 말하는 제사, 즉 고인이 별세한 날 밤에 올리는 기제는 원래 밤중 자정(子正), 즉 0시에 지내게 되어 있지만, 시대의 변천으로 근래에는 대개 밤 10시나 11시 경에 지내는 가정이 많아졌다. 제사란 고인의 명복을 비는 한편, 자손들에게 고인에 대한 이야기를 들려주고 고인을 추모하자는 데 그 뜻이 있는만큼 굳이 불편한 한밤중에 지낼 필요가 없다고 생각하기 때문인 것 같다.

그렇다면, 여기서 짚고 넘어가야 할 것이 하나 있다. 사람들은 흔히 '고인이 운명하시기 전날'을 제삿날로 알고 있는데, 제삿날은 고인이 운명하신 바로 그날이다. 전날에 제수를 장만하여 자정에 제사를 지내다 보니 운명하시기 전날이 제삿날인 걸로 착각하는 것이다.

그리고 제삿날이 '운명하신 전날'인 걸로 잘못 알고 제사를 지냈다 하더라도 그날 자정 이후에 제사를 모신다면, 날짜가 하루 지나게 되므로 운명하신 바로 그날에 제사를 모시는 것이 된다. 그러나 제사를 초저녁에 모실 경우라면 어떻게 해야 하겠느냐? 그래, 바로 고인께서 운명하신 날 밤에 지내야 옳은 것이다.

제사 때에는 원칙적으로 신위(神位)를 모시게 되는데, 신위를 모시지 못할 경우에는 지방(紙榜)으로 모시도록 한다.

1) 진설(陳設)

진설이란 제사상 차리는 것을 말한다. 제사란 고인을 추모하기 위한 정성의 표시인만큼 무조건 제수(祭需 : 제사에 차리는 음식)가 많다고 해서 좋은 건 아니다. 그러므로 제수는 많은 돈을 들여 번거롭게 이것저것 차릴 것이 아니라 평소에 먹는 음식에 육류나 생선류를 더하면 될 것이다. 문제는 만드는 사람과 모시는 사람의 정성이다. 옛날에는 제수를 진설하는 방법도 매우 까다로웠고, 지역과 가문마다 약간의 차이가 있었는데, 일반적으로 다음의 원칙을 따르고 있다.

① 홍동백서(紅東白西)

사과·대추·곶감 등과 같이 붉은색의 과일은 동쪽에, 배처럼 흰색의 과일은 서쪽에 진설한다.

② 어동육서(魚東肉西)

어류는 동쪽에, 육류는 서쪽에 진설한다.

③ 좌포우혜(左脯右醯)

육포는 왼쪽에, 식혜는 오른쪽에 진설한다.

④ 동두서미(東頭西尾)

생선은 머리를 동쪽에, 꼬리를 서쪽에 위치하도록 한다. 또 생선의 등쪽이 신위 쪽으로 가도록 놓는다.

⑤ 생동숙서(生東熟西)

김치는 동쪽에, 익힌 나물은 서쪽에 진설한다.

⑥ 건서습동(乾西濕東)

마른 것은 서쪽에, 젖은 것은 동쪽에 진설한다.

⑦ 서반동갱(西飯東羹)

메(신위 앞에 올리는 밥)는 서쪽, 국은 동쪽에 진설한다.

⑧ 고서비동(考西妣東)

신위·갱(국)·메·술잔을 놓을 때, 아버지 것은 서쪽에, 어머니 것은 동쪽에 진설한다.

2) 제사 지내는 순서

여자가 제사를 주관하지는 않지만, 그 절차와 용어 정도는 상식적으로 알아두는 것이 좋겠다. 그럼, '전통 제례'와 '현대식 제레'로 나눠서 그 절차를 알아보도록 하겠다.

▲ 전통제례 절차

① 영신(迎神)

제사를 지내기 전에 먼저 대문을 열어 고인의 혼령을 맞아들이는 의식으로, 고인의 사진과 지방을 제상(祭床)의 맨 뒤에 올려놓는다. 상 뒤쪽(북쪽)에 병풍을 치고 제상 위에 제수(祭需)를 진설한다.

② 강신(降神)

혼령을 모시는 의식을 말한다. 제주(祭主)는 신위 앞에 나아가 무릎을 꿇고 분향한 뒤 두 번 큰절을 올린다. 술을 따라 술잔을 향불 위에서 세 번 돌리고 나서 모사(茅沙) 그릇에 세 번에 나누어 술을 따른다. 그런 다음, 빈 잔을 집사에게 주고 다시 두 번 절한다.

③ 참신(參神)

제수를 제상에 진설해 놓고 제주 이하 모든 참석자들이 일제히 신위 앞에 큰절을 올린다. 주인 이하 남자는 두 번 절하고, 주부 이하 여자는 네 번 절한다.

신주(神主)인 경우에는 참신을 먼저 하고, 지방(紙榜)인 경우에는 강신을 먼저 한다.

* 신주(神主) : 고인의 위패

④ 헌작(獻酌)

  술잔에 술을 따라 두 손으로 받쳐들고 향불 위에서 돌린 다음 메와 국그릇 사이에 놓는다. 이때 제주가 받쳐든 술을 집사가 받아 놓기도 하고, 제주가 직접 갖다 놓기도 한다. 제주 이하 친척도 헌작(獻爵)할 수 있다.

  초헌(初獻)이 끝나고 참사자가 모두 꿇어앉으면 축관이 옆에 앉아서 독축(讀祝)을 한다. 축문은 제주가 읽어도 되는데, 엄숙한 목소리로 천천히 읽어야 한다. 독축이 끝나면 모두 일어나 두 번 절한다. 과거에는 독축 뒤에 곡(哭)을 했다.

  이어 아헌(亞獻)과 종헌(終獻)을 한다.

* 메 : 제사 때 신위 앞에 올리는 밥.
* 독축(讀祝) : 축문 읽기.
* 헌작(獻爵) : 술잔을 올리는 일.
* 초헌(初獻) : 제주가 첫 번째 술잔을 올리는 의식.
* 아헌(亞獻) : 두 번째 술잔을 올리는 의식으로, 원래는 주부(主婦)가 올린다. 이때 집사는 여자가 된다. 주부가 올리기 어려운 경우에는 제주의 다음 가는 근친자가 올린다. 이때 주부는 네 번 절한다.
* 종헌(終獻) : 마지막 세 번째 술잔을 올리는 의식으로, 아헌자의 다음 가는 근친자가 올린다. 흔히 멀리서 참례하러 온 참사자 가운데서 올리기도 하는데, 사위나 외손이 마땅하다. 잔은 7할쯤 부어서 올린다.

⑤ 유식(侑食)

  종헌 다음에는 유식을 한다. 종헌이 끝나고 조금 있다가 제주가 다시 신위 앞으로 나아가 꿇어앉으면 집사는 술 주전자를 들어 종헌 때 7할쯤 따라 올렸던 술잔에 세 번 첨작(添酌)하여 술잔을 가득 채운다. 그러고 나서 밥을 세 번 뜨는 정도의 시간을 기다린다.

⑥ 삽시정저(揷匙正箸)

삽시는 메 그릇의 뚜껑을 열고 메에 숟가락을 꽂아 혼령이 제수를 드시게 하는 의식이다. 이때 숟가락은 아랫부분이 동쪽을 향하도록 하고, 젓가락은 손잡이 부분이 동쪽을 향하게 하여 접시 가운데에 가지런히 놓는다. 그리고 나서 제주(祭主)는 두 번, 주부(主婦)는 네 번 큰절을 올린다.

⑦ 합문(闔門)

삽시가 끝나면 제주 이하 모든 참사자는 문을 닫고 대청이나 마루에 나와서 구시지경(九匙之頃)을 읍한 자세로 조용히 기다린다. 대청마루에 제상을 차렸으면 뜰 아래로 내려가 읍한 자세로 잠시 기다린다. 문이 없을 경우, 발이나 병풍 등으로 제상을 가리고 그 뒤에서 기다린다. 주인과 주부가 문의 가장 가까운 곳에 시립(侍立)한다. 단칸방일 경우에는 제자리에 엎드려 몇 분 동안 있다가 일어선다.

* 구시지경(九匙之頃) : 밥을 아홉 숟가락 떠먹을 정도의 시간, 즉 8~9분 정도.
* 시립(侍立) : 웃어른을 모시고 서 있는 자세.

⑧ 계문(啓門)

닫았던 문을 다시 여는 것을 '계문'이라고 한다. 제주가 문 앞
에서 헛기침을 세 번 하고 나서 문을 열고 들어가면 참사자가 모
두 뒤따라 들어가서 각각 제 위치에 선다.

⑨ 헌다(獻茶)

집사는 국그릇을 내리고 숭늉(또는 냉수)을 올린 뒤, 그곳에 메
세 술을 떠서 물에 말아 놓고 숟가락을 숭늉 그릇에 놓는다.

이때 참사자는 모두 몸을 굽히고 머리를 숙인 상태로 잠시 동
안 조용히 앉아 있다가 고개를 든다.

⑩ 철시(撤匙)

숭늉 그릇에 놓인 숟가락을 거두어 시접(匙楪)에 놓고 메 그릇
의 뚜껑을 닫는다.

* 시접(匙楪) : 수저를 담아놓는 놋그릇.

⑪ 사신(辭神)

'사신'은 고인의 혼령에게 마지막 작별 인사를 드리는 의식으
로, 참사자 모두가 일제히 신위 앞에 두 번 큰절을 올린다.

⑫ 신위봉환(神位奉還)

사신이 끝난 다음, 지방이면 축문과 함께 불사르고, 사진이면

다시 제자리에 모신다. 신주일 때는 사당으로 모신다. 이로써 제사를 올리는 의식 절차는 모두 끝난다.

⑬ 철상(撤床)

제상에 진설된 제수를 모두 내려서 정돈하는데, 이를 '철상'이라고 한다. 주전자와 잔에 있던 술과 퇴주기에 있는 술을 다시 병에 부어 봉하고, 집사가 뒤쪽에서부터 차례로 제수를 다른 그릇에 물린다.

⑭ 음복(飮福)

철상이 끝났으면 참사자가 한자리에 둘러앉아 제수를 나눠 먹는데 이를 '음복'이라고 한다. 음복을 끝내기 전에는 제복을 벗거나 담배를 피워서는 안 된다. 참사자뿐만 아니라 가까운 이웃들에게 제사 음식을 나눠주고 이웃 어른들을 모셔다가 대접하기도 한다.

▲ 현대식 제례 절차

① 신위봉안(神位奉安) : 신위 모시기

제상 위에 흰 종이(유지 : 기름종이)를 깔고 제수(祭羞)를 진설한 뒤에 지방(紙榜)을 써서 붙인다. 지방 대신 영정(影幀)을 모시기도 한다.

제주(祭主)가 분향하고 모사(茅沙)에 술을 부은 다음, 제주와 참사자가 일제히 신위 앞에 두 번 절한다.

② 초헌(初獻) : 첫 잔 올리기

첫 술잔을 올리는 의식이다. 술잔을 채워 두 손으로 받들고, 밥그릇과 국그릇 사이의 신위 앞쪽에 놓는다. 집사 없이 제주가 혼자 해도 상관 없다.

③ 독축(讀祝) : 축문 읽기

초헌이 끝나면 제주는 축문을 읽고 두 번 큰절을 올린다.

축문을 읽는 동안 다른 참사자들은 모두 꿇어 앉아 머리를 약간 숙이고 경건한 마음으로 듣는다.

④ 아헌(亞獻) : 둘째 잔 올리기

축문 읽기가 끝나면 주부(主婦)나 근친자가 두 번째 술잔을 올리고, 남자는 두 번, 여자는 네 번 큰절을 올린다.

⑤ 종헌(終獻) : 셋째 잔 올리기

제주의 그 다음 근친자가 세 번째 술잔을 올리고 두 번 큰절을 올린다.

⑥ 첨작(添酌) : 술 따르기

제주가 술잔에 세 번에 나누어 술을 따른다.

그리고 나서 두 번 큰절을 올린다.

 시집에는 친정엄마가 없다

⑦ 삽시정저(揷匙正箸) : 숟가락과 젓가락 올리기

제수를 많이 드시라는 의미로 제상에 있는 숟가락을 밥에 꽂고 젓가락을 바르게 하여 음식 위에 올려놓는다. 이때 숟가락은 안쪽(오목한 쪽)이 동쪽으로 가게 한다. 그런 다음, 모든 참사자들은 두 번 큰절을 올린다.

⑧ 합문(闔門) : 문 닫고 나오기

신위가 조용히 음식을 드시도록 제주 및 참사자는 자리를 피해 문을 나와 닫거나 그 자리에서 뒤로 돌아 앉는다. 그리고 구시지경(九匙之頃)까지 기다린다.

⑨ 계문(啓門) : 문 열고 들어가기

닫았던 문을 열고 들어간다. 제주가 헛기침을 세 번 한 다음에 문을 열고 들어가면 참사자도 모두 뒤따라 들어간다.

⑩ 헌다(獻茶) : 정안수 올리기

숭늉(혹은 냉수)을 국과 바꾸어 놓고, 숟가락으로 밥 한가운데를 조금 떠서 물에 말기를 세 번 한 다음, 수저를 물그릇에 가지런히 놓고 잠시 몸을 굽히고 머리를 숙인 상태로 있다가 일어난다.

⑪ 철시복반(撤匙復飯) : 수저를 내리고 밥그릇 뚜껑 덮기

숭늉(또는 냉수) 그릇에 놓인 수저를 거두어서 제자리에 놓고 밥그릇 뚜껑을 덮는다.

⑫ 사신(辭神) : 작별 인사

참사자 일동이 일제히 신위 앞에 큰절을 두 번 올린 다음, 지방과 축문을 불사른다. 안녕히 가시라는 작별 인사다.

⑬ 철상(撤床) : 제상 정리

제사상을 물린다.

⑭ 음복(飮福) : 제사 음식 나눠 먹기

참사자들이 둘러앉아서 제사 음식을 나눠 먹는다. 이 음복을 하면 조상님들로부터 복을 받는다는 속신(俗信)이 있다.

3) 지방(紙榜) 쓰는 법

본래는 신위(神位)를 모셔놓고 제사를 지내야 하지만, 신위를 모시지 못할 경우에는 지방을 써서 제사를 지낸다.

내외분을 함께 지낼 때는 지방을 나란히 쓰며, 남자의 지방은 왼쪽에, 여자의 지방은 오른쪽에 쓴다. 한 분만 돌아가셨을 경우에는 돌아가신 분만 중앙에 쓴다.

그럼, 지금부터 지방 쓸 때의 유의 사항과 지방 쓰는 법에 대해 알아보기로 하겠다.

▲ 지방 쓸 때의 유의 사항

① 지방을 쓸 때는 몸을 청결히 한다.
② 지방은 깨끗한 흰 창호지나 모조지를 가로 6㎝, 세로 22㎝

정도로 잘라서 검정 글씨로 쓴다. 대개 한문으로 쓰지만, 요즘에는 한글로 쓰기도 한다.

③ 남자의 경우, 생전에는 '父(부)'라고 하지만 사후에는 '考(고)'라 하며, 또 여자의 경우, 생전에는 '母(모)'라고 하지만 사후에는 '妣(비)'라고 한다.

④ 남자의 경우, 생전에 벼슬을 안 했으면 '學生(학생)', 벼슬을 했으면 '學生(학생)' 대신에 벼슬의 직급이나 직위를 쓴다.

⑤ 여자의 경우, 남편의 벼슬이 없으면 '孺人(유인)' 다음에 본관과 성씨를 쓰고, 벼슬이 있으면 '孺人(유인)' 대신 남편의 직품에 따라 다음과 같이 쓰고 나서 본관 성씨를 쓴다.

· 정1품 崇祿大夫(숭록대부)와 종1품 崇政大夫(숭정대부)는 府夫人(부부인).

· 정2품 정헌대부(正憲大夫)·자헌대부(資憲大夫)와 종2품 가의대부(嘉義大夫)·가선대부(嘉善大夫)는 貞夫人(정부인).

· 정3품 당상관(堂上官) 통정대부(通政大夫)는 淑夫人(숙부인).

· 정3품 당하관(堂下官) 통훈대부(通訓大夫)와 종3품 중직대부(中直大夫)·중훈대부(中訓大夫)는 淑人(숙인).

· 정4품 봉정대부(奉正大夫)·봉열대부(奉列大夫)와 종4품 조산대부(朝散大夫)·조봉대부(朝奉大夫)는 令人(영인).

· 정5품 통덕랑(通德郎)·통선랑(通善郎)과 종5품 봉직랑(奉直郎)·봉훈랑(奉訓郎)은 恭人(공인).

· 정6품 승훈랑(承訓郎)·종순랑(從順郎)과 종6품 선교랑(宣教郎)·선무랑(宣務郎)은 宜人(의인).

·7품이면 安人(안인). 8품이면 端人(단인). 9품 이하 벼슬이 없으면 孺人(유인).

⑤ 재취나 삼취한 일이 있다 하여도 전취의 배위(配位)와 같이 모신다. 또 배위가 두 분이나 세 분일 경우에는 첫 배위를 고위(考位) 옆 왼쪽에 쓰고, 차례로 오른쪽으로 써 나간다.

* 배위(配位) : 부부가 다 죽었을 때의 그 아내에 대한 경칭.
* 고위(考位) : 돌아가신 아버지와 그 위의 각 대 할아버지의 위패.
* 아내의 제사에는 자식이 있어도 남편이 제주(祭主)가 되고 장자의 제사에는 손자가 있어도 아버지가 살아 계시면 아버지가 제주가 되며, 남편의 제사일 때는 자손이 없을 때만 아내가 제주가 된다.

▲ 벼슬이 없는 경우의 한문 지방 쓰기

顯高祖妣孺人金海金氏神位
顯高祖考學生府君神位
고조부모

顯曾祖妣孺人金海金氏神位
顯曾祖考學生府君神位
증조부모

顯祖妣孺人金海金氏神位
顯祖考學生府君神位
조부모

顯妣孺人金海金氏神位
顯考學生府君神位
부모

顯伯叔母孺人金海金氏神位
顯伯叔父學生府君神位
백숙부모

顯兄孺人金海金氏神位
顯兄學生府君神位
형/형수

顯辟學生府君神位
남편

亡室孺人金海金氏神位
아내

亡弟學生(이름)神位
동생

亡子秀才(이름)神位
아들

고조부모
顯高祖考資憲大夫吏曹判書府君神位　顯高祖妣貞夫人金海金氏神位

증조부모
顯曾祖考資憲大夫吏曹判書府君神位　顯曾祖妣貞夫人東萊鄭氏神位

조부모
顯祖考資憲大夫吏曹判書府君神位　顯祖妣貞夫人金海金氏神位

부모
顯考國會議員府君神位　顯妣淑人金海金氏神位

남편
顯考國會議員府君神位

부인
故(亡)室淑人金海金氏神位

동생
亡弟國會議員(이름)神位

아들
亡子國會議員(이름)神位

요즘에는 지방을 한글로 쓰는 가정도 적지 않다. 한글로 쓸 경우에는 한자 문구를 그냥 한글로 표기하기도 하고, 그 뜻을 풀이하여 쓰기도 한다. 몇 가지 예를 들면 다음과 같다.

부모			남편	아내
현비유인김해김씨 신위 현고학생부군 신위	높으신 어머님 신위 높으신 아버님 신위	어머님 신위 아버님 신위	부군 신위	망실유인전주이씨 신위

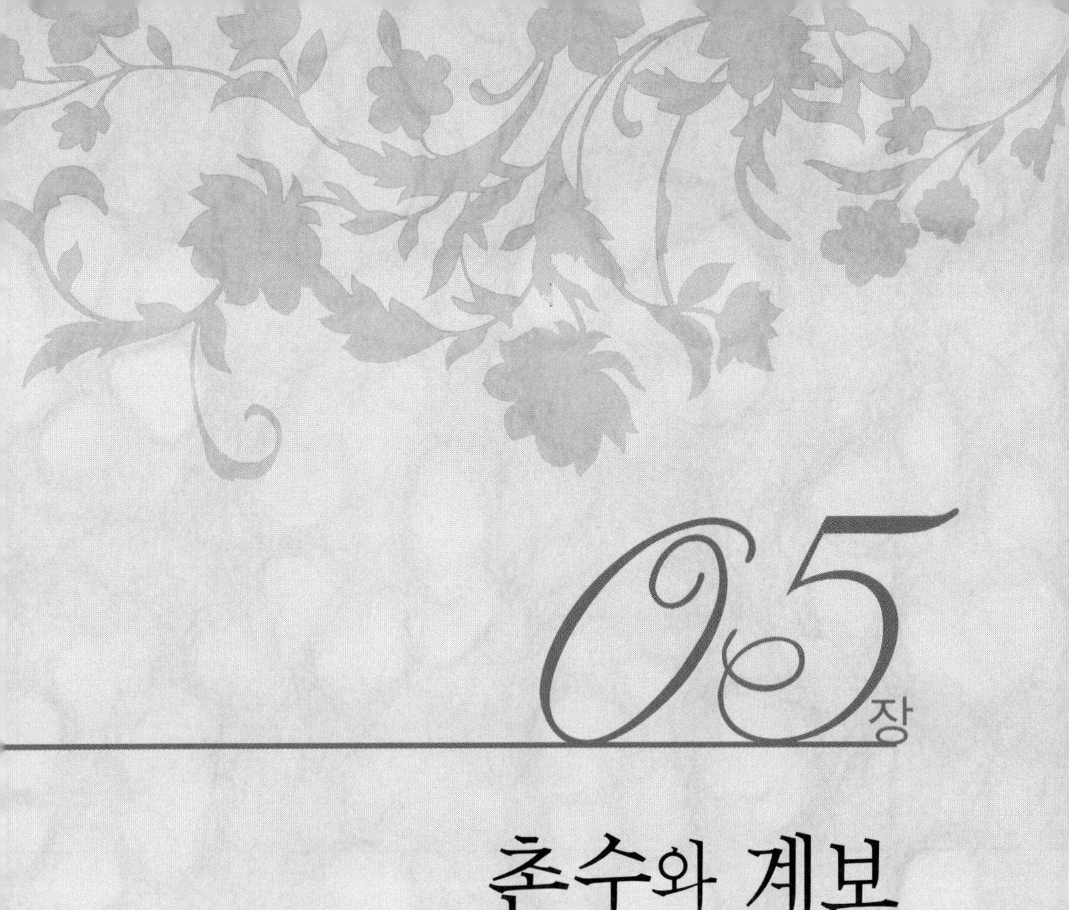

05장

촌수와 계보

친척간의 멀고 가까움은 촌수로 따지며,
상대와 자기와의 관계를 말할 때는 친척 관계로 따진다.
그럼에도 불구하고 사촌만 넘어가도 친척지간의 촌수를 따지지 못하는
사람들이 많은 걸 보면 안타까운 일이 아닐 수 없다.
그래서 여기에 '촌수 따지는 법'과 '근친 촌수 및 계보', 그리고
'친척 관계'에 대해 명시하니 잘 살펴보고 머릿속에 새겨두도록 해라.

1. 촌수(寸數) 따지는 법

① 직계 가족과의 촌수는 자기와 대상까지의 대수(代數)를 말한다. 예를 들어, 아버지와 아들은 1대이므로 1촌이고, 할아버지와 손자는 2대이므로 2촌이다.

② 방계 가족과의 촌수는 자기와 대상이 어떤 조상에서 갈렸는지를 먼저 알고, 자기와 그 조상의 대수에다 그 조상과 대상의 대수를 합해서 촌수로 한다.

예를 들어, 나와 형제 자매의 촌수를 한번 따져 보자. 형제 자매는 아버지에게서 갈렸고, 나와 아버지는 1대이다. 그리고 아버지와 형제 자매는 1대니까 이 둘을 합하면 2촌이 된다.

또 작은아버지와 나의 촌수를 따져보자. 작은아버지와 나는 할아버지에게서 갈렸고, 할아버지와 작은아버지는 1대이다. 그리고 할아버지와 나는 2대이므로 이를 합하면 3촌이 된다.

2. 근친 촌수 와 계보(系譜)

근친간의 촌수와 갈려진 상태를 그림으로 나타내면 아래와 같다.
굵은 선으로 표시된 것은 직계이고 가는 선은 방계이며, ○ 안의
숫자는 자기(나)와의 촌수이다.

▲ 친가(親家)

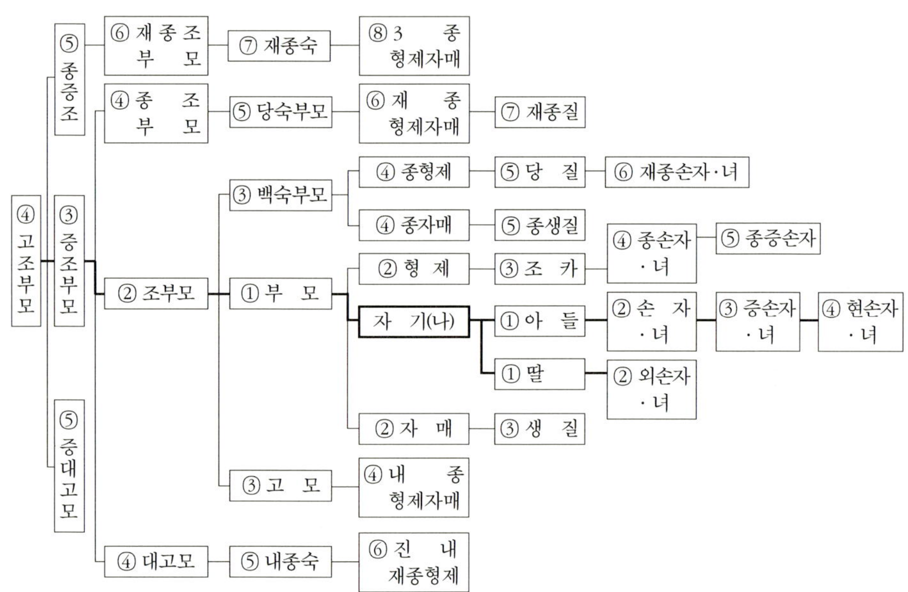

* 4촌과 5촌은 종(從)이라 하고, 6촌과 7촌은 재종(再從)이라 하며, 8촌과 9촌은 삼종(三從)
  이라고 한다.

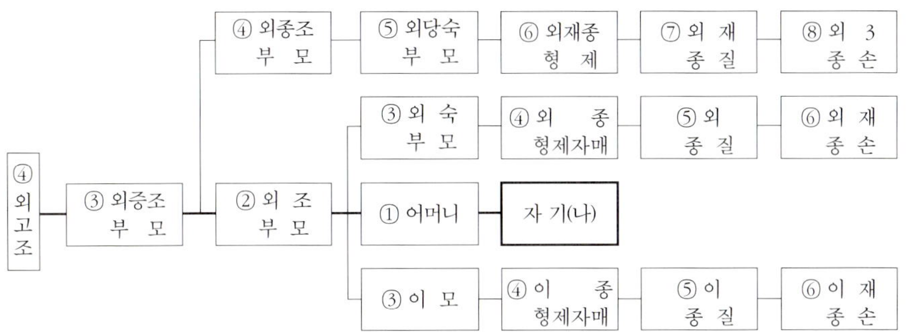

* 처가(妻家)는 아내와의 촌수로 따진다.

3. 친척 관계

① 부자간(父子間) : 아버지와 아들

② 부녀간(父女間) : 아버지와 딸

③ 모자간(母子間) : 어머니와 아들

④ 모녀간(母女間) : 어머니와 딸

⑤ 구부간(舅婦間) : 시아버지와 며느리

⑥ 고부간(姑婦間) : 시어머니와 며느리

⑦ 옹서간(翁壻間) : 장인·장모와 사위

⑧ 조손간(祖孫間) : 조부모와 손자·손녀

⑨ 형제간(兄弟間) : 남자 동기끼리

⑩ 자매간(姉妹間) : 여자 동기끼리

⑪ 남매간(男妹間) : 남자 동기와 여자 동기 사이

⑫ 수숙간(嫂叔間) : 남편의 형제와 형제의 아내

⑬ 동서간(同棲間) : 형제의 아내끼리

⑭ 동서간(同壻間) : 자매의 남편끼리

⑮ 숙질간(叔姪間) : 아버지의 형제 자매와 종형제 자매의 자녀

⑯ 종(從)형제·자매·남매간 : 6촌끼리

⑰ 당·종숙질간 : 아버지의 종형 자매와 종형제 자매의 자녀

⑱ 재종형제·자매·남매간 : 8촌끼리

⑲ 재종·당숙질간 : 아버지의 6촌 형제 자매와 6촌 형제 자매
   의 자녀

⑳ 삼종형제·자매·남매간 : 8촌끼리

㉑ 구생간(舅甥間) : 외숙과 생질

㉒ 내외종간(內外從間) : 외숙의 자녀와 고모의 자녀

㉓ 이숙질간(姨叔姪間) : 이모와 이질

㉔ 이종간(姨從間) : 자매의 자녀끼리

㉕ 고숙질간(姑叔姪間) : 고모와 친정 조카

㉖ 외종(外從) : 외숙의 자녀

㉗ 고·내종(姑·內從) : 고모의 자녀

㉘ 이종(姨從) : 이모의 자녀

㉙ 처질(妻姪) : 아내의 친정 조카

㉚ 생질(甥姪) : 남자가 자매의 자녀를

㉛ 이질(姨姪) : 여자가 자매의 자녀를

06장

이 세상 최고의 웅변가는 성공이다

사랑하는 사람을 만나 결혼에 성공하기까지에도 노력이 필요했듯이, 앞으로 두 사람이 이 세상을 가꾸며 살아가는 데에도 많은 노력과 지혜가 필요하다.

세상일이란 무조건 불도저식으로 밀어붙인다고 해서 이뤄지는 게 아니다. 인생을 성공적으로 이끌어 가자면 무엇보다도 고도의 기술이 필요한 것이다.

따라서 이 장에서는 앞으로 너와 같은 젊은이들이 꿈을 펼쳐 나갈 세상살이, 즉 이 세상을 어떻게 살아야만 단 한 번뿐인 네 인생을 성공적으로 이끌어 나갈 수 있을지에 대해 생각해 보기로 하겠다.

우선, 너희 같은 젊은이들이 가장 잡고 싶은 '인생의 성공'이란 것의 진정한 의미는 무엇이며, 또 그것을 잡으려면 어떠한 자세와 마음가짐이 필요한지에 대해 짚어보기로 하겠다.

특히 여기에서 소개되는 '성공으로 가는 12계단'은 인생에서 크게 성공한 사람들이 몸소 실천하고 권하는 사항들인만큼, 네가 이를 본받아 실천에 옮긴다면, 앞으로 너의 인생을 성공적으로 이끄는 데 많은 도움이 되리라 믿는다.

1. 성공이란 무엇인가?

—성공은 자신이 바라는 바를 잡는 것이다.

이미 크게 성공해 있는 사람들을 보면 너는 아마 부러운 소리로 이렇게 말할지도 모르겠다.

"그들은 아마 모두 특별한 사람들일 거야!"

그렇다. 틀림없이 그들은 모두 특별한 사람들이다. 그런데 네가 만약 성공의 대가가 무엇인지를 알고 그 대가를 지불한다면 너 역시 그런 특별한 사람, 뛰어난 사람이 되는 것이다.

벤저민 프랭클린이란 사람은 이렇게 말했다.

"이 세상에는 위대한 사람이면서도 이름이 알려지지 않은 사람이 얼마든지 있다."

너 역시 그런 인물들을 많이 알 것이라고 믿는다.

그럼, 대체 성공이란 것의 진정한 의미는 무엇일까?

한때 자유 기고가로서는 세계에서 제일 많은 돈을 벌었던 배드 퍼서라는 사람은 이에 대해 이렇게 말했다.

"성공은 당신이 바라는 것을 잡는 것이다. 세상 사람들은 자기가 바라는 바가 각자 다르다. 정치인이 되고 싶어하는 사람, 거액의 돈을 모아서 여생을 편안하게 보내고 싶어하는 사람, 또는 직업을 갖고자 하는 사람, 자식을 많이 갖고 싶어하는 사람, 세계적으로 이름난 예술가, 혹은 운동 선수가 되고 싶어하는 사람 등……. 아무튼 바라는 바가 어떤 것이든 간에 자기가 구하는 것을 얻게 되는 것, 그것을 자기 것이 되게 하는 것, 이것이 바로 성공이다."

그렇다. 얼마나 성공하였는가는 사회적인 지위나 명성·재산·소득 수준 등으로 따지는 것이 아니라, 자기 자신의 가치관과 비전에 얼마나 근접해 갔느냐는 것으로 평가해야 하는 것이다.

—성공과 실패는 백지 한 장 차이다.

평범한 사람과 뛰어나게 성공한 사람을 비교하면 할수록 그 차이가 매우 작다는 것을 더욱 실감하게 된다. 성공과 실패의 차이는 사고 방식이나 언어·태도 등에서 백지 한 장 정도의 차이가 있을 뿐이다. 그런데 그와 같은 작은 것이 모여서 커다란 차이를 만드는 것이다.

어떤 경주마는 채 한 시간도 안 걸리는 경기에서 1억 원 이상이나 벌어들인다고 한다. 물론 많은 시간 동안 훈련시킨 결과이다. 그러므로 그 경주마는 적어도 1억 원 이상의 가치는 될 것이다. 세상에는 천만 원짜리 경주마도 있을 것이다. 그렇다면 1억원짜리 경주마가 천만 원짜리 경주마보다 열 배는 더 빨리 달릴수 있을까? 아니면, 두 배쯤? 결코 그렇지 않다. 간발의 차이일뿐이다.

그럼, 과연 두 경주마의 속도 차이는 얼마나 날까?

수년 전 미국의 어느 경마장에서 1등과 2등의 상금 차이는 10만 달러였다고 한다. 1과 8분의 1마일, 즉 7만 1,280인치를 달리는 경기에서 1등과 2등의 차이는 1인치였다고 한다. 그 1인치 차이가 10만 달러라는 커다란 금액 차이를 가져왔던 것이다.

정상을 향하는 인생의 게임에서도 역시 성공과 실패의 차이는 사실상 아주 작다. 공부를 잘 하는 것과 못 하는 것, 판매를 잘하는 것과 못 하는 것, 그리고 챔피언이 되는 것과 못 되는 것 등의 차이는 불과 몇 인치밖에 되지 않는다. 그러나 승자와 패자의보상 차이는 어마어마하게 크다.

세상엔 '거의 되어가고' 있는 일에는 어떠한 보상도 없다. '완벽한 성취'가 있을 때 비로소 그에 따른 보상이 따르게 되는 것이다.

대부분의 경우, 성공과 실패의 차이는 '올바른 정신 자세를 가졌느냐 그렇지 않았느냐'에 달려 있다고 볼 수 있다. 네가 만일직장 생활을 하면서 단지 봉급만을 받기 위해 일한다면 봉급은 받게 될 것이다. 그러나 아마도 그 액수가 그리 많지 않을 것이다. 그러나 네가 만약 회사의 발전을 위해 일한다면 너는 더 많은 액수의 봉급을 받게 될 것이다. 뿐만 아니라, 그와 함께 승진도 보너스로 따르게 될 것이다. 이처럼 우리가 정신 자세를 어떻게 가지느냐에 따라서 그 결과는 커다란 차이가 나는 것이다.

이것이 우리가 살고 있는 세상에서 벌어지고 있는 인생의 게임 방식이다. 우리가 그 게임 규칙을 임의로 변경할 수는 없다. 오로지 그 규칙을 잘 배워서 우리의 능력을 최대한 발휘해야만 하는 것이다.

자, 그럼 지금부터 성공으로 가는 계단을 한 계단씩 이 아빠와 함께 올라가 보자꾸나.

2. 성공으로 가는 12계단

다른 사람들이 성공한 것은
누구나 언제든지 성공할 수 있다.
― A. 생텍쥐페리

첫째 계단, 절실한 욕망을 가져라

―강렬히 솟구치는 욕망 앞에서는 안 되는 일이 없다.

마음 속에 무엇인가 강렬히 하고 싶은 일이 있다면 그것을 추구하도록 해라. 네가 그렇게 하고 싶은 일인데도 자신감이 없어서 그 일을 포기한다면 그것은 네 인생 가운데서 가장 중요한 부분을 잘라 버리는 것과 마찬가지다.

인생의 실패자란, 자기가 진실로 하고 싶었던 일을 하지 못한 사람이다. 자기가 하고 싶은 일에 전력을 기울일 때 비로소 마음의 평화도 정신의 만족도 얻어지는 것이다.

네가 그 일을 실행에 옮기다 보면 때론 힘에 벅차다고 생각할 수도 있을 것이며, 또한 일의 전망에 대해서 불안한 마음이 생길 수도 있을 것이다. 그러나 절대로 그런 것 때문에 주저해서는 안 된다. 무엇보다도 낙심은 금물이다. 인간이기 때문에 약간의 두려움은 있을 수 있겠지만, 그렇다고 해서 단념해 버리면 인생의 패배자가 된다는 것을 명심하도록 해라.

우선, 일을 시작할 때는 자기가 할 수 있는 단계부터 실행하도록 해라. 그리고 그 일을 계속 진행하면서 나머지 곤란한 부분도 처리할 수 있도록 힘을 길러라.

물론, 이렇게 온몸을 내던져 부딪쳐 나가려면 용기와 담력이 필요하다. 얼마 동안은 불안한 마음도 들 것이다. 그러나 네가 용기를 갖고 앞으로 나아가다 보면 그런 마음은 곧 사라지고 '나도 할 수 있다'는 자신감이 생기게 된다. 그리고 일단 그런 불굴의 정신이 너의 표면으로 나타나고 열성과 노력이 인정되면, 미처 생각지도 못했던 원조의 손길이 네 앞에 나타날 수도 있다. 이렇게 되면 너의 인생은 이미 두려움이 없어지게 되는 것이다.

—인간의 욕망은 자동차의 휘발유와도 같다.

욕망은 평범이라는 뜨거운 물을 성공이라는 증기로 바꾸어 주는 역할을 한다. 즉, 평범한 능력을 가진 사람에게 자기보다 훨씬 더 뛰어난 능력을 지닌 사람들과의 경쟁에서 승리할 수 있도록 해 준다. 60~70℃의 물은 우리가 커피를 타 마시기에 알맞은 온도다. 그런데 거기에 뜨거운 열을 가하면 그 뜨거운 물이 기관차를 움직이고 증기선을 운항하게 하는 증기로 변하게 된다.

욕망은 한 개인에게 그가 하는 일에서 자신의 능력을 최대한

이용하게 해 준다. 또한 최고 속도를 내어서 앞으로 질주하게 해
준다. 네가 만일 어느 시험에서 기어이 1등을 하고야 말겠다는
강한 욕망이 있다면 너는 그만큼 열정적으로 공부할 것이다. 그
렇지만, 그러한 욕망이 없고 평범한 것으로 만족을 느낀다면 너
는 그만큼만 노력하게 될 것이다.

그렇다. 욕망은 평범한 사람들과 챔피언을 구별 지어 주는 아
주 중요한 요소인 것이다.

—성취욕이 없으면 발전도 없다.

욕망이 없는 사람은 일을 하다가 조금만 어렵다거나 까다로우
면 곧 좌절하고 체념한다. 좀더 참고 노력하는 것보다 차라리 중
간에서 포기하는 편이 낫다고 생각하는 마음이 앞서서 목표한
바를 이루지 못한다. 이런 사람은 조금만 힘든 일이 닥쳐도 지레
겁부터 집어먹고 자기는 그 일을 도저히 할 수 없다고 생각한다.
실제로 진지하게 도전해 보면 성공할 수 있는 일인데도 말이다.
이런 사람들에게는 '어려운 일'이 곧 '불가능한 일'이 되어 버린다.

욕망이 없고 태만한 사람에게 있어서는 한 가지 일에 한 시간
정도 집중하여 노력하는 것도 이만저만한 고통이 아니다. 그들은
무슨 일이든 불가능하다고만 생각할 뿐, 그 일을 성취하기 위해
여러 방면으로 생각해 보려 하지 않는다.

어떠한 어려운 상황도 불타는 욕망 앞에서는 무릎을 꿇을 수
밖에 없다. 그러나 네게 그러한 욕망이 없다면, 너는 아주 작은
어려움 앞에서도 무릎 꿇을 수밖에 없게 된다는 사실을 명심하

도록 해라.

인생을 살아가면서 어떠한 어려움 앞에서도 쉽게 좌절하거나 포기하지 않는 강인한 내 딸이 되어주었으면 한다. 이런 일에 부닥치게 되면 더욱 분발하여 '누군가가 할 수 있는 일이라면 나 역시 그 일을 충분히 해낼 수 있고, 또 기어이 하고야 말겠다'는 굳센 의지를 가져 주었으면 좋겠구나.

둘째 계단, 인생의 목표를 분명하게 세워라

1) 왜 목표를 설정해야 할까?

사람은 자기가 가고 있는 목표 지점을 알아야 미래에 대한 희망이 있고 삶의 보람을 느끼게 되는 것이다. 따라서 목표를 세워 자신의 인생을 가꾸도록 해라. 되는 대로 살면 인생이 되는 대로 흘러가게 된다. 목표가 없으면 아무런 희망이 없고 늘 그저 그런 삶이라서 그야말로 인생이 지루하고 재미없어 살맛이 나지 않는다. 그러나 일단 뚜렷한 목표가 생기게 되면 삶의 질은 완전히 달라지게 된다.

재미있는 현상이 양로원이나 복지 시설에서 발생하고 있다고 한다. 결혼식이나 생일 같은 특별한 날이나 크리스마스와 같은 공휴일 전날에는 사망률이 극적으로 줄어드는데, 그 이유는 많은 사람들이 그날을 한 번 더 지내고 나서 죽겠다는 목표를 심리적으로 세우기 때문이란다. 그런데 그날이 지나고 나면 사망률이 급격히 올라가는데, 그 목표가 달성되고 나면 살고 싶은 의지가 약해지기 때문이라는구나.

분명한 목표와 선명하고 생생한 마음 속의 그림과 비전이 있을 때 비로소 사람은 자기의 정력과 상상력, 결단력과 집중력, 그리고 노하우에 불이 붙게 되어 어느 한 방향으로 힘차게 뻗어나갈 수 있게 된다. 개인이건 기업이건 국가이건 간에 목표와 전략이 있을 때에만 비로소 크고 작은 노력들이 빛을 발하게 되는 것이다. 방향도 없이 무턱대고 일만 열심히 한다고 해서 무언가가 이루어지는 것이 결코 아니라는 사실을 명심하도록 해라.

어쩌면 목표를 설정하는 일이 그것을 달성하는 것보다 더 어려울지도 모른다. 시작이 반이라는 말이 있듯이, 일단 목표를 잘 설정하고 나면 이미 그 목표의 반은 달성된 거나 다름이 없기 때문이다.

목표를 세울 때는 먼저 자신의 현재 위치를 알아야만 한다. 그래야만 자신에게 맞는 올바른 목표를 세울 수 있고, 그 목표를 향해 출발할 수 있는 출발 지점을 얻을 수 있다. 이는, 네가 만일 세계에서 가장 완전한 지도를 가지고 있다 해도 네 현재 위치를 모른다면 아무 곳에도 갈 수 없는 것과도 같다. 그러므로 목표를 세우기 전에 자신에 대한 철두철미한 조사와 분석이 있어야 한다.

그럼, 목표를 설정하는 데 있어서 염두에 두어야 할 점을 들어 보겠다.

첫째, 이룰 수 없는 것이라면 공상에 불과하므로 목표로 세우지 말아야 할 것이다. 이는 소화시킬 수 없는 음식이라면 아예 먹지 말아야 하는 것과도 같다.

둘째, 너처럼 평범한 사람이 무리하게 처음부터 챔피언에게 도전하려 해서는 안 된다. 챔피언이 아닌, 바로 주위에 있는 너보다 조금 앞선 사람한테 도전하여 승리할 수 있도록 노력해라. 그 한 번의 승리는 또 다른 도전에 자신감을 심어줄 것이다. 만일 네가 어느 집단에서 너보다 조금 앞선 사람에게 도전하여 승리를 거둘 수 있다면, 그 집단에서 제일인자가 되는 일은 시간 문제일 것이다.

네가 목표를 설정해 놓지 않으면 실패라는 것도 없게 되므로 인생에서 훨씬 안전할지도 모른다. 그러나 명심할 것은, 사람은 하나님의 섭리로 특별한 목적을 위해서 창조되었다는 사실이다. 일단 목표를 세우면 내면에 있는 자신의 능력을 충분히 발휘하게 되어 있어서 그렇지 않았을 때보다 훨씬 많은 일을 하게 되고, 그에 따른 대가도 뒤따르게 되어 있다.

예컨대, 어느 날 네 친구로부터 '무료 여행권이 있으니 열흘 뒤에 제주도로 여행을 떠나자'는 신나는 전화가 걸려 왔다고 하자. 그런데 네 앞에 할 일이 수북이 쌓여 있다. 평상시대로 하자면 그 기간이 12일은 걸릴 것 같다.

이런 때 너는 어떻게 하겠느냐?

나는 확신한다. 너는 그 신나는 제주도 여행에 동참하기 위해 평상시보다 더욱 열심히 일하여 그 일을 열흘 안에 끝마치도록 안간힘을 쓸 것이다. 네가 그러는 이유는 간단하다. 너는 목표를 갖고 있는 것이다. 그래서 결국 너는 그것을 성취할 것이고 말이야. 목표는 이렇게 일의 능률을 올리고 성취도를 높이는 것이다.

맥스웰 말츠라는 사람은 이렇게 말했다.

"인간은 기능상으로 자전거와도 같아서 목표를 향해 올라가거나 앞으로 나아가지 않는다면 뒤로 밀려나거나 넘어지게 되어 있다."

목표를 세운다는 건 실천력 있는 자의 끊임없는 활동 그 자체이다. 너에게 뚜렷한 인생의 목표가 없다면, 너는 다만 존재하는 데 지나지 않는 것이다. 누구든 꿈을 잃을 때는 죽는 것이나 다름없다. 그러므로 너는 '언젠가 네 육신이 죽게 된다'는 사실을 두려워할 것이 아니라, 네가 죽기 전에 너의 꿈을 상실하게 된다는 걸 두려워해야 할 일이다.

2) 목표를 설정하기 전에 네가 원하는 역할부터 결정해라.

목표를 설정하기에 앞서 이 사회에서 어떤 역할을 맡고 싶은지 그 원하는 역할부터 결정하도록 해라. 그렇지 않으면 너는 혼란에 휘말려 좌절에 빠지게 될 것이다. 그리고 미래의 목표를 세우는 데 있어서 무엇보다도 중요한 것은 인생의 가치관을 먼저 생각하는 일이다. 만약 너의 일차적인 목표가 돈이라면, 우선 자신에게 이렇게 질문해 보는 것이다.

"나는 얼마만큼 돈을 벌어야 할 것인가?"

"그 일을 하자면 어느 정도의 돈을 투자해야 할 것인가?"

"거기에서 나에게 돌아오는 이익은 얼마나 될 것인가?"

또한 인생의 가치관이 네 자신만의 안일을 위한 것이라면, 목표를 설정하기에 앞서 다음과 같이 자신에게 질문해 보도록 해라.

"나는 나의 성공을 보장할 수 있는가?"

"나의 계획은 모험이 아닌가?"

"나의 계획에 실패의 소지는 없는가?"

그리고 만일 네 가슴이 신앙으로 가득 차 있다면, 너는 인생의 가치관을 희망과 봉사에 두어야 할 것이다. 희망과 봉사의 가치관이란 타인을 조건 없이 돕는 일이다. 이런 때 너는 인생의 목표를 세우려면 다음과 같이 자문해야 할 것이다.

"내가 세운 이 목표는 버림받고 가난한 자들을 위한 것인가?"

"이 목표는 나를 보다 가치 있는 인간으로 만들 것인가?"

"이 목표는 나에게 가장 좋은 것을 남겨 줄 것인가?"

네가 세운 이러한 가치관에 네가 몰입하게 된다면, 너의 인생을 위한 중대한 결단이 보다 빨리 내려지게 될 것이다.

3) 인생의 목표는 분명하게 세워라.

목표를 세우되 분명히 세우도록 해라. 그러기 위해서 글로 기록하고 도표로도 그려보도록 해라. 그렇게 너의 목표를 잠재의식 속에 불어넣고서 그것들이 이루어질 것이라고 확신하는 것이다. 그러한 확신을 마음 속으로 자꾸 되풀이하여 생각하고, 또 입으로도 말해 보아라. 그러는 동안에 그 생각은 자신도 모르는 사이에 네 잠재의식 속에 새겨지고 네 스스로가 그것을 믿게 된다. 그러면 너는 그 목표 달성을 향해 너의 마음과 행동이 이끌리고 있음을 깨닫게 될 것이다. 그럴 때마다 너는 계획표를 확인하고 진행표를 만들어, 그에 따라 계속 전진하는 것이다.

이때 주의해야 할 것은 목표 달성 기간을 단계적으로 세우는 일이다. 만일 그렇게 하지 않으면 늑장이나 싫증이 너의 계획을 방해하여 목표를 이루기가 힘들어지게 된다.

네 자신에게 이렇게 물어보아라.

"나의 인생에서 가장 소중하고 큰일은 무엇인가?"

이것은 네가 해야 할 일을 확인하는 것이 된다. 그런 다음에 그 일을 계획하도록 해라. 만일 그 일이 공부를 필요로 한다면 너는 우선 그에 필요한 교육부터 받아야 할 것이고, 돈이 필요하다면 우선 돈 버는 방법을 강구해야 할 것이다.

네가 분명하게 설정된 목표를 갖고 있지 않는 한 자신이 가지고 있는 잠재 능력을 극대화할 수 없다는 점을 명심하기 바란다. 목표물인 과녁이 없이는 명궁수가 탄생할 수 없는 법이다. 과녁을 조준하여 정중앙을 화살로 꿰뚫었을 때 비로소 명궁수가 탄생하는 것이다.

4) 실현 가능성이 있는 목표를 세워라.

당연한 말이지만, 목표가 큰소리를 치기 위한 허영에 들뜬 사치품이어서는 안 된다. 어떤 사람들은 크기만 하고 실현 가능성이 없는 목표를 설정하는데, 그 이유는 자기가 실패했을 경우에 핑계거리를 만들기 위함이다.

이것이야말로 실패를 위한 준비가 아닐 수 없다. 그러나 자신의 생각과는 다르게 이렇게 터무니없이 커다란 계획을 세웠다가 실패하게 되면 주위 사람들의 조롱과 비웃음의 대상이 될 것이다.

내가 아는 사람 가운데 아주 허풍이 심한 사람이 한 명 있었다. 그는 고교 시절에 별 실력도 없으면서 명문 대학교인 S대학교 법대가 아니면 절대로 들어가지 않겠노라고 뻥뻥 큰소리를 쳐 댔다. 그러나 그의 평소 실력을 잘 알고 있는 친구들은 그러한 그를 허풍쟁이라며 비웃었고, 결국 그는 예상대로 대학 입시에서 낙방했다. 그러자 그는 그 대학교의 교련복을 입고 배지를 달고 다니면서 대학생 행세를 했지만, 친구들은 그런 그를 아무도 믿어주지 않았고, 결국 그것이 들통나서 친구들로부터 웃음거리만 되고 말았다. 자신의 평소 실력은 생각지도 않고 터무니없이 목표만 크게 세웠다가 실패하게 되자 주위 사람들의 조롱과 비웃음이 두려운 나머지 그러한 변장을 하지 않을 수 없었던 것이다.

이처럼 목표가 터무니없이 커서 그것을 달성하지 못하게 되면 그 실패로 인해 미래의 성취에 매우 부정적인 감정 효과를 초래하게 된다. 또한 더 이상 어떠한 노력도 기울일 수 없게 만드는 심한 타격이 될 수도 있다. 때문에 목표는 되도록 커야 하지만, 달성 가능한 범위 내에서 설정하는 것이 현명하다.

또 막연한 행운을 바라며 세운 목표는 부정적인 결과를 초래하게 된다. 인생에서 크게 성공한 사람들은 자신들의 목표를 확실히 하고, 자신들의 재능을 충분히 활용했으며, 헌신하고 노력한 결과였음을 명심하기 바란다.

 시집에는 친정엄마가 없다

목표를 세울 때에는 구체적이고 세밀하게 세워야 한다. 많은 돈, 멋지고 큰 집, 수입이 좋은 직업, 더 많은 교육, 더 많은 판매, 또는 더 좋은 남편이나 아내, 학생이 되는 것 등은 너무도 광범위할 뿐 구체적이지 못하다. 예컨대, '크고 멋진 집'이라기보다는 좀 더 자세히 하나하나를 지적해야 한다. 방의 넓이는 어떠해야 하며, 그 크기와 수효와 위치 등은 어떠해야 할지, 또한 그 모양과 색상은 어떠해야 할지 등의 여러 가지 생각을 종이에 써 보도록 해라. 그러고 나서 건축가에게 간단한 설계도를 그려 달라고 부탁하는 것이다.

네가 목표를 세우기 위해서는 우선 그에 대한 정보를 충분히 습득해야 하며, 거기에 덧붙여 자신만의 독특하고도 고유한 상황이 적용되어야 한다. 목표가 무엇이든지 간에 만족한 효과를 기대한다면, 그 목표는 너만의 독특하고도 구체적인 것이어야 한다는 점을 명심해라.

이러한 구체적인 목표는 구체적인 결과를 가져온다. 그렇지 않고 목표가 그저 추상적인 것에 불과하면 없는 것이나 마찬가지다. 따라서 목표는 구체적이고 손에 잡히는 것이어야 한다.

사람은 누구나 나름대로의 계획을 간직하고 살아간다. 지금 너의 중요한 계획은 무엇이냐? 현재로는 네가 유명 방송사의 아나운서로 취직하는 것이 아닐까? 그렇다면 그 계획을 마음 속에 받아들여 이미 이루었다고 상상해 보아라. 그 방송사의 건물 모습을 머릿속에 그리고, 그 방송사의 정문을 통해 네가 출퇴근하는 모습을 그리고, 방송실에 앉아 낭랑한 목소리로 뉴스를 전하는 너의 모습을 그리도록 해라. 이렇게 먼저 마음 속에서 성취된 자신의 모습을 받아들였을 때 비로소 현실의 성취로 이어지게 되는 것이다.

그러므로 이미 성취된 광경을 마음 속으로 상상하도록 해라. 그 광경을 그림으로 그려서 액자에 넣어 벽에 걸어 놓고 하루에 5분씩만 바라보며 자신이 바라는 목표를 달성한 자신의 모습을 상상하도록 해라. 사람은 대체로 자기 마음 속에 간직하고 있는 그림을 닮아가게 되어 있기 때문이다.

6) 장·단기적인 목표를 세워라.

꿈을 이루기 위해서는 10년 내지 20년 후를 겨냥한 장기적인 목표가 있어야 하며, 동시에 앞으로 한 시간, 하루, 일주일을 성공적으로 관리할 단기적인 목표도 세워두어야 한다. 그래서 장·단기 목표가 조화를 이루도록 해야 한다.

네가 장기적인 목표만 세워 두고 하루하루에 대한 목표를 가지고 있지 않다면 너는 어느 정도 공상가의 기질이 있다고 볼 수 있다. 따라서 하루하루의 계획을 세워 그 꿈을 이룰 기초를 다져나갈 필요가 있다.

이것을 찰리 쿨렌이란 사람은 다음과 같이 표현했다.

"위대한 사람이 될 수 있는 기회는 나이아가라 폭포수처럼 갑자기 한꺼번에 밀려오는 것이 아니라, 똑똑 떨어지는 물방울처럼 서서히 찾아온다."

거대한 목표를 달성하려면 그 목표를 이루기 위해 날마다 노력해야 한다. 훌륭한 역도 선수가 되려면 날마다 근육을 강화시키고 부단한 노력을 아끼지 말아야 하며, 또 더욱 풍부한 삶이 우리의 목적이라면, 우리는 매일 성실한 삶을 살려고 노력해야 한다. 그리고 어제보다 나은 오늘을 살아야 한다. 우리가 처한 환경이나 여건이 변화되고 개선되기를 원한다면, 우리는 날마다 우리 자신을 변화시키고 개선해야만 한다.

이처럼 하루하루의 목표는 인격 형성을 위한 가장 훌륭한 요인이다. 이것이 날마다 쌓이면 우리의 크고 장기적인 목표가 이루어지는 것이다.

하루하루의 성취는 미래의 삶을 더욱 풍요롭게 하기 위해 한 층 한 층 쌓아 가는 벽돌과도 같다. 적절한 목표를 정해 두고 하루에 한 층씩 차근차근 쌓아올리도록 해라. 그러다 보면 어느새 목표 지점에 서 있는 너를 발견하게 될 것이다.

셋째 계단, 신념을 가져라

1) 신념의 의지를 자기 것으로 만들어라.

신념이란 '자기의 주관이나 목적을 달성시키고자 하는 근본적 자세'를 말한다. 신념에 불타는 사람의 눈빛은 상대를 매료시키는 힘을 가지고 있다. 엘바 섬을 탈출하여 "우리의 조국 프랑스의 영광을 되찾자"고 호소하는 나폴레옹의 신념에 찬 모습을 보고 그의 옛 부하들은 한결같이 재도전의 용기를 얻게 되었다. 그들은 신념에 찬 나폴레옹의 눈빛에서 승리할 수 있다는 확신을 얻었기 때문이다.

신념을 얻을 수 있는 길은 자기를 중시하는 사상에서부터 비롯된다. 사람이 긍지를 갖게 되면 자기 스스로 '자신은 다른 사람에게 중요한 사람이다'라는 것을 느끼게 된다. 결코 자만과 오만이 아닌 '나는 꼭 필요한 사람이다' 라는 자기 중시가 타인의 협조와 신뢰를 얻게 하는 것이다.

광고 디자이너들은 스폰서의 의뢰를 받아 작품 제작을 끝낸 후 심각한 불안감에 휩싸인다고 한다. 자신이 디자인한 작품이 세상에 나가서 얼마만큼 광고 효과를 거둘 수 있느냐 하는 불안감보다는 자신에게 작품 제작을 의뢰한 스폰서가 자기의 작품을 얼마만큼 신뢰해 줄 것인가가 더 초조하다는 것이다.

네가 만일 이런 경우에 놓이게 된다면, 이렇게 스폰서의 눈치를 보며 초조해 할 것이 아니라, 자신이 먼저 '그 광고는 틀림없이 성공할 수 있다'는 자신감을 가져야 할 것이다. 전문가의 신념에 넘치는 설명과 제의에 그 스폰서는 자신을 갖게 되고, 또한 의욕을 일으키게 될 것이기 때문이다.

이처럼 네가 얼마만큼 다른 사람의 호감과 도움을 받을 수 있는가는 결국 네 자신의 신념도에 달려 있다고 할 수 있겠다. 항상 안정되지 못한 정신적인 변화를 적절히 조화시켜 순간적으로 떠오르는 신념의 의지를 자기 것으로 만들어야 한다. 신념은 곧 '하고자 하는 충동적 의지가 자기 것으로 고착된 상태'를 말하는 것이기 때문이다.

2) 신념의 네 가지 특성

신념의 특성을 네 가지로 말하자면, 그 첫째가 '상상력'이다. 신념과 자신을 갖는 사람은 자기가 바라는 자신의 미래 모습을 머릿속에 그린다. 그러므로 그는 현재의 역경에 속박당하지 않는다.

두 번째는 '정진'이다. 신념과 자신에 차 있는 사람은 자기의 목표에 도달하려는 욕망이 아주 많고 강하기 때문에 그가 세운 목표를 향하여 정진한다.

세 번째는 '믿음'이다. 자신을 굳게 믿도록 해라. 적극적이고 긍정적 사고는 자신에 대한 믿음을 더욱 다지고 넓혀 성공을 만들어 내게 할 것이다. 그리고 주위 사람들에게 네가 틀림없이 성공하리라는 확신을 심어 주도록 해라. 그러면 그들은 자진해서 너를 도우려 할 것이고, 그것은 너의 믿음에 하나의 추진력이 될 것이다. 네가 자신에게 작은 것을 기대하거나 아무것도 기대하지 않는다면 결국 너는 보잘것없는 존재로 남게 될 수 있다는 사실을 염두에 두기 바란다.

마지막 네 번째로는 '인내와 끈기'이다. 너는 어떠한 경우에라도 네가 하고자 하는 일을 결코 단념하지 마라. 인내와 끈기는 신념의 소유자들이 갖고 있는 하나의 특징이다. 건설적이고 올바로 인도된 신념과 자신감이야말로 전지전능하신 '하나님의 능력'이라 할 수 있다.

넷째 계단, 신념보다 중요한 건 실천이다

　세상 사람들은 누구나 다음의 네 가지 유형 중의 한 가지에 속한다고 한다. 너는 그 중에서 어떤 유형에 속하는지 스스로를 진단해 보기 바란다.

　첫째, 우선 무슨 일을 보면 안 된다고부터 말하는 사람이다.
　그들은 대부분 무슨 일이든지 시작도 해 보지 않은 사람들이다. 따라서 그들이 성공하지 못하는 건 당연한 결과다. 시작하지 않은 일에 어떻게 성공이 따를 수 있겠느냐? 그들은 항상 자신이 시작하지 않은 이유를 변명하는 데만 급급하다.

　둘째, 미지근하고 결단력이 없는 사람이다.
　이런 사람들은 무슨 일을 하기는 하는데 열정이 없고 그저 남이 하니까 마지못해 나도 따라한다는 식이다. 이런 사람에게 “인생이 무엇이냐?”고 물으면 “그저 밥 먹고 사는 데까지 살다가 때가 되면 죽는 게 인생이다.” 라고 대답한다. 이런 유형의 사람들은 삶에 대한 열정이 없고 인생에 대한 뚜렷한 가치관도 없어서 감정의 기복이 심하고 변덕스럽기가 이를 데 없다.

　셋째, 매사에 큰소리만 쳐대고 실속은 하나도 없는 사람이다.
　이런 유형의 사람들은 말만 앞세우고, 막상 결행해야 할 순간에는 단안을 내리지 못하고 주저하는 게 특징이다. 그야말로 허풍만 심한 사람이다.

넷째, 끊임없이 도전하고 실천하는 사람이다.

이런 유형의 사람들은 보통 사람들에 비해 생각과 말과 행동이 크다. 그들은 일단 자신의 생각이 옳다고 판단되면 다수의 의견에 따르지 않고 과감하게 행동으로 옮긴다. 그들은 어떠한 난관에도 굴하지 않고 자신이 계획한 대로 밀고 나간다.

신념보다 중요한 것은 실천의 결행이다. 대부분의 사람들이 꿈을 지니고 있기는 하지만 그것을 행동으로 연결시키는 사람은 그리 많지 않다. 그러나 망설임과 지연은 우리의 가장 큰 적이라는 것을 알아야 한다. 좋은 기회가 찾아왔는데도 자꾸 시간을 질질 끌며 망설이는 것은 많은 시간과 기회를 놓쳐 버리는 것이 된다.

네가 지금 자신감과 신념을 갖고 있지 못하여 생각한 바를 실천으로 옮기지 못한다면, 네가 생각했던 바로 그 일을 다른 사람이 굳은 신념과 노력으로 이루어 낸 결과에 대해 놀라게 될 것이다. 아마 그때 너는, '왜 나는 그것을 생각으로만 그치고 말았을까?' 하며 가슴을 치며 후회하게 될 것이다. 그러나 그때는 이미 늦은 것이다.

괴테는 이렇게 말했다.

"오늘을 헛되게 보내면 또 다음날도 그렇게 보내게 될 것이다. 결단을 내리지 못하면 생각은 뒤로 밀려가고, 하루하루가 그렇게 지나고 보면 후회만이 남을 것이다. 실천의 결행에는 놀라울 만큼의 용기가 포함되어 있다. '어떤 일이라도 나는 해낼 수 있다'는 자신감을 갖고 시작하라. 일단 무슨 일이든 시작하고 나

면 당신은 거기에 마음이 쏠리고 매달리게 될 것이다. 그리고
그 일은 결국 끝나게 될 것이다.”

무엇이 너에게 모든 일을 주저케 하느냐? 그것이 무엇인지 한
번 생각해 보았느냐?

어떤 사람들은 자기 나이가 50살 안팎이면서도 ‘나이가 너무
많아서’ 라는 구실을 댄다. 그러나 이런 소극적인 사람들은 70대
의 고령에도 새로운 일을 맞아 활기차게 일하는 사람들이 있다
는 사실을 알아야 할 것이다. 70대에 자기의 뜻을 일구지 못한
사람은 80이 되어서 후회하게 되어 있다.

우리가 이 세상에서 얼마나 오래 살게 될지는 하나님밖에 아
무도 모른다. 따라서 우리의 현재 나이가 80이라 할지라도 앞으
로 20년은 더 살 수 있다는 확신을 가지고 자신의 일을 해나가
야 할 것이다. 그래야만 100살이 되어서 후회하지 않게 된다. 항
시 자기 인생의 마감을 70~80살에 놓고 인생을 다 산 것처럼 허
송 세월하는 것은 결코 바람직한 일이라고 할 수 없다.

시간은 결코 너를 기다려 주지 않는다. 다시 말해, 너의 인생
은 잠시도 쉬지 않고 빠른 속도로 흐르고 있다는 것이다. 따라
서 너는 앞으로 결코 지금보다 더 젊어질 수 없다. 그리고 지금보
다 더 건강한 몸 상태를 유지할 수도 없다.

어떤 사람들은 핑계거리만 열거하면서 자신이 해야 할 일을 자
꾸 뒤로 미룬다. 새해가 시작되면, 새 학기가 시작되면, 크리스마
스가 되면, 혹은 크리스마스가 지나면 그때부터 어떤 일을 시작

하겠노라고 핑계를 대며 지금 당장 해야 할 일을 뒤로 미룬다.

또 어떤 사람들은 행동으로 옮기기 전에 모든 일이 잘되어지기만을 바란다. 그들은 호랑이를 잡으려면 우선 호랑이 굴 속으로 들어가야 한다는 사실을 이해하지 못한다. 즉, 그들은 행동을 통해서만 소원 성취가 가능하다는 사실을 깨닫지 못하고 요행만을 바란다. 그런 사람들은 이미 인생이라는 게임에서 패배한 자들이다.

너는 시간이 더 지나서 늦어지기 전에 네가 지금 해야 할 일들을 하루라도 빨리 실행에 옮기도록 해라.

행동은 배움의 증거이다. 이미 배워 알고 있으면서도 그것을 실천에 옮기지 않는다면 차라리 배우지 않음만 못 하고, 책을 읽을 줄 알면서도 읽지 않는 사람은 그것을 읽을 수 없는 사람보다 나을 것이 없다. '행함이 없는 믿음은 죽은 믿음이다' 라는 성경 말씀처럼 행동이 없는 배움은 이미 배움이 아닌 것이다. 성공하지 못하는 사람들의 특성 중 하나는 '잘 알고 있으면서도 행동하지 않고, 생각하고 있으면서도 전혀 몸을 움직이려 하지 않는다'는 것이다.

또 어떤 사람들은 지난날의 그 어떤 충격 때문에 망설이기도 한다. 지난날의 가슴 아픈 상처나 실패나 후회의 경험이 그 사람들의 마음을 사로잡아 결단을 머뭇거리게 하는 경우도 있다. 그래서 그들은 다음과 같이 말하곤 한다.

"결코 나는 결혼하지 않을 것이다."

"결코 나는 그 누구의 말도 믿지 않을 것이다."

“결코 나는 사업을 시작하지 않을 것이다.”

“이제 신물이 나서 그런 일은 두 번 다시 하지 않을 것이다.”

만일 네가 앞으로 세상을 살아가면서 너의 마음 속에 이러한 생각들이 자리 잡게 된다면 네 스스로가 과거의 그 불행이 너를 지배하도록 방치하고 있는 것이 된다. 불쾌했던 너의 과거가 이렇게 계속적으로 너를 구속하게 해서는 안 된다.

토머스 칼라일(영국의 저명한 사학자)이 프랑스 혁명에 관한 방대한 글을 탈고했을 때, 그는 그것을 이웃에 사는 존 스튜어트 밀에게 보여 주었다. 그런데 며칠 뒤에 그가 하얗게 질린 얼굴을 하고 나타나서는, 자기 집 하녀가 그 원고를 불쏘시개로 사용해 버렸다고 말하는 것이었다.

칼라일은 기가 막혔다. 2년 동안의 노고가 허사가 돼 버렸기 때문이다. 그는 그 글을 또다시 쓸 여력이 없었다.

그러던 어느 날, 칼라일은 길을 가다가 한 석공(石工)이 길고 높은 벽을 한 층 한 층 쌓아 올리는 것을 보게 되었다. 그것을 보는 순간, 칼라일은 다시 용기를 얻어 그 글을 다시 쓰기로 마음먹었다. 그리고 그는 자신과 이렇게 약속했다.

‘오늘 한 페이지를 꼭 써야지. 지난번에도 그렇게 한 페이지부터 쓰지 않았는가?’

그러고 나서 그는 다시 자신과의 약속대로 글을 쓰기 시작했다. 그리고 지난번보다 더 좋은 글을 쓰기 위해 천천히 정성을 들여 써 나갔다.

어떤 사람들은 자신의 경쟁자들이 자신에게 장해물이 된다고 생각하여 자신이 하고자 하는 일의 시작을 망설이기도 한다.

한 중국인이 어느 도시의 중심부에서 소규모의 가게를 벌여 놓고 있었는데, 어느 날 그 가게 한쪽에 슈퍼 체인 분점이 들어섰다. 게다가 다른 한쪽에는 커다란 백화점까지 들어섰다. 그러니 그 중국인은 그 사이에서 경쟁은커녕 하루도 버텨내지 못할 형편이었다. 그 건물들에는 '영업 개시' 라는 글씨가 새겨진 커다란 플래카드가 걸려 있었다. 그때 초라한 중국인 가게 주인은 어떻게 했는지 아느냐? 그는 자기의 가게 문 위에다가 이렇게 써 붙였던 것이다.

"정문(正門)."

어떤 사람은 현재의 성공에 만족한 나머지 퇴보의 길을 걷는 사람도 있다. 자신의 지위, 자신의 업적, 자신의 성공에 만족감을 느낀 나머지 권태를 일으켜서 은퇴를 생각하고 있는 사람도 있다. 그러면서 자신이 지난날에 받았던 상패와 트로피를 바라보며 영광에 취해 있기만 하는 사람도 있다.

그러나 언제나 우리를 병들게 하는 건 이 안이함이란 것을 알아야 한다. 우리의 육체도 단련시키기를 중단하면 근육이 힘을 잃게 된다는 사실을 명심하도록 해라.

너는 하나님이 너에게 선물하신 무한대한 잠재력을 활용하도록 해라. 그것을 계발하지 않으면 너는 더 이상 발전하기가 힘들다. 그러므로 너는 적어도 정체(停滯)로 말미암아 다가오는 병은 피하도록 해라. 네가 인생이라는 자전거를 계속 타고 싶다면, 쉬지 말고 페달을 돌려 대야 한다. 네가 페달 돌리기를 멈추는 순간,

인생이라는 너의 자전거는 넘어지게 되어 있다.

성공의 원칙과 정보를 알면서도 그것을 사용하지 않으려는 사람은 그것을 모르는 사람보다 나을 것이 하나도 없다는 사실을 명심해라.

다섯째 계단, 작은 것부터 시작해라

어린아이가 걸음마를 배우기 시작할 때, 처음에는 비틀거리면서 한 발을 떼어놓고, 또 한참 만에 다시 다른 쪽 발을 옮겨 놓는다.

너도 이와 같이 작은 일부터 단계적으로 시작하도록 해라. 그래야만 자신이 하는 일에 대해 확신을 가질 수 있다. 그렇게 단계를 밟아 나가다 보면 나중에는 비틀거리지 않고 걸을 수 있게 되고, 또 달릴 수 있게도 되는 것이다.

나이아가라 폭포 위에 세워진 구름다리도 이와 같은 과정을 거쳐서 놓였다고 한다. 맨 처음에는 솔개로 하여금 그 폭포 위를 날아서 통과하도록 하였고, 두 번째는 그 솔개에 하나의 가느다란 끈을 매달아 건너편으로 날려 보냈으며, 그런 다음에는 그 끈에 로프를 접착시켰고, 다시 그 로프에 케이블을 접착시켰던 것이다. 그런 절차를 밟아서 케이블과 다른 많은 부수물들이 서로 연결되어 웅대한 구름다리가 폭포 위에 놓여졌던 것이다.

이처럼 네가 무슨 일을 하고자 할 때는 작은 것부터 차근차근 시작하도록 해라. 우선 현재의 위치에서 작은 일에 성공하고 나서 다음 단계로 나아가 보다 큰 것을 시도하도록 해라. 이것이 모여 너의 마지막 큰 꿈이 이루어지는 것이다.

여섯째 계단, 적극적이고 긍정적인 사고를 가져라

적극적이고 긍정적인 사고는 인생을 성공으로 이끄는 하나의 길이며 열쇠이다.

이 말의 놀라운 힘을 이해하기 위해서는 먼저 그 반대어인 '부정'이란 말을 생각해야 할 것이다. 네가 만일 '부정'이라는 말을 자주 사용하게 될 경우, 그 말은 실로 무서운 결과를 초래한다. 사고를 중단시키고, 발전을 저해하며, 창조의 문을 폐쇄시킨다. 그리하여 너의 노력은 무의미해지고, 너의 체험은 무용지물이 되며, 너의 많은 계획이 허물어지고, 너의 꿈과 희망은 흔적도 없이 사라지게 된다. 그리고 마침내 너의 창조적 두뇌는 실망과 치욕적인 고통과 잔인한 부정적 사고의 힘에 밀리고 짓눌려 숨어 버리게 되는 것이다.

미국의 유명한 저술가이며 자기 계발·성공학의 권위자인 지그 지글러 씨는 그의 저서 《정상에서 만납시다》에서 이렇게 말하고 있다.

"수년 전에 두 종족의 아메리카 인디언과 함께 연구를 하고 있던 한 과학자가 '순수 인디언 혈통을 가진 사람 가운데는 말더듬이가 전혀 없다'는 사실을 알아냈다. 그는 과학자로서 그것이 우연의 일치인지, 아니면 인디언들의 공통된 특징인지를 알고 싶어했다. 그는 흥미와 호기심으로 아메리카에 있는 인디언 종족에 대해 연구하기 시작했고, 그 결과 그는 인디언에게 말더듬이가 전혀 없는 이유를 발견해 냈다. 그들에게는 '말을 더듬다' 라는 말이나 '그와 비슷한 말'이 없었다. 분명한 것은 '말을 더듬다' 라는 말이 없으면 인디언이 '말을 더듬는 일은 불가능하다'는 사실이었다.

우리는 어떠한 단어가 마음 속에 그에 대한 그림을 그린다는 것과, 마음이 그 그림을 연상한다는 것을 알고 있다. 예컨대, 당신은 '실패', '할 수 없다', '거짓말쟁이' 또는 '벙어리' 라는 말을 읽거나 본다면 당신은 그 말에 의해 마음에 그려진 그림을 완성하기 위한 행동을 취하게 된다. '말더듬이' 라는 말이 없다면 그 마음은 말더듬이에 대한 그림을 그릴 수 없으며, 연상할 수도 없다. 그 결과 말더듬이가 전혀 없게 되는 것이다."

나는 네가 현재 사용하고 있는 단어를 바꿈으로써 너의 인생을 변화시킬 수 있다고 확신한다. 단어가 바뀌면 생각이 바뀌고, 그렇게 되면 자연히 행동도 달라지게 되기 때문이다.

따라서 '증오' 라는 말을 네 의식 속에서 삭제해 버려라. 그것을 보지도 생각하지도 읽지도 말도록 하여라. 그 말을 써야 할 곳에 '사랑'이라는 말로 고쳐 쓰고, 그것을 느끼고 보고 꿈꾸도록 해라. 그리고 '부정'이란 말 대신에 '긍정'이란 말로 대체해라.

우리가 사용하는 말 가운데서 이렇게 대체할 수 있는 말들은 무수히 많다. 이와 함께 거기에 따르는 이익도 끝이 없을 것이다.

1) 마음은 우리가 먹인 대로 움직인다.

우리 인간의 마음은 우리가 먹인 것에 따라 움직이게 되어 있다. 그러므로 마음의 양식을 바꾸도록 해라.

성공한 사람들은 왜 긍정적일까?

다시 말해, 긍정적인 사람들은 왜 성공할까?

그들이 긍정적인 이유는 그들의 마음에 정기적으로 좋고 깨끗하고 힘이 있고 긍정적인 생각을 먹이고 있기 때문이다. 그들은 날마다 음식을 먹어 육체를 살찌우는 것처럼 날마다 그런 생각을 먹음으로써 마음을 살찌우고 있는 것이다.

너는 이제 네 마음 속에 들어 있는 것이 너의 미래에 얼마나 큰 영향을 미치는지 확실히 알았을 것이다.

따라서 너는 항상 '하면 된다' 라는 적극적이고 긍정적인 생각이나 말을 되풀이하도록 해라. 그러면 그것이 네 잠재의식에 스며들게 되어, 네가 부정적 사고를 타파하는 데 놀라울 정도의 영향력을 발휘할 것이다. 그리고 지금까지 속박당해 왔던 꿈과 희망을 되살아나게 하고, 용기와 정열이 맹렬히 불타오르게 할 것이다. 너의 계획은 다시 세워져서 활발히 추진될 것이며, 먼지 속에 파묻혔던 희망들은 되살아나 힘찬 날갯짓을 하게 될 것이다.

2) 적극적 사고를 강화시켜 소극적 사고에 대항해라.

네가 적극적인 사람이 되기를 원한다면, 절대로 소극적인 사고를 말로써 나타내지 말아야 한다. 따라서 평소에, "나는 피곤하다", "나는 화가 난다.", "나는 죽겠다." 라는 등의 부정적인 말을 하지 말도록 해라. 그러한 말들은 모두 소극적인 세력을 더욱 강하게 해 주는 말이기 때문이다.

명심해라. 소극적인 자세보다 자신을 더 파괴시키는 요소는 세상에 없다. 그러나 적극적 확신은 소극적 사고가 나타나기 전에 그것을 막아 준다. 잡초를 무력화시키는 유일한 방법은 목초를 더욱 강하게 가꾸는 데 있다. 마찬가지로, '소극적 사고를 없애는 가장 좋은 방법은 적극적인 말을 반복하는 것'이다.

그러므로 적극적 사고를 더욱 강화시켜 소극적 사고에 대항하도록 해라. 적극적인 사고를 강화시키는 방법은 적극적인 감정을 강화시켜 주는 말을 사용하는 데 있다. 그리고 그 말을 확신하는 데 있는 것이다.

한 예로, 좀처럼 컴퓨터 오락 중독에서 벗어나기 힘들 때, 너는 "나는 컴퓨터 중독에서 벗어날 수 있으면 좋겠는데……." 라고 말하지 말라는 것이다. 그것은 네가 소극적 사고의 힘에 굴복당하고 있다는 의미가 되기 때문이다. 그때, "나는 컴퓨터 오락을 즐기지 않는다.", "나는 본래 과거의 나쁜 습관에서 벗어나는 것을 좋아한다.", "컴퓨터 오락 중독에서 벗어나고 보니 정말 기분이 홀가분하고 좋다." 라고 적극적인 말을 사용하는 것이다. 그러면 이런 말들이 잠재의식에 새겨지고, 그 잠재의식은 너로 하여금 컴퓨터 오락을 멀리하게 하는 것이다.

일곱째 계단, 부정적 사고를 경계해라

앞에서도 말했지만, 이 세상에서 '부정적 사고'만큼 더 위험스럽고 파괴적인 것도 없다. 그것은 아주 교활하기 때문에 네가 그 유혹에 걸려들지도 모른다.

1) ‘부정적 사고’를 가진 사람들을 경계해라.

부정적 사고를 가진 사람들은 그 힘의 유혹에 오랫동안 길들여져 있기 때문에 전에 실패했던 것과 똑같은 일들을 만나게 되면 무조건 "불가능하다" 라고부터 말하게 된다. 그들은, ‘그 계획은 환상에 불과할 뿐이며, 성공의 확률이 낮은 절대 불가능한 것’이라는 등 갖가지 구실을 동원하여 불가능한 이유만을 열거한다. 그로 인해 네가 그 계획을 추진하는 데 몇 달 또는 몇 년씩, 경우에 따라서는 몇 십 년을 망설이며 허송 세월을 보내게 될 수도 있다.

얼마 전에 아빠의 고등학교 선배님 한 분을 만났는데, 그분이 아빠에게 이런 말씀을 하신 적이 있다.

"지금 내가 살고 있는 연립주택이 세워진 지가 20년이 넘는다네. 그래서 이 연립주택에 살고 있는 사람 몇 명이 모여서 재건축 문제에 대한 이야기를 나눈 적이 있는데, 모두가 재건축을 하고 싶은 생각은 간절하면서도 한결같이 ‘안 된다’ 쪽으로만 의견이 흘러가지 뭔가. 가능성 있다는 이야기는 하나도 들리지 않고, 무엇 때문에 안 되고, 무엇 때문에 안 되고, 모두가 안 되는 것투성이야. 그래서 내가 그 사람들에게 말했지.

‘그럼, 건물이 낡아서 허물어질 때까지 그냥 살다가 죽어야지요 뭐.’

하고 말일세.

그런데 그건 싫은 걸세. 재건축을 하기 위해 구청 담당 직원에게 상의한 바도 없고, 건축업자를 불러 정확한 견적을 뽑아 본 적도 없고, 잘 알지도 못하는 막연한 상태에서 탁상 공론만 하며 안 되는 이유만을 열거하지 뭔가. 어느 한 가지도 제대로 알아보지 않은 상태에서 모두들 비전문가적 상식으로 무조건 안 된다고만 하고 있으니 원……."

그러면서 그분은 말을 이었다.

"내가 이번 바쁜 일만 끝나면 직접 나서서 일을 추진해 볼 생각이네. 물론, 일을 추진하다 보면 예상치 못한 어려움이 나타날 수 있겠지. 그러나 그것이 두려워서 일을 추진할 수 없다면, 건물이 너무 헐어서 쓰러질 때까지 살다가 죽을 수밖에 없지 않겠는가?"

그렇다. 간절한 소망이 있으면서도 어떤 어려운 문제가 발생할까 두려워서 일을 추진하지 않는 것은 아이를 낳고 싶은 맘이 간절하면서도 산고가 두려운 나머지 아이를 갖지 않으려는 것과 다름이 없는 것이다.

그분 말처럼, 어떤 일을 착수하다 보면 생각지도 못한 어려운 문제가 따를 수도 있다. 그러나 어차피 자기가 해야 할 일이라면 일단 착수하고 나서 부닥치는 문제들을 하나하나 풀어나갈 일이다.

호사다마(好事多魔)라고 했듯이, 우리에게 좋은 일이고 큰 기쁨이 될 일은 언제나 어려운 문제가 따를 수밖에 없는 것이다. 그런 문제들을 해결하고 나서 탐스럽고 맛있는 열매를 얻게 될 때의 기쁨이란 이루 말할 수가 없을 것이다.

적극적 사고방식의 소유자는 어떤 새로운 생각이나 문제에 부딪치게 될 때, '문제는 곧 기회' 라는 생각으로 자극을 받는다. 그리고 그 문제 해결을 위해 새로운 지식을 활용한다. 어떠한 역경에서도 해결 극복의 방법이 있음을 믿고 있기 때문에 잠재적 창조력은 자극을 받아 놀라운 결과를 보인다.

그런 사람은 다른 사람이 그 일에 실패한 것은 판단 부족이었음을 증명해 보인다. 그 일을 했기 때문에 실패한 것이 아니라, 오늘날에 있어서 이용 가능한 지식과 기술, 그리고 도구가 부족했기 때문에 찾아온 결과임을 알고 있는 것이다.

적극적 사고방식의 소유자는 자신이 어떤 일에 실패하고 나서 다른 일을 시작했을 경우, 이전에 자신이 실패한 원인을 면밀히 분석하고 자기가 다시 착수하려는 일에 관련된 분야의 성공 사례를 살핌으로써 그 전에 풀지 못한 문제의 해답을 찾는다.

주변을 살펴보면 너는 적극적 사고방식의 소유자를 발견하게 되거나 그런 사람들의 이야기를 들을 수 있을 것이다. 어떤 일을 시작하는 데 있어 자신감이 생기지 않아 망설이게 될 때, 그런 사람들에게서 들었던 적극적인 이야기들을 생각하면 많은 용기를 얻게 될 것이다.

불행하게도, 대체로 부정적인 우리의 환경 때문에 대부분의 사람들은 부정적인 씨앗을 마음 속에 심는다. 그래서 부정적인 열매를 거두어들이게 된다.

우리가 마음 속에 부정적인 생각을 집어넣고 있다는 것은 참으로 불행한 일이 아닐 수 없다. 우리의 마음 속에 무엇을 집어넣든지 간에 그것은 마음 밖으로 나오게 되어 있기 때문이다. 다시 말해, 마음 속에 부정적인 씨앗을 심으면 거의 모든 경우 부정적인 수확을 하게 된다.

미국의 테레사 존스의 예를 들어보자.

그녀는 아주 심한 신장병을 앓고 있었다. 그래서 한쪽 신장을
들어내기 위한 수술이 계획되었다. 의사들은 그녀를 마취시키
고 나서 다시 한 번 최종 검진을 해 보았다.

그 결과, 꼭 수술할 필요가 없다는 새로운 사실을 알게 되었다.
그래서 그들은 그녀의 신장을 떼어내지 않았는데, 마취에서 풀
려났을 때 그녀는 얼굴을 찡그리며 이렇게 말했다.

"오, 너무 아파요! 기분이 아주 좋지 않아요!"

테레사는 수술을 하지 않았다는 의사들의 말을 듣고 나서 매
우 놀랐다. 분명히 그녀는 마취 전에 마음 속으로, 신장을 하나
떼어내게 되면 몹시 아플 것이라 생각하고 마취되었다가 깨어났
을 것이다. 그 결과, 그녀는 마치 그 수술이 행해졌던 것처럼 매
우 고통스러웠던 것이다.

여기에서 너는 무엇을 깨달았느냐?

그렇다. 이처럼 네가 마음 속에 집어넣는 모든 생각은 하나하
나가 자신에게 영향력을 미치는 것이다.

여덟째 계단, 끈기 있는 자가 승리한다

어떤 일이든 성공에 이르기까지는 많은 어려움을 거치게 된다.
때로는 가파른 언덕을 올라야 하고, 굴곡이 심한 커브 길을 돌

아야 할 때도 있다. 그런데 이러한 어려움들을 참아내지 못한다면 좀처럼 성공을 기대하기가 어렵다.

캘빈 쿨리지는 이렇게 말했다.

> "이 세상에 인내를 대신할 만한 것은 그 어느 것도 없다. 재능 역시 그러하다. 세상에는 재능을 가지고도 성공하지 못한 사람들이 너무도 많다. …… 교육이 성공하게 만들지는 못한다. 이 세상은 이미 교육받은 낙오자들로 꽉 차 있다. 인내와 결심, 그리고 열심히 일하는 것이야말로 성공을 가져온다."

무슨 일이든 완전히 포기하여 좌절하기 전까지는 실패한 것이 아니다. 몇 번을 넘어졌든 간에 넘어졌을 때 그냥 한 번만 더 일어날 수 있는 인내만 가진다면 너는 인생에서 성공할 수 있다.

따라서 네가 어떤 일에 최선을 다했으나 성공하지 못했을 때에는 즉석에서 포기하지 말도록 해라. 어떤 일에 성공하지 못했다 하여 그것이 결코 실패는 아닌 것이다. 실패란, 성공하지 못했다 하여 좌절하고 그 일을 포기해 버리는 것이다. 이런 때는 또다시 마음을 추슬러서 또 다른 일을 시작하도록 해라.

한 건설회사 사장이 수백억 원대를 날리고 완전히 파산한 후에 이렇게 말했다.

> "돈을 잃었다는 것은 정말 무척이나 가슴 아픈 일이다. 그러나 사실 그것보다 더 염려되는 것은, 내가 이 일에 실패했기 때

문에 또 다른 사업을 할 때도 두려움이 생기지나 않을까 하는 것이다. 내가 만약 다른 일을 시작하는 데 두려움을 느끼게 된다면 그때의 내 손실이란 수십 배로 가중될 것이기 때문이다.”

정말 옳은 말이다. 한 가지 일에 실패했다 하여 다른 일까지 연관시켜서 ‘그것도 할 수 없을 것이다’ 라고 생각하는 것이야말로 정말 크나큰 손실이 아닐 수 없다.

실패란 곧 인내하지 못하는 것을 의미한다. 일을 하고 있는 동안 자신을 믿고 자기의 일에 충실히 임한다면 성공은 눈앞에 찾아오게 되어 있다.

만약 너의 일이 생각보다 훨씬 어렵고 힘들다면 다음의 사실을 기억해라.

비단으로는 면도날을 날카롭게 갈 수 없고, 어린애처럼 언제나 떠먹여 주기만 하면 그 사람은 단련되지 않는다.

아홉째 계단, 역경을 극복해라

부커 T. 워싱턴은 다음과 같이 말했다.

“성취의 크기는 당신이 목표를 달성했을 때 극복한 장애물들의 크기에 좌우된다.”

큰일을 도모하고자 할 때 사실 역경은 성공의 걸림돌이 아니라 디딤돌이 될 수 있다. 만일 네가 장기적인 목표를 가진다면 일시적인 장애물쯤은 쉽게 극복할 수가 있어야 한다. 자동차로 멀리 목적지까지 갈 때 모든 신호등이 푸른색이기만을 바란다면 너는 아예 길을 나서지 말아야 할 것이다.

큰일을 도모하자면 그곳에는 반드시 장애물이 따르게 마련이다. 자동차를 운전하여 도로를 질주하다 보면, 신호등의 색깔을 살펴보며 전진하든가, 아니면 정지해야 할 때가 있다. 달리다가 빨간 신호등이 켜지면 그곳에 잠시 멈춰 서서 눈앞에 펼쳐지는 또 다른 세계를 바라보고, 파란 신호등이 켜지면 그때 또다시 힘차게 액셀러레이터를 밟는 것이다. 네가 어떠한 목표를 달성하기 위해 나아갈 때 생기는 모든 장애물들을 이런 식으로 처리해 나가다 보면 언젠가는 네가 바라는 목적지에 도착할 수 있게 되는 것이다.

2차 대전 중에 크라이턴 에이브럼스 장군과 그의 부하들이 적에게 사방 팔방으로 완전히 포위를 당한 적이 있는데, 그때 그는 군사들에게 이렇게 말했다.

"우리는 지금 사상 처음으로 어느 방향으로든 적을 공격할 수 있는 위치에 있게 되었다."

그 결과, 에이브럼스 장군은 이 전투에서 살아났을 뿐만 아니라 승리를 거두었다.

여기서 배울 수 있는 것은, '상황이 중요한 것이 아니라 그 상황에 대처하는 우리의 반응이 중요하다'는 것이다.

우리는 우리에게 레몬 같은 인생이 주어졌더라도 그것을 레몬수로 변화시킬 수 있다. 즉, 우리가 어떠한 어려운 상황에 처해 있더라도 그것을 황금 기회로 변화시킬 수 있다는 것이다.

찰스 굿이어라는 사람이 그에 대한 좋은 모델이다. 그는 법정 모독죄로 인해 수감 중이었다. 그는 감옥에 있는 동안 불평 한 마디 하지 않았다. 그는 주방의 조수로 일하면서 오직 한 가지, 즉 고무의 경화법에 대해 골몰했다. 그 결과 고무의 경화법을 발명했고 말이다. 그는 힘든 감옥 생활을 황금 기회로 이용했던 것이다.

한때 미국의 세계 헤비급 챔피언이었던 진 터니라는 사람이 있었다. 그가 처음 권투를 시작했을 때 그의 두 주먹은 KO 펀치를 자랑하는 무서운 무기였다. 그런데 1차 대전 중의 프랑스 원정 경기에서 그의 두 손이 모두 부러져 버렸던 것이다. 그때 의사와 그의 매니저는, 세계 헤비급 챔피언이 되겠다는 그의 꿈은 결코 실현될 수 없을 것이라고 말했다.

하지만 그는 결코 실망하지 않고 이렇게 말했다.

　"펀치의 힘으로 챔피언이 될 수 없다면 나는 기교파 권투 선
　수로서 챔피언이 되겠다."

그 결과 그는 사각의 링에서 가장 과학적이고 숙련된 스텝을 밟으며 싸운 선수들 가운데 하나가 되었다. 이 기술은 그를 아웃

복서로 성장하게 했으며, 그것으로 당시의 세계 헤비급 챔피언이 었던 잭 뎀프시를 쓰러뜨리기도 했다.

그때 권투 전문가들은, 손이 부러지지 않았더라면 그는 결코 헤비급 챔피언이 될 수 없었을 것이라고 입을 모았다. 즉, 자신의 펀치력만 믿고 그의 독특한 스텝을 개발하지 않았더라면 그는 권투 선수로서의 기술과 기교를 사용하지 못했을 것이고, 세계 헤비급 챔피언도 될 수 없었다는 이야기다.

지금까지의 이야기 속에 담긴 뜻은 명확하다. 너에게 만일 레몬 같은 인생이 주어진다면 너는 레몬수를 만들 수 있는 주재료를 얻은 것이나 마찬가지다.

따라서 인생이 너에게 어떠한 역경을 안겨준다 하더라도, 그에 대해 실망하거나 좌절할 일이 아니라, 그것을 하나의 전화위복으로 삼을 줄 아는 지혜로운 내 딸이 되어주기를 바란다.

열째 계단, 불가피한 사정과는 타협해라

어렸을 때 고압선에 감전되어 오른쪽 팔 하나를 잃었다는 친구에게 아빠가 물었다.

"좀 미안한 질문이지만, 자네, 팔 하나가 없는 것에 대해 어떻게 생각하나?"

그러자 그 친구는 얼굴에 여유로운 웃음을 흘리며 이렇게 대답했다.

"왜, 내가 불쌍하게 보이나? 나는 불편함을 느낄 때 외에는 그것에 대해 전혀 생각하지 않네. 그걸 생각한다고 해서 잘려나간

팔이 다시 생겨나는 것도 아니잖은가?"

어떠한 사정이건 간에 불가피한 경우는 있는 그대로 받아들여 자신에게 맞추어 나갈 필요가 있다.

아빠는 어느 책에선가 이러한 글귀를 본 적이 있다.

'이것은 그저 이것일 뿐 결코 다른 것이 될 수 없다.'

우리는 일생을 살아가는 동안 자주 불가피한 사정에 부딪치곤 하지만, 그렇다고 해서 그 불가피한 사정이 다른 사정으로 변할 수는 없는 것이다. 그런 때 우리에게는 선택권이 있을 따름이다. 그러한 사정을 불가피한 것으로 받아들여 자신에게 맞추어 나가든지, 아니면 거기에 도전하여 자신의 생활을 파멸로 몰아넣고 결국 신경쇠약에 걸리게 되든지 둘 중의 하나다.

미국의 철학자이자 심리학자인 윌리엄 제임스는 이렇게 말했다.

'있는 그대로의 사정을 받아들이는 데 주저하지 말라.'

이것이야말로 모든 불행의 결과를 정복하는 제1의 법칙이다. 어떠한 일이든지 그 일 자체만으로는 우리가 행복하게 되거나 불행하게 되지 않는다. 문제는 그 일에 대한 우리의 감정을 결정하는 '대응하는 방법'이다.

예수님은 '우리의 마음 속에 천국이 있다'고 말씀하셨다. 그러나 지옥도 역시 우리의 마음 속에 있다는 것을 알아야 한다.

불가피한 사정에 대해 아무리 슬퍼해도 사정은 좋아지지 않는다. 따라서 스스로가 그 문제에 대응하는 태도를 고쳐야 할 것이다. 그렇다고 해서 너에게 닥쳐오는 모든 불행에 대해 무조건 순종하라는 뜻은 아니다. 그것은 운명론에 다름 아니기 때문이다. 고칠 수 있는 것이라면 최대한의 노력을 기울여서 고쳐야 한다. 그러나 아무리 앞뒤를 재어 보아도 되지 않을 일이라면 굳이 생각하지 말아야 한다는 것이다.

미국의 크라이슬러 회사 사장인 K.T. 켈러는 이렇게 말했다.

"나는 어려운 문제에 부닥쳤을 때, 그것을 풀어 갈 방법이 있으면 그 방법을 사용하지만, 그렇지 않을 때는 아예 그것에 대해 생각하지 않습니다. 그리고 나는 절대로 장래에 대해 걱정하지 않습니다. 왜냐 하면 현재 살고 있는 사람으로서 장래에 일어날 일을 예측할 수 있는 사람은 아무도 없다는 것을 알고 있기 때문입니다. 장래에 영향을 끼칠 요소는 세상에 너무도 많이 널려 있고, 이러한 요소가 어떻게 발생하는지조차 모르는데 무엇 때문에 장래를 걱정합니까?"

그의 견해는 1,900년 전에 피티테스가 로마에서 말한 철학과 일치되고 있다. 피티테스는 로마 시민에게 이렇게 가르쳤던 것이다.

'행복으로 가는 유일한 길은 우리 힘의 한계를 넘는 모든 것을 걱정하지 않는 데 있다.'

엘시 맥코르믹은 《리더스 다이제스트》에 기고한 논문에서, '우리가 불가피한 사정과 싸우기를 그칠 때 비로소 우리의 정력은 해방되어 좋은 생활을 창조할 수 있다'고 말했다.

불가피한 사정과 싸우면서 새로운 생활을 창조할 만큼의 원기를 가진 사람은 세상에 아무도 없다. 따라서 두 가지 가운데서 어느 하나를 택해야 한다. '불가피' 라는 것에 그대로 순종하든지, 거기에 저항하여 스스로 부서지든지.

자동차 타이어가 길과 맞서 저항한다면 그 타이어는 얼마 못 갈 것이다. 한때 타이어 제조업자들은 도로의 충격에 저항할 수 있는 타이어를 만들려고 한 적이 있었는데, 그러한 타이어는 얼마 못 가 발기발기 찢어져 버렸다고 한다. 그래서 만든 것이 도로의 충격을 그대로 흡수하는 타이어라고 한다.

이와 마찬가지로, 우리가 만일 험난한 인생 행로의 충격을 그대로 흡수하고 거기에 보조를 맞추어 나가는 방법을 알고 있다면 보다 평탄한 생활을 즐길 수 있을 것이다. 그러나 만일 인생의 충격을 흡수하지 않고 반항한다면 우리에게 어떠한 일이 일어나게 될까? 마음 속에 끊임없는 혼란을 일으켜, 걱정하고 근심하며 긴장하고 흥분하여 신경 과민에 걸리게 될 것이다.

세계사를 통틀어서 예수가 십자가에 못 박혀 죽은 것과 함께 가장 유명한 죽음의 장면은 아마 소크라테스의 죽음이 아닌가 싶다. 아테네 사람들은 소크라테스에게 죄 아닌 죄명을 씌워 재판한 후 처형하게 하였다. 소크라테스와 친분이 있는 옥지기가 소크라테스에게 사약을 주어 마시게 할 때, 그는 그것을 거부하지 않고 받아들였다. 그리하여 그는 침착한 태도로 신성한 죽음을 맞이할 수 있었던 것이다. 그때 그는 자기가 아무리 살려고 몸부림을 쳐봐도 그 상황이 바뀌지 않는다는 것을 잘 알고 있었던 것이다.

'불가피한 사정을 그대로 받아들이라' 는 이 말은 예수가 탄생하기 399년 전의 말이지만, 걱정과 근심이 쌓여 있는 오늘에 이르러서는 더욱 필요하게 되었다. 불가피한 사정이 닥칠 때는 이를 순순히 받아들이도록 해라. 그것만이 네가 처한 어려운 상황에서 빨리 벗어날 수 있는 길이다.

놓친 물고기가 크게 느껴진다는 말이 있듯이, 잃어버린 기회에 대해서 언제까지나 푹푹 한숨을 쉰다고 해서 지나가 버린 그 기회가 다시 돌아오는 것은 아니다. 이런 때는 하루 빨리 잊고 차선책을 찾든지, 새로운 일을 찾아 새 출발할 일이다.

열한 번째 계단, 실패에 대한 두려움을 제거해라

세상에서 두려운 마음을 품는 것처럼 그렇게 우리를 병들게 하는 감정 작용은 없다. 두려움은 세일즈맨의 적극적 활동을 약화시키며, 처녀총각의 사랑 고백을 망설이게 하고, 구직자가 직업을 구하는 길을 방해하며, 사업가가 결단을 내리는 데 주저케 한다.

그리고 모든 두려움 가운데서도 특히 '실패에 대한 공포'만큼 자신을 파괴적으로 몰고 가는 것은 없을 것이다. 이와 같이 무서운 힘을 발휘하는 두려움을 너의 마음 속에서 추방하도록 해라. 그 두려움이 너를 지배하기 전에 네가 먼저 그것을 몰아내도록 해라.

1) 실패의 두려움에 신념의 빛을 비춰라.

두려움은 암흑 속에서 번식하고, 신념은 빛 속에서 성장하는 것이다. 그러므로 신념의 빛을 실패의 두려움에다 비추도록 해라. 그때 너는 실패를 두려워하지 않는 놀라운 발견을 실제로 체험하게 될 것이다.

2) 최선을 다한 실패는 불명예가 아니다.

네가 실패에 대한 두려움을 갖고 있다면 그 이유가 무엇일까? 그것은 자신의 체면이 손상되는 데 대한 두려움이 아닐까 싶구나. 실패함으로써 다른 사람에 의해 너의 위신이 깎이고 체면이 손상되지 않을까 하고 말이다.

그러나 기억해라. 최선을 다한 실패는 불명예가 아니라는 것을 말이다. 수치(羞恥)의 실체는 신념과 자신(自信)이 결핍된 데 있는 것이다. 그러므로 두려움이야말로 하나의 수치라 할 수 있다. 만일 네가 보다 성실하게 일해야 하는 걸 겁내기 때문에 발전하지 못한다면 그것이 바로 수치인 것이다. 네가 몇 번이고 시도하고 헌신할 때, 너의 위신을 신뢰할 새로운 참된 친구들을 얻게 될 것이다.

3) 의식 속에서 완벽론을 추방해라.

실패에 대한 두려움은 완벽주의의 지나친 이상적 사고에서 파생되는 것이다. 즉, 네가 만일 실패했을 경우, 네가 타인의 눈에 불완전한 사람으로 취급되지나 않을까 하는, 즉 너의 '위신' 때문인 것이다. 그러나 기억해야 할 것은, '완벽하게 아무 일도 못 하는 것보다는 불완전하게나마 무언가를 하는 게 훨씬 더 낫다'는 것이다.

이 세상에는 완벽한 사람이란 있을 수 없다. 따라서 세상의 어느 누구도 네가 완벽한 사람이기를 기대하거나 요구하지도 않는다. 완벽에 가까운 참으로 훌륭한 사람은, 네가 실패하여 너의 불완전함이 드러났을 때 너를 비웃거나 외면하지 않는다. 오히려 그는 진심으로 너를 이해하고 격려해 줄 것이다. 너의 실패야말로 네가 인간임을 증명해 주는 것이다. 이 세상 사람은 누구나, 어떤 면에서나, 어느 수준에서는 모두 실패자라고 할 수 있다.

4) 어떤 절망적 상황에서도 완전한 실패나 포기란 있을 수 없다.

네가 어떤 일에 실패했다고 해서 네 인생이 끝장난 것은 아니다. 어떤 사람들은 자신이 어떤 일에서 실패하면 그 실패의 기억을 다른 일에까지 연결시켜 미리 실패를 점치며 자신을 잃곤 하는데, 이는 어리석은 일이 아닐 수 없다.

세상에는 결혼에 실패한 사람들이 많다. 그러나 그들 가운데는 다시 재혼하여 성공적인 삶을 살아가는 사람들 또한 많다는 사실을 알아야 한다. 자신이 한 가지 일에 실패했다고 해서 행하는 일마다 거듭거듭 실패하는 건 아니라는 점을 명심하기 바란다.

매사를 부정적으로 보며 불가능하다고만 말하는 사람들은 극단적인 위선자들이다. 그들의 부정적인 말은 스스로를 책임지지 않겠다는 뜻이다.

"난 그 일을 포기했다.", "나는 인생의 패배자다.", "나는 하찮은 존재다.", "이제 모든 게 끝장이다." 등등의 말들은 자기 기만이며 과장된 거짓말인 것이다. 너는 절대로 이러한 부정적이고 자기 기만적인 말이나 생각을 갖지 말도록 해라.

정신의학계의 권위자인 스밀리 브란톤 박사는 이렇게 말했다.

"나는 정신의학자로 40여 년 동안 일해 왔다. 그 동안의 경험으로 미루어서 분명히 말할 수 있는 것은, 인간에게는 아직 개발되지 않은 무한한 미지의 세계가 있다는 것이다. 따라서 어떤 사람에게 있어서도 절망적인 경우는 없는 것이다."

리처드 레먼 씨는 그의 저서 《불확실성의 과학》에서, 제2차 세계 대전 중 프랑스의 파리에 있는 한 교회의 정신병원에서 발생했던 일에 대해 이렇게 말하고 있다.

"치유 불가능한 상태로 미쳐 버렸다고 판단된 154명의 정신병자들이 정신병원에 수용돼 있었는데, 어느 날 밤, 적군이 그 병원에 포격을 가해 왔다. 그러자 정신병자들은 그곳에 포탄이 떨어지기가 무섭게 뿔뿔이 도망쳤던 것이다. 나중에 전쟁이 끝난 뒤에 그들을 찾아보니 다행히 크게 다친 사람은 없었고, 154명 가운데 86명은 이미 정상인이 되어 있었다."

병신병자라는 그 절망적인 상황에서도 완전한 실패나 포기란 없었다는 사실을 기억해라.

5) 실패는 소중한 경험이자 재산이다.

너의 마음 속에 부정적인 마음이 싹트는 것은 실패에 대한 두려움 때문이다. 다시 말해, 너는 그 실패의 두려움 때문에 적극성을 펴지 못하는 것이다.

강력한 창조력을 저해하는 가장 큰 장애물은 실패를 예상하는 두려움이다. 그러므로 누구에게 있어서나 성공을 위한 가장 절실한 도구는 바로 '자기 존경'과 '자기 신뢰'이다.

실패에 대한 두려움 때문에 그 빌미를 만들지 않기 위해 모든 일에 소극적인 자세로 임한다면 물론 아무런 실패도 겪지 않겠지만, 그 결과 아무것도 배우지 못하고 성장하지도 못하게 되고 만다는 사실을 기억해라.

따라서 실패를 자기 자신의 소중한 경험이나 재산으로 여기는 태도가 필요하다. 우리가 어떤 실패를 치명적인 것으로 간주하면 실제로 우리는 재기 불능의 상태에 빠지게 된다. 그러나 그것을 소중한 재산으로 여기면 오히려 재기의 발판이 되는 것이다. 자전거를 배울 때에도 넘어지는 것을 두려워하는 사람은 결코 자전거를 배울 수 없게 되는 것과 마찬가지다.

인간은 본능적으로 자신의 존엄성이 타인에게 농락당하지 않도록 회피하며, 또 수치(羞恥)의 위험을 피함과 동시에 편안함을 추구한다. 그렇기 때문에 그로 인한 어떠한 시도도 하려 들지 않는 것이다.

너는 그와 같은 소극적인 사고방식의 틀에서 탈출하기 바란다.
그래야만 너는 성공의 문턱으로 들어설 수 있게 된다.

6) 실패에 대한 정의를 수정해라.

이제 너는 실패의 정의를 이렇게 수정하도록 해라.

·실패란 네가 실패자임을 뜻하는 것이 아니라, 네가 아직은 성공하지 못하고 있다는 것을 의미할 뿐이다.

·실패란 네가 어느 한 가지도 이루지 못했다는 걸 의미하는 게 아니라, 도리어 네가 무엇인가를 배웠다는 것을 뜻한다.

·실패란 네가 어리석고 바보였다는 걸 의미하는 게 아니라, 오히려 네가 많은 신념을 배워 가졌음을 뜻한다.

·실패란 너의 체면에 손상을 입힌 걸 의미하는 게 아니라, 반대로, 그것은 네가 커다란 시도를 하려 한다는 것을 뜻한다.

·실패란 네가 아무것도 소유하지 못한 걸 의미하는 게 아니다. 그러니까 그것은 네가 다른 방법으로 무엇인가를 해야만 한다는 것을 뜻하는 것이다.

·실패란 네가 열등함을 의미하는 게 아니라, 다만 네가 완전하지 못하다는 것을 뜻할 뿐이다.

·실패란 너의 소중한 생을 허비했다는 것을 의미하는 게 아니라, 네가 이제 새 출발할 이유를 가졌다는 것을 뜻한다.

·실패란 네가 포기해야 한다는 걸 의미하는 게 아니라, 이제부터 네가 보다 더 열심히 해야만 한다는 걸 뜻한다.

· 실패란 네가 결코 할 수 없음을 의미하는 게 아니라, 약간 오래 걸릴 거라는 것을 뜻한다.

· 실패란 네가 하나님으로부터 버림받았다는 것을 의미하는 게 아니라, 하나님이 너를 더욱 발전시키기 위해 주신 선물이다.

이처럼 너는 그 동안 너의 마음 속에 품어 왔던 실패에 대한 정의를 정반대로 바꾸어서 긍정적으로 내리도록 해라. 그럴 때 너는 소극적 사고의 소유자들에 의해 풀이되는 실패의 정의를 너에게서 추방시킬 수 있을 것이다.

그러니까 실패란, 그것이 하나의 새로운 길잡이가 되거나 힘을 불어넣어 주는 자극제가 될 때 결코 실패가 될 수 없는 것이다. 그러므로 실패의 바른 의미는 부정적이고 소극적인 태도 그 자체인 것이다.

열두 번째 계단, 좋은 인간 관계를 확립해라

사회를 떠나 혼자서는 살 수 없는 것이 우리 인간들이라고 볼 때, 인간 관계의 중요성은 아무리 강조해도 지나치지 않을까 싶구나. 가까이에는 가족 관계로부터 시작해서 친구 관계, 이웃들과의 관계, 학교·직장 동료 및 선후배 관계 등에 이르기까지, 우리 인간들이 살고 있는 곳이면 어디든지 이 관계가 필연적으로 따라붙기 때문이다.

세상에는 이 인간 관계 하나를 잘 해서 성공한 사람들이 있는가 하면, 반대로 인간 관계를 잘못했다가 인생에서 쓰디쓴 실패를 맛본 사람도 적지 않다.

이렇게 볼 때, 다른 사람들과 연을 맺고 살아가는 인간 관계 역시 성공으로 가는 데 있어서 빼놓을 수 없는 중요한 요소가 아닐 수 없다. 그럼, 어떻게 하면 우리가 좋은 인간 관계를 형성할 수 있을까?

1) 다른 사람에게 호감을 주는 사람이 되어라.

세상 사람들로부터 호감을 얻는 사람이든 그렇지 못한 사람이든 간에 말하고 행동하고 옷을 입고 먹고 마신다는 점에서는 다를 것이 없다. 다만, 다른 것이 있다면 그 방법과 태도이다. 그러므로 어떠한 말씨, 걸음걸이, 행동거지, 식사 방법 등이 다른 사람들에게 호감을 주는지를 평소에 잘 관찰해 둘 필요가 있다.

첫째, 타인의 장점을 흉내 내어 자신의 것으로 만들어라.

첫인상이 왠지 모르게 호감이 가고 좋은 사람이라고 느껴지는 사람이 있다면 그 사람의 말과 행동을 평소에 유심히 관찰해 보도록 해라. 그리하여 무엇이 그렇게 네 마음을 사로잡는지에 대해 생각해 볼 일이다.

이런 사람들은 대개 여러 가지 장점이 한데 어우러져 있는 경우가 많은데, 예를 들면 다음과 같은 것들이 있을 것이다.

산뜻한 외모, 부드러운 태도, 단정한 옷차림, 듣기 좋은 목소리, 여유롭고 밝은 표정, 유창한 말솜씨 등…….

아무튼 그에게서 이런 점들을 발견해 냈으면 일단 흉내를 내

 시집에는 친정엄마가 없다

고 볼 일이다. 네 자신의 좋은 점을 버리면서까지 무조건 흉내만 내라는 말은 아니다. 자신의 장점 위에 더 좋은 것들을 첨가한다는 생각으로 흉내를 내면 된다. 그들이 웃어른을 대할 때는 어떠한 태도와 말씨로 대하고 있으며, 자기와 지위가 비슷한 사람과는 어떻게 교제하고 있고, 또 자기보다 지위가 낮은 사람에게는 어떻게 대하고 있는가를 주의 깊게 살펴보고 그것을 흉내 내는 것이다.

호감을 살 수 있는 몸가짐은 실제로 이렇게 모방을 계속하는 동안에 반드시 몸에 익혀지게 된다. 그것은 지금의 네 자신을 돌아보면 금방 알 수 있다. 지금 너의 행동이나 사고방식 가운데 아마 절반 이상은 모방에서 비롯된 것일 게다.

사람은 평소에 자주 대화를 나누고 있는 상대방의 분위기, 태도, 장점이나 단점뿐만 아니라 사고방식까지도 무의식 중에 받아들이게 된다. 따라서 훌륭한 사람들과 사귀게 되면 자기도 모르는 사이에 그들과 비슷하게 되는데, 거기에다 집중력과 관찰력이 더해지면 그들과 대등하게까지 될 수 있는 것이다.

둘째, 안 좋은 말씨로 자신의 인격을 깎아내리지 말아라.

평소에 사용하는 말 한 마디는 그 사람의 인격을 가늠하는 척도가 된다. 다리가 불편한 장애인을 보고 절름발이라고 부른다든가, 상대방이 조금만 실수하면 별의별 상스런 욕을 입에 담고, 자기보다 못하다고 생각되는 사람을 보면 마구 놀려댄다든가 하는 좋지 못한 언어 습관을 가진 사람이 있는데, 이런 행위는 도덕적으로도 문제가 되지만 자신의 인격을 스스로 깎아내리는 행위이므로 삼가야 하겠다.

셋째, 사소한 버릇으로 인해 자신에 대한 평가를 깎아내리지 말아라.

어떤 사람들을 보면, 이야기 도중에 자꾸 코에 손을 대거나 머리를 긁거나 발을 톡톡 턴다거나 모자를 만지작거리는 사람이 있는데, 이런 모습을 보고 있노라면 어딘지 모르게 경망스럽게 보이고 침착성이 없어 보인다. 이런 것들이 나쁜 짓은 아니지만 남 보기에 좋지 않으므로 주의하는 것이 좋다.

2) 상대방을 내 편으로 끌어들여라.

다른 사람들로부터의 인덕, 즉 호의와 애정과 선의를 손에 넣기 위해서는 먼저 그것들을 손에 넣으려는 노력이 중요하다. 아빠가 말하는 호의나 애정과 선의란, 애인들 사이의 감상적인 감동이나 친구들 간의 우정처럼 가까운 사이에만 한정되어 있는 감정과는 다르다. 우리가 여러 부류의 사람들과 관계를 맺을 때, 그들 각자에게 알맞은 방법으로 그들을 기쁘게 함으로써 손에 넣을 수 있는 보다 광범위한 호의·애정·선의를 가리키는 것이다.

인덕을 얻는 것은 그다지 어려운 일이 아니다. 우아한 몸가짐, 진지한 자세, 사소한 배려, 상대방이 기뻐하는 말, 분위기, 옷차림 등 아주 조그마한 행위가 모이고 모이면 상대방의 마음을 붙잡을 수 있는 것이다.

사람들 중에는, 외모는 아름답지만 조금도 남자의 마음을 끌지 못하는 여성, 사려 분별은 있지만 아무리 해도 호감이 가지 않는 사람이 있는데, 그 이유는 뭘까? 그 사람들은 자기의 미모나 능력에 자신이 있기 때문에 사람의 마음을 사로잡는 방법을 몸에 익히는 것을 게을리했기 때문이다.

그럼 지금부터, 어떻게 하면 상대방의 마음을 사로잡을 수 있는지 그 방법을 배워보기로 하자.

첫째, 상대방을 기쁘게 해 주려는 마음을 가져라.

아무리 훌륭한 사람들과 우호적인 관계를 깊이 맺는다 해도 상대방을 기쁘게 해 주려는 마음이 네게 없다면 아무런 소용이 없다. 만일 상대방이 너를 위해 마음을 써준 것이 기뻤다면 너도 역시 그 사람을 위해 마음을 써줘서 그에게 기쁨을 주도록 노력해라. 이것이야말로 사람을 사귀는 데 있어서 꼭 필요한 인간 관계의 대원칙이라 할 수 있다.

자신이 좋아하는 사람에게 기쁨을 주고자 하는 마음은 누구나 다 가지고 있다. 그러나 실제로 사람과 교제할 때, 그 사람을 기쁘게 해 주는 방법을 알고 있는 사람은 그리 많지 않다.

잘 생각해 보거라. 다른 사람이 너에게 어떻게 해 주었을 때 네가 가장 행복하고 기뻤느냐? 이것을 알았다면, 너도 그와 똑같은 일을 너와 교제하는 사람에게 하면 좋을 것이다. 그러면 그 사람도 기뻐하겠지만, 그 사람을 기쁘게 하는 너 역시 그에 못지않은 기쁨을 누리게 될 것이다.

둘째, 대접받기를 원한다면 네가 먼저 상대를 대접해 주어라.

네가 다른 사람에게 은덕을 베풀면 베풀수록 네게 더 많은 것이 돌아온다는 사실쯤은 너도 익히 알고 있을 것이다. 네가 다른 사람에게 웃음을 보내면 보낼수록 네게 돌아오는 웃음은 그만큼 많아지며, 다른 사람에게 기분 나쁜 말을 하면 할수록 네게 들려오는 소리는 온통 기분 나쁜 말들뿐일 것이다. 그러므로 누군가를 대할 때는, 네가 갖고 있는 최선의 것을 다른 사람에게 줄 때 그 사람으로부터 최선의 것을 얻게 된다는 사실을 염두에 두기 바란다.

그럼, 너도 잘 알고 있는 다음의 우화가 어떤 메시지를 전해 주는지 한번 깊이 생각해 보기 바란다.

어떤 사람에게 천국과 지옥을 구경할 기회가 주어졌다. 그는 먼저 지옥을 구경하기로 했다. 지옥에 내려가 보니, 과일이며 고기며 야채 등의 진수 성찬이 차려진 식탁에 사람들이 빙 둘러앉아 있었다.

그런데 이상하게도 그곳 사람들의 얼굴에는 웃음도 핏기도 없었고, 몸에는 살집이 없고 뼈만 앙상히 남아 있었다. 그들은 왼손에는 포크를, 오른손에는 나이프를 들고 있었다. 그 포크와 나이프의 길이는 무척이나 길었는데, 족히 1미터는 되어 보였다. 그러니 그들은 음식을 찍어서 자기 입에 넣을 수가 없었던 것이다. 그들은 온갖 맛있는 음식을 눈앞에 두고도 굶어죽기 일보 직전에 있었다.

그 다음에 그는 발걸음을 옮겨 천국으로 향했다. 천국에도 지옥에서와 같이 똑같은 음식들이 있었고, 사람들의 손에는 똑같은 길이의 포크와 나이프가 들려 있었다. 그러나 그들의 얼굴에는 번들번들 기름이 흐르며 밝았고 몸은 아주 건강미가 넘치고 있었다.

여행자는 의아했다. 어쩌면 이토록 똑같은 환경에서 커다란 차이가 나는 것일까? 그들의 행동을 유심히 살펴보고 나서야 그는 그 이유를 알게 되었다. 지옥에서는 그 긴 포크와 나이프를 이용하여 모두 자기의 입에만 집어넣으려고 하다가 결국엔 먹지 못했지만 천국에서는 달랐던 것이다. 천국에서는 마주앉은 사람에게 음식을 먹여 주고 있었다. 상대방을 도와줌으로써 자신도 도움을 받고 있었던 것이다.

이 이야기에는 분명한 메시지가 들어 있다. 다른 사람이 어려움에 처해 있을 때 상대를 도와주면 반드시 그에 대한 보답이 돌아오게 되어 있다는 이야기다. 즉, 네가 다른 사람이 소망하는 것을 얻을 수 있도록 도와주면 너 역시 네가 소망하는 모든 것을 그들로부터 얻을 수 있다는 말이다.

한 소년이 자기 어머니한테 야단을 맞고 나서 산으로 올라가 홧김에 고래고래 소리를 질러댔다.

"미워! 미워!"

그러자 저쪽 골짜기에서도 똑같은 소리가 들려왔다.

“미워! 미워!”

당황한 소년은 집으로 달려와서 자기 어머니에게, 저쪽 골짜기에 자기를 미워하는 나쁜 소년이 있다고 말했다.

그래서 어머니는 다시 그를 산 위로 데리고 올라가서 말했다.

“얘야, 이번에는 이렇게 한번 소리쳐 보거라. ‘난 너를 사랑해!’ 하고 말이야.”

아이는 어머니가 시키는 대로 소리를 질렀다.

“난 너를 사랑해!”

그러자 이번에는 착한 소년의 목소리가 들려 왔다.

“난 너를 사랑해!”

이처럼 인간 관계는 메아리와도 같은 것이다. 우리가 다른 사람을 향해 보낸 것은 그대로 우리가 되돌려 받게 되어 있는 게 이 세상의 이치다. 그러므로 네가 사람들로부터 대접받기를 원한다면 네가 먼저 상대를 대접해 주도록 해라. 선물을 받고 싶으면 먼저 상대에게 선물을 주어야 하며, 칭찬을 받고 싶으면 먼저 상대를 칭찬해 주어야 할 것이다.

셋째, 작은 배려가 상대방의 마음 문을 열게 한다.

상대방을 화나게 하기보다는 기쁘게 하고 싶으면, 그리고 비난을 받기보다는 칭찬을 받고 싶으면, 또 미움을 받기보다는 사랑을 받고 싶으면, 언제나 상대방에 대한 배려를 잊어서는 안 된다. 그것도 아주 조금이면 된다. 예를 들어, 평소에 그 사람이 좋아하는 취미나 버릇 등을 살펴 두었다가 그것을 그의 앞에 내어놓는 것이다. 비근한 예로, "당신이 좋아하는 술을 마련해 두었습니다." 라는 정도면 족하다. 그러한 자연스러운 배려가 상대방으로 하여금 마음의 문을 열게 하고, 자기를 그렇게까지 생각해 주는 데 대해 감사한 마음을 갖게 만든다.

아주 사소한 것이라도 무방하다. 너의 그 사소한 배려로 말미암아 상대방은 너에게 마음이 쏠려 네가 행하는 모두를 호의적으로 받아들이게 되는 것이다.

넷째, 칭찬하는 습관을 들여라.

가만히 주위를 한번 살펴보아라. 유난히 남의 험담을 좋아하는 사람들의 주변을 보면 사람이 별로 없다. 설령 있다 하더라도 그런 유의 사람들밖에 모이지 않는다. 따라서 사람을 네 편으로 이끌고 싶다면 상대에게 칭찬을 아끼지 말아야 한다.

그렇다고 해서 무조건 상대방의 결점이나 나쁜 행동까지도 칭찬하라는 말이 아니다. 당연히 그러한 것은 좋지 않다고 충고해 주어야 한다.

그렇다면 평소에 공부를 잘 못하는 아이한테는 어떻게 칭찬하는 것이 좋을까? 그럴 때는 그의 장점을 말해 주며 '너도 더 잘할 수 있다'는 사실을 깨우쳐 주어야 한다. 즉, 그들의 마음 속에 긍정적인 것을 심어 주라는 것이다. 그렇게 하면 실제로 그 아이는 더욱 잘 할 수 있게 될 것이고, 그로 인해 너에게 감사한 마음을 품게 될 것이다.

이처럼 칭찬은 어떤 일을 하는 데 있어 자극제가 되어 자신감을 키워 주며, 사람을 성장시켜 준다.

어쩌면 인간은 일생 동안 처벌을 피하고 상을 받기 위해 살아간다고 해도 과언이 아닐 것이다. 칭찬이야말로 인간이 찾고자 하는 보물이며, 우리는 그것을 획득하기 위해 일하며 살아가는 것이라고 할 수 있다.

그럼, 다른 사람을 효과적으로 칭찬하는 방법에 대해 몇 가지만 알아보도록 하자.

① 성실하고 진실하게 칭찬해라.

진실성이 결여된 거짓 칭찬은 상대방도 금방 알아챌 수 있으므로, 하면 할수록 오히려 역효과만 가져오게 된다. 그러므로 칭찬은 진실해야만 하는 것이다.

② 장점을 칭찬하되 구체적인 사실을 지적해라.

막연히 "당신은 좋은 사람이다" 라고 칭찬하는 것은 인사 치레에 불과하여 아무런 효과가 없다. 사람에게는 실제로 뛰어난 면과 뛰어나다고 인정을 받고 싶은 면이 있다. 그 뛰어난 면을 칭찬받는 것은 기쁜 일이지만, 그보다 더 기쁜 것은, '자신이 뛰어나다고 생각하는 점을 칭찬받는 일'이다. 그것을 찾아내기 위해서는 평소에 그가 화제로 삼는 것을 유심히 관찰해 둘 필요가 있다. 대부분의 사람이 자기가 인정받고 싶은 것을 가장 많이 화제로 삼기 때문이다.

③ 상대방을 가장 기쁘게 하는 칭찬 방법은, 다소 전략적이기

는 하지만, 본인이 없는 자리에서 칭찬하는 것이다.

그러나 그것만으로 그쳐서는 아무런 의미가 없다. 그 칭찬한 것이 상대방의 귀에까지 확실히 전달되어야 한다.

이때 중요한 것은 칭찬한 것을 전해 줄 사람을 선정하는 일이다. 그 말을 전달함으로써 너한테 덕을 볼 사람이나 너와 가장 친하게 지내는 사람을 찾는 것이 좋다. 그렇게 하면 그것을 확실히 전해 줄 뿐만 아니라, 어쩌면 네가 말한 그 칭찬을 부풀려서 전해 줄지도 모른다. 사람에 대한 찬사 중에서 이보다 더 기쁘고 효과적인 것은 없다.

남을 칭찬하기란 그리 쉬운 일이 아니다. 네가 사람을 보는 관점 그대로 그 사람을 대우하기 때문이다. 그러므로 다른 사람을 칭찬하기 위해 네가 가장 먼저 해야 할 일은 그 사람에게서 좋은 점이나 재능을 찾으려고 노력하지 않으면 안 된다. 네가 일단 다른 사람의 좋은 점이나 능력을 발견하기만 하면 너는 그 사람에게 잘 대해 주게 되어서 서로 친해지게 될 것이고, 그러면 또 네 입에서 그에 대한 칭찬이 자연스럽게 흘러나오게 될 것이다.

이렇게 다른 사람에게 좋은 영향을 주고서도 자기 자신에게 아무런 이익이 돌아오지 않는 경우란 없다. 따라서 너 자신을 위해서라도 다른 사람을 칭찬하는 일에 인색해서는 안 된다.

우리는 자기의 생각뿐만 아니라 버릇이나 옷차림과 같은 하찮은 것까지도 남에게 흠을 잡히면 상처를 입고, 반대로 인정을 받게 되면 크게 기뻐하는 법이다. 그러므로 사람을 사귀고자 할

때는 상대방의 단점을 꼬집지 말고 장점을 들추면서 칭찬해 주
는 습관을 들이도록 해라. 진정으로 그 사람을 위해 단점을 꼬집
으며 충고를 하고자 할 때는 그런 다음에야 할 일이다.

　다섯째, 예의바르고 즐겁게 대해라.
　너는 네가 만나는 모든 사람에게 예의바르고 웃는 얼굴로 대
하도록 해라. 그러면 네 주위에는 너를 즐겁게 하는 사람들로 가
득 차게 될 것이다. 한동안 네가 억지로라도 그렇게 하면 그것은
어느 새 습관이 되어 네 생활에 정착이 될 것이다.
　네가 상대방을 향해 예의바르고 웃는 얼굴로 대해야 하는 또
다른 이유는, 네가 대하는 그 태도에 따라 상대방은 네게 그대로
반응하기 때문이다. 다른 사람에게 미소를 던져 봐라. 그러면 그
들은 네게 미소를 보내올 것이다. 그리고 다른 사람을 향해 얼굴
을 찡그려 봐라. 그러면 그들은 너에게 얼굴을 찌푸려 보일 것이다.
　미소가 얼마나 많은 이익을 가져다주는지에 대해 네가 진정으
로 안다면 너는 아마 그런 습관을 몸에 익히기 위해 안달이 날
것이다. 일단 그러한 습관이 몸에 익혀지게 되면 너의 웃음은 곧
내적인 감정에 작용하게 되어 더욱 자연스러운 것이 될 것이다.
좋은 습관은 몸에 익힐수록 네 자신을 위해 이롭다는 것을 명심
하도록 해라.

　시집에는 친정엄마가 없다

여섯째, 항상 사람을 너그럽게 대해라.

어느 날 한 청년이 기차를 타고 휴가를 가는 중이었다.

청년의 옆자리에는 장교가 앉아 있었다.

청년은 담배 한 가치를 꺼내어 입에 물었다. 그리고 라이터를 막 켜려는 순간, 옆에 앉아 있던 장교가 청년이 문 담배를 가로채어 창 밖으로 던졌다.

그러자 청년이 화가 나서 대들었다.

"아니, 왜 이러시오?"

"여기는 금연석이야!"

"하지만 난 아직 담배를 피우지 않았잖습니까?"

"안 돼! 예비 행위도 묵과할 수 없어."

청년은 화가 났지만 할 수 없다 싶어 꾹 참았다.

상대를 제압한 장교는 우쭐한 기분으로 앉아 있다가 뒷주머니에서 신문을 꺼내어 폈다.

그러자 청년이 잽싸게 장교의 신문을 낚아채어 창 밖으로 내던졌다.

장교의 눈에서 불덩이 같은 노여움의 빛이 쏟아져 나왔다.

"임마! 본관이 누군 줄 알고 이러는 거야? 너처럼 무례한 자는 용서치 못한다!"

"여기가 어디라고 배설 행위를 하려는 것이오? 배설 행위는 절대 엄금입니다!"

"뭐? 배설 행위? 난 그런 추잡한 짓은 하지 않는다."

"그럼 왜 신문을 펼쳐듭니까? 여기서는 예비 행위도 금지되어 있습니다."

장교는 얼굴이 홍당무가 되어 입을 딱 벌리고 말았다.

이처럼 내가 다른 사람을 섭섭하게 하면 그 사람도 나에게 섭섭하게 하고, 내가 다른 사람에게 기쁨을 나누어 주면 그 사람은 내게 곱빼기로 돌려주는 것이 우리 인간들이 사는 세상이다. 너그러운 마음으로 사랑과 좋은 말을 하여 일깨워 주는 방법, 스스로 느껴서 깨닫게 하는 방법, 폭력을 휘두르거나 무안을 주어서 고치는 방법, 그 중에서 너는 무엇을 택하겠느냐?

3) 이런 사람들과 교제해라.

어떤 사람과 교제하느냐에 따라서 자신이 인생에서 성공할 수도 실패할 수도 있을 만큼 인간 관계는 아주 중요하다.

그럼, 어떤 사람들과 교제를 해야 자기 자신이 발전할 수 있을까를 한번 생각해 보자.

첫째, 어느 면으로든 너보다 나은 사람과 교제해라.

우선 될 수 있는 대로 모든 면에 있어서 너보다 뛰어나다고 생각하는 사람들과 교제하도록 노력할 일이다. 그런 사람들과 교제를 하게 되면 너 역시 그들과 똑같이 우수하게 될 수 있다. 그런데 만일 너보다 못한 사람들과 교제를 하게 될 경우, 너 자신도 그 정도의 인간밖에 되지 않는다. 인간은 교제하는 상대에 따라 어떤 형태로든 달라지게 되어 있기 때문이다.

여기에서 '뛰어난 사람들'이란, 어느 누가 보아도 훌륭하다고 생각하는, 내면이 꽉 들어찬 사람들을 말한다. 신분이 아무리 높은 사람이라 할지라도 주위 사람들로부터 인정받지 못하는 사람은 훌륭한 사람이라고 말할 수 없다. 신분이 아무리 높아도 상식에서 벗어난 행동을 하여 배울 것이라곤 하나도 없는 사람이 있기 때문이다.

둘째, 삶을 긍정적으로 바라보는 사람들과 교제해라.

자신의 삶에 대해 긍정적이며 열정적으로 임하는 사람들을 찾아내어 사귀도록 해라. 그러면 너는 그들의 생각과 성격을 많이 배우게 된다. 사람은 주변 사람들을 많이 닮아가게 되어 있다. 이것은 그들이 긍정적인 사람이든 부정적인 사람이든 마찬가지다. 네 주위 사람이 인생을 사랑하고 매사에 긍정적이고 적극적인 사람이라면 너 역시 그럴 가능성이 크다. 반대로, 그들이 인생을 비관하고 매사에 부정적이고 나태한 삶을 살아간다면 너 역시 그럴 확률이 높아지게 됨을 기억하도록 해라.

4) 이런 사람들을 멀리해라.

첫째, 남의 험담하기를 좋아하는 자를 멀리해라.

주위를 보면 남에 대해 좋은 말을 하기보다는 험담하기를 즐기는 사람들이 있는데, 이런 사람들은 가까이하지 않는 것이 좋다. 그 사람이 언젠가는 험담의 화살을 너에게로 돌릴 수도 있기 때문이다.

둘째, 말이 많은 사람을 멀리해라.

사람이 변변치 못할수록 무엇이든 아는 체하고 싶어하며 입에 침이 마를 새 없이 자신을 자랑하기에 여념이 없다. 이런 사람들은 대개가 다른 사람의 의견을 무시하고 자기 혼자 떠드는 것이 특징이다. 그리고 말을 지나치게 많이 하는 사람들을 보면 대체적으로 무능해서 정보를 수집하기는커녕 오히려 다른 사람에게 아이디어를 도둑맞거나 자신의 약점을 노출시키기 십상이다.

셋째, 어떤 경우에도 수준이 낮은 사람과는 어울리지 말아라.

덕이 부족하고, 인격이나 지적 수준이 낮고, 사회적인 위치가 아주 낮아서 너와 교제하는 것을 자랑스럽게 여기는 그런 사람들과는 거리를 두도록 해라.

그런 사람들은 너를 자기 곁에 붙잡아 두기 위해 너의 결점까지도 일일이 칭찬할 것이다. 그런 사람들과 어울려서 네게 이로울 것은 하나도 없다. 오히려 주위 사람들로부터 너까지 그런 사람 취급을 받게 될 뿐이다.

아빠가 네게 이런 말을 하는 이유는, 분별도 있고 사회적인 지위도 확고한 사람들이 그런 사람들과 어울려서 신용을 잃고 타락해 가는 모습을 적지 않게 보아왔기 때문이다.

그런 사람들과 어울리는 사람들을 보면 대체적으로 허영심에 들떠 있는 사람들이다. 그들로부터 칭찬받고 싶고, 존경받고 싶고,

그들을 마음대로 조정하고 싶은 것이다. 그래서 용의 꼬리보다는 뱀의 머리를 택한 것이다.

그럼, 그 결과는 어떻게 될까?

그는 결국 얼마 못 가서 자기도 그런 사람들과 똑같은 수준으로 전락되어 버려서 좀더 훌륭한 사람들과 교제하려고 해도 그 뜻을 이룰 수 없게 된다.

다시 한 번 강조해서 말하지만, 사람은 교제하는 상대에 따라서 자신의 수준이 올라가기도 하고 내려가기도 한다는 것을 기억하도록 해라. 그리고 네가 어떤 사람들과 교제하느냐에 따라 너에 대한 평가가 달라진다는 사실 또한 명심하기 바란다.

5) 친구와의 우정

아빠의 경험에 비추어 볼 때, 친구가 많고 적이 적은 사람이야말로 이 세상에서 가장 강한 사람이 아닌가 싶구나. 그런 사람은 누군가로부터 원한을 사거나 시기의 대상이 되는 경우가 거의 없기 때문에 누구보다도 빨리 출세하고, 설사 몰락하는 일이 있더라도 사람들의 동정을 받아 우아하게 몰락한다.

그럼, 친구를 사귈 때 주의해야 할 사항 몇 가지를 알아보도록 하자.

첫째, 악하고 어리석은 친구는 가볍게 대하되 적으로 삼지 마라.

네가 어떤 친구를 갖고 있느냐에 따라 너에 대한 평가가 결정된다고 해도 과언이 아니다.

이에 대한 말이 스페인에 있다.

> "당신이 누구와 가깝게 지내는지 가르쳐 주시오. 그러면 당신이 어떤 사람인지 알아맞혀 보리다."

그렇다. 네가 부도덕한 사람이나 어리석은 사람을 친구로 삼고 있다면 너 역시 다른 사람들로부터 그런 유의 사람이 아닐까 의심을 받게 된다.

그럼, 그런 부도덕한 자나 어리석은 사람이 네게 접근해 왔을 때, 너는 그들을 어떻게 대하는 것이 좋을까?

우선 그들이 알아차리지 못하게 슬며시 몸을 피하되 필요 이상으로 너무 차갑게 대함으로써 그들을 적으로 만들어서는 안 된다. 그래서는 절대로 너에게 득이 되지 않는다. 그들과 친구가 되는 것보다는 낫겠지만, 일단 그들로부터 적의를 받게 되면 자칫 네가 화를 입게 될 수도 있기 때문이다.

만일 이 아빠가 그런 입장에 처해 있다면, 적도 아니고 우군도 아닌 중립적인 자세를 취하겠구나. 이것이야말로 가장 안전한 방법이기 때문이다. 즉, 그들의 악하고 어리석은 행위는 싫어하지만 인간적으로는 적대시하지 않는 것이다. 분별없이 네 생각을 고스란히 드러냄으로써 상대방을 적으로 만드는 일이 없도록 해라.

둘째, 악하고 부도덕한 친구를 멀리해라.

악하고 부도덕한 사람들과 어울리면 너까지도 그런 영향이 미칠 수 있다.

 시집에는 친정엄마가 없다

어느 날, 농부가 그의 밭에 그물을 쳤다. 그가 씨 뿌린 옥수수 알을 두루미들이 계속해서 쪼아먹기 때문이었다.

이튿날 아침, 농부가 밭을 나가 보니 자기가 쳐 놓은 그물에 두루미 몇 마리가 걸려 있었다.

그들 사이에는 황새도 한 마리 걸려 있었다.

"살려주세요, 살려주세요!"

황새가 살려 달라며 농부에게 하소연을 했다.

"아저씨, 저는 두루미가 아녜요. 그리고 옥수수는 한 알도 쪼아먹지 않았단 말예요. 보시다시피 저는 새 중에서 가장 경건하고 예의바르며 결백한 황새예요."

농부가 황새의 말을 가로막았다.

"네가 말한 모든 것이 사실일 수도 있다. 하지만 어찌 내가 네 말을 믿을 수 있겠느냐? 내 곡식들을 망쳐 놓은 저 못된 무리들과 함께 있었으니 너도 그들과 운명을 함께 해야 하지 않겠느냐?"

세상에서 가장 지혜롭고 현명하다던 솔로몬도 우상을 숭배하던 블레셋 여인을 아내로 삼은 후에 그의 마음과 생각이 우상에게 끌리기 시작했고, 급기야는 우상을 숭배하기에 이르렀다. 그리고 세상에서 가장 힘이 세다던 삼손은 데릴라의 교태와 꼬임에 넘어가서 자신에 대한 비밀을 털어놓았고, 결국 눈먼 노예로 전락하고 말았다는 이야기를 너도 잘 알 것이다.

너는 너의 중학생 시절을 기억하고 있겠지? 너는 그때 운동화를 사러 시장에 갈 때 아빠와 가려 하지 않고 꼭 엄마와 함께 가려고 했었다. 그 이유는 네가 더 잘 알고 있겠지? 아빠는 값싼 비메이커만 네게 권하고, 엄마는 값비싼 메이커 운동화를 사주기 때문이었지. 맞니? 겉보기에 별다를 바 없는 비메이커와 메이커 운동화와의 질적인 차이를 몰랐던 네가 메이커만을 사달라고 고집한 것은 모두 네 주위에 있는 친구들의 영향을 받은 탓이다.

유행도 마찬가지다. 몇 년 전부터 찢어진 청바지가 유행이었고, 지금도 그런 옷을 입고 다니는 젊은이들을 많이 볼 수 있는데, 옛날 같으면 상상도 못 할 일이다. 거지나 그런 옷을 입고 다니는 걸로 생각했던 것이 지금은 유행이 되어 버려서 멀쩡한 젊은이들이 그런 차림새를 하고 다니는데, 이런 유행은 모두 주위 사람들의 영향을 받은 결과인 것이다.

이처럼 사람은 자신이 교제를 나누는 사람들로부터 영향을 받으며, 점점 그들과 같은 사람이 되어가게 된다. 우리는 교제를 나누는 사람들의 좋은 점뿐만 아니라 좋지 못한 점까지도 자신도 모르게 서서히 닮아가게 된다. 그래서 마치 화장실 치우는 일을 오랫동안 하게 되면 그 악취에 점차 적응되어 둔감해지듯이, 그 환경에 적응되어 민감한 반응이 없어지게 되는 것이다.

만일 네가 악하고 부도덕한 사람들에 의해 둘러싸여 있다 보면, 처음에는 그들의 행동에 대해 이의를 제기할 것이다. 하지만 곧 관대해지는 쪽으로, 그 다음에는 허용하는 쪽으로, 그리고 그 다음에는 참가하는 쪽으로 점점 기울어지기 시작해서 결국에는 너도 그것을 즐기게 된다는 것이다. 네가 좋은 친구를 사귀어야 하는 이유가 바로 여기에 있는 것이다.

 시집에는 친정엄마가 없다

셋째, 새로운 친구를 사귀되, 옛 친구를 소홀히 대하지 마라.

어떤 사람들은 사람에게 싫증을 잘 느껴서 자꾸 번갈아가며 새로운 친구들을 사귀고, 그 새로 사귄 친구에게만 마음을 빼앗긴 나머지 옛 친구는 소홀히 대하곤 하는데, 이래서는 친구 사이가 깊어질 수 없다.

'부모 팔아 친구 산다'는 말이 있고, '친구는 옛 친구'란 말도 있으며, '세상에 태어나서 진실한 친구 셋만 있어도 인생에서 성공한 것'이라는 옛말도 있다. 그만큼 친구는 인생에서 커다란 비중을 차지한다는 뜻이다. 그런데 그런 귀한 친구를 마치 물건 바꾸듯이 쉽게 갈아치운다는 것은 결코 바람직한 일이 아니다.

친구를 사귈 때는 '내게 친구가 몇 명이나 되느냐'가 중요한 것이 아니라, '과연 내게 진실한 친구가 몇 명이 있느냐'가 더욱 중요하다는 사실을 염두에 두고 사귀었으면 한다.

그런 의미에서 볼 때, 일단 좋은 친구로 여겨지는 친구를 만났으면, 또 다른 친구 열 명을 사귀는 데 시간을 허비하는 것보다 그 친구와의 우정을 더욱 돈독히 하는 데 시간을 할애하는 것이 더 낫다고 생각한다. 만일 네가 어려움에 처하게 되었을 때, 서로의 마음이 오가지 않은 가벼운 친구 백 명보다 오래도록 마음을 주고받은 진실한 친구 한두 명의 힘이 더 큰 힘을 발휘하기 때문이다.

눈보라가 몰아치는 어느 날, 염소지기는 눈을 피하기 위해 염소들을 몰고 동굴 안으로 들어갔다. 그런데 이게 웬일일까? 동

굴 안에는 자신의 염소들보다 수도 훨씬 많고 덩치도 크며 생김
새도 더욱 아름다운 야생 염소 떼가 벌써 피신해 와 있었다.

염소지기는 감탄했다. 그래서 그는 작고 볼품없는 자기의 염
소들은 젖혀놓고 그 야생 염소들을 돌보기로 마음먹었다. 그러
고는 자기 염소들을 먹이려고 가져왔던 나뭇가지들을 그 야생
염소들에게 주었다.

이튿날 아침, 눈이 멎고 날씨가 맑아졌을 때, 잠자리에서 일
어난 염소지기는 주위의 모습을 보고 소스라치게 놀랐다. 자신
의 염소들은 모두 굶어 죽어 있었고, 야생 염소들은 언덕과 숲
으로 모두 도망쳐 버렸던 것이다.

염소지기가 집으로 돌아오자 마을 사람들은 야생 염소도 잡
지 못하고 게다가 자신의 염소들마저 모두 잃은 그를 비웃었다.

이 이야기는 자신의 오래 된 옛 친구를 버리고 진실이 결여된
새로운 친구에게만 마음을 빼앗기다 보면 결국에 가서 양쪽 모
두를 잃을 수도 있다는 교훈이 아닐까 싶구나.

 시집에는 친정엄마가 없다

자살을 꿈꾸는 사람은 용기 있는 바보

> 자살은 명예를 빛내기 위하여 할 일이지, 해야 할 일을
> 회피하기 위한 수치스러운 수단이 되어서는 안 된다.
> 자기 혼자만을 위해 살거나 죽는 것은 수치스러운 일이다.
> – 플루타르크

누구나 견딜 수 없는 스트레스와 앞길이 막혔다는 절망감에 빠지면 자살을 생각해 볼 수 있다. 그러나 인격 형성이 튼튼하고 자아가 충분히 강한 사람이라면 자살이라는 비굴한 현실 도피적인 선택은 하지 않을 것이다.

그럼, 우리가 낙심하고 절망감에 휩싸일 때 어떻게 하면 자살 충동에서 벗어날 수 있는지 그 대안을 살펴보도록 하자.

첫째, 자아강건성을 함양해라.

자살 충동이란, 그저 죽겠다는 충동이 아니라 동시에 살고 싶다는 삶의 욕망이 빚는 갈등의 복합이라고 본다. 이때 갈등을 이겨내는 힘을 '자아강건성'이라고 한다. 심리학에서는 흔히 이 자아강건성을 '실패나 좌절 등의 어려움에 직면해도 크게 흔들리지

않는 안정성', '혼자서도 이겨낼 수 있다고 믿는 자기 충족감과 자신감'으로 정의한다.

　문제는 이런 덕목들의 중요성이 우리 주변에서 점점 희박해져 간다는 데 있다. 요즘 우리나라의 가정과 학교의 풍조는 일반적으로 아이들을 정신 강건자로 기르기보다는 정신 심약자로 기르고 있다는 생각이 든다. 영양이 좋아져서 몸집은 커졌지만, 조금만 뛰어도 금세 지쳐 버리는 '신체적 심약자'가 옛날에 비해 훨씬 많아졌고, 조금만 공부가 어려워도 혼자 궁리해서 뚫고 나가기보다는 으레 과외 선생에게 의지하고 금방 해답란부터 뒤지는 '지적 심약자'도 많아졌다. 그러니까 우리 사회의 과외 공부 성행은 지적 심약자 양산 체제인 셈이라고 볼 수 있겠다.

　그럼, 어떻게 해야 정신 강건이 길러질 수 있을까?

　그것은 간단하다. 어려움을 이겨내는 경험을 쌓으면 되는 것이다. 지금 우리 사회에는, '욕구 불만·좌절·스트레스'는 나쁜 것이므로 절대적으로 아이들에게 그런 걸 겪게 해서는 안 된다는 통념이 유행하고 있다. 이러한 나약한 교육 환경에서 자란 아이가 역경에 처하게 되면 어떻게 되겠느냐? 힘없이 꺾여 쓰러지게 되는 것은 당연할 것이다. 힘없이 꺾이는 모습 중의 하나가 바로 이 자살인 것이다.

　건강한 삶은 '문제가 없는 상태'가 아니라, '문제가 튀어나오면 그것을 해결하는 능력을 가지고 있는 상태'를 말한다. 이러한 삶에는 때때로 좌절·스트레스·불안이 필수적으로 따른다. 그러나 강건한 정신은 그것을 이겨낸다.

지금부터 너는 삶의 희비애락, 환희와 고뇌, 희망과 절망을 삶의 전제로써 직시하고, 그것들에 대응하는 폭넓은 지혜와 능력과 의연성을 지닌 삶의 용자(勇者)로 살아가 주었으면 한다.

아무리 자살 유혹이 외부로부터 오거나 내적으로 일어난다 하더라도 이를 저항할 수 있는 최소한의 자아강건성과 자아개념만 존재한다면 개인적 자살이나 집단적 자살의 유혹을 물리칠 수 있게 될 것이다. 반대로, 이들이 결여될 때 쉽게 전염되고 모방하며 자살 유혹에 굴복하게 되고 만다는 사실을 기억하기 바란다.

둘째, 아래를 내려다보면 우리가 살아갈 길은 무수히 많다.

자살의 동기는 흔히 고통으로부터 도피하려는 의도에서 시도된다고 하는데, 실연당했을 때, 가정 불화로 인해 인생의 의미를 상실했을 때, 각종 스트레스로 인해 고통을 받아 욕구 좌절을 경험할 때, 고령자일 경우에는 삶에 대한 희망이 소실될 때, 정신분열증 환자들의 경우에는 망상이나 환각에 의해 지배될 때 자살을 기도한다고 한다.

자살이나 절망감은 삶의 여유가 없어서 일어나는 현상이라고 생각한다. 따라서 평소에 관심의 세계를 넓히고, 최선이 안 되면 차선, 그것이 안 되면 차차선의 선택을 할 수 있을 만큼 삶의 여유를 갖는 것이 좋다. 자신이 추구하는 일에 최선을 다하되 그것이 여의치 못할 때는 곧장 이를 포기하고 다른 유사한 대상을 찾는 것이다. 이것을 정신분석학에서는 '전위(轉位)' 라고 하는데, 이는 소위 '꿩 대신 닭을 잡는 일'로 비유할 수 있겠다.

주변의 사나운 짐승들로부터 끊임없이 위협을 받고 있던 토끼들이 견디다 못 해 회의를 소집했다.

회의 결과 그들은 모두 자살하기를 선택했다. 이런 절망적인 삶을 사느니 차라리 자살하는 편이 훨씬 낫다고 생각한 것이다.

물에 빠져 죽기로 결심한 가장 나약하고 불쌍한 토끼들은 모두 가까운 호숫가로 몰려갔다.

그때 한 무리의 개구리들이 둑 위에 앉아서 달빛을 구경하고 있다가 토끼들이 몰려오는 소리에 겁을 집어먹고 허겁지겁 물속으로 풍덩풍덩 뛰어들었다.

이 모습을 본 토끼 한 마리가 동료들에게 큰 소리로 말했다.

"친구들아, 잠깐만! 우리가 처한 상황이 생각했던 것처럼 그렇게 나쁘지는 않아. 저것 좀 봐라. 우리보다 훨씬 더 힘없고 겁 많은 불쌍한 동물들도 저렇게들 살아가고 있잖아."

그렇다. 이 이솝 우화가 말해 주듯이 우리가 위를 올려다보면 그 욕심이 한이 없고, 현실의 내가 그 욕심에 못 미칠 때 우리는 낙심하고 절망하기 쉽다. 그러나 이렇게 아래를 내려다보면 우리가 살아갈 길은 무수히 펼쳐져 있는 것이다.

셋째, 주위를 돌아보면 아직도 세상은 살 만한 가치가 있다.

인생이란 어느 한 가지만으로 이루어진 것이 아니라, 여러 가지가 복합되어 있는 하나의 종합 예술과도 같은 것이다. 그런데 그 가운데 어느 하나가 망가졌다고 해서 모두를 버리려 한다면 이처럼 어리석은 일이 세상에 또 어디 있겠는가 싶다.

한번 생각해 보아라. 자동차의 부속이 망가졌으면 그 부속을 갈든지 고칠 일이지 자동차째 버리겠느냐? 물론, 자동차 부속이 망가져서 엔진이 작동되지 않으면 일단은 화가 날 것이다. 성질이 매우 급한 사람은 이런 때 자동차를 버리고 싶을지도 모른다. 그러다가 자동차 부속을 갈든지 고치고 나면 기분이 어떠하겠느냐? 언제 그랬느냐 싶게 다시 얼굴에 웃음이 가득해진다.

사람의 마음이란 눈앞에 벌어진 문제가 크게 느껴지는 법이다. 그래서 순간적인 감정을 못 이기고 잠시 후에 후회하게 될 사고를 저지르게 되고 만다. 자살도 마찬가지다. 아니, 이미 저질러진 자살은 후회하고 말 것도 없이 모든 게 끝장이다. 온 집안을 최악의 비극으로 휩쓴다. 한 순간을 참아내지 못한 엄청난 결과이다.

따라서 너는 어떠한 실망감이나 좌절감이 들어서 순간적으로 자살 충동이 일거든, 얼른 그보다 더 중요한 일이라든지 중요한 사람, 또는 그와 대등한 또 다른 중요한 문제를 머릿속에 떠올리도록 해라.

아빠의 경우, 사업 실패로 인해 진퇴 양난의 처지에 있을 때 하루하루의 삶이 너무도 고통스러운 나머지 자살을 생각해 본 적이 있다. 그러나 그 순간을 무사히 잘 넘길 수 있었던 것은 우선 너희 두 남매 때문이었다. 그리고 다음에는 아빠를 낳아 주시고 길러주신 아빠의 부모님 때문이었지.

죽음을 생각하는 순간, 아빠는 나라는 존재가 결코 나만의 것이 아니라는 생각이 들었다. 내가 자살한다는 것은 우선 너희 남매로부터 아빠를 빼앗는 일이었고, 부모님으로부터 아들을 빼앗는 일이었다고 생각했다. 그래서 아빠는 의무적으로라도 살아야 했고, 살아서 어떻게든 이 모든 어려움을 극복해야만 한다고 마음을 단단히 굳혔다. 그만한 고통쯤으로 세상에서 가장 귀한 부모 자식을 남겨두고 떠날 수는 없다고 생각했기 때문이다.

그때 만일 이 아빠가 죽었더라면, 너희 남매는 지금까지 아빠 없는 아이로 살아왔을 것이고, 할아버지와 할머니께서는 아들을 잃은 슬픔으로 인해 가슴 속에 씻을 수 없는 한을 가득 안고 살아가고 계실 것이다. 지금에 와서 생각할 때 아빠가 생각을 달리 먹고 열심히 산 것이 얼마나 다행스러운 일인가 생각되는구나.

세상에는 고통을 이겨낼 만한 숨겨진 해답들이 무수히 많다. 다만 사람들이 그것을 찾아내지 못할 뿐이다. 그 답을 찾는 데는 의외로 쉬울 수도, 무척이나 어려울 수도 있다. 그런데 그것을 포기하고 무모하게 자기 목숨을 끊어 버린다는 것은 자신을 낳아준 부모와, 사랑하는 형제 자매, 그리고 자녀들에 대한 크나큰 죄악이 아닐 수 없는 것이다.

A. 카뮈는 자살에 대해 이렇게 말하고 있다.

"자살한다는 것은 어떤 의미에서는 멜로드라마에서 볼 수 있는 것처럼 일종의 고백하는 것이라 하겠다. 그것은 인생에 패배했다는 것, 혹은 인생을 이해하지 못한 것을 고백하는 것이다."

그렇다. 세상이 힘들다 하여, 인생을 제대로 이해하지 못하고 자살을 택해서 자신은 물론 주위의 많은 사람들에게 비참을 안겨 주고 떠난 사람들이 많은 걸 볼 때 참으로 안타까운 일이 아닐 수 없다.

넷째, 바쁘면 걱정 근심할 틈이 없다.

이 세상을 살아가노라면 크고 작은 걱정과 근심들이 너를 괴롭히기도 할 것이다. 이런 때 마음 약한 사람들은 자살을 생각할 수도 있는데, 이럴 때 몸과 마음을 바삐 움직이면 그러한 걱정 근심들을 퇴치할 수 있다고 하는구나.

다음은 한 중년 부인의 체험담이다.

"저의 가정에는 두 번씩이나 비극이 일어났지요. 첫번째 비극은 제가 제일 귀여워하던 다섯 살짜리 딸아이가 죽은 일입니다. 저와 남편은 난생 처음 당하는 이러한 슬픔을 견딜 수가 없었습니다. 그런데 얼마 후에 또 여자아이를 낳았는데, 그 아이마저 닷새 만에 죽고 말았어요.

두 차례에 걸친 이러한 불행은 우리 부부에게 있어서 너무나 곤혹스러운 일이 아닐 수 없었습니다. 저는 그 당시에 어쩔 줄 몰라서 먹지도 자지도 쉬지도 못했습니다. 신경은 극도로 흥분돼 있었고, 모든 일에 자신을 잃었습니다. 저는 의사를 찾아갔습니다. 그런 저에게 어떤 의사는 수면제를 권하고, 또 어떤 의사는 여행을 권하기도 했습니다. 그래서 이 두 가지를 다 시도해 보았으나 아무런 효과도 보지 못했어요. 내 몸은 마치 수레

틈에 끼인 것 같았고, 그 수레가 점점 나의 몸을 조이는 듯했습
니다.”

이것은 비애에서 오는 긴장이었다. 그런 슬픔에 사로잡힌 경험
이 있는 사람이라면 이 부인의 심정을 이해할 수 있을 것이다.
그녀는 계속해서 말을 이었다.

“그러나 다행히도 저에게는 네 살 먹은 아들이 한 명 남아 있
습니다. 그 아이가 결국 제 문제를 해결하여 주었지요. 하루는
제가 슬픔에 잠겨 홀로 방 안에 우두커니 앉아 있는데, 그 아이
가 와서 배를 만들어 달라고 졸라댔습니다. 사실, 그때 저는 세
상 만사가 귀찮은 상태였지요. 그러나 아이가 마냥 보채었기 때
문에 할 수 없이 배를 만들어 주기로 했습니다.

그런데 3시간 동안 그 배를 만들면서 저는 여러 달 동안 경험
하지 못했던 마음의 휴식과 평화를 맛보았던 것입니다.

이와 같은 발견은 저로 하여금 깊은 잠에서 깨어나게 하였어
요. 그때 저는 사람이 어떠한 일에 몰두하게 되면 걱정 근심할
여유가 없다는 것을 깨달았습니다. 그 후로 저는 바쁜 생활을
하기로 결심하였습니다.

이튿날부터 저는 제가 하룻동안에 해야 할 일거리의 목록을
작성했습니다. 집 안에 나의 손길을 필요로 하는 곳이 수십 군
데나 있었습니다. 계단·덧문·창문·문고리·자물쇠·책상, 그리
고 새는 물통 등등, 정말 놀라울 정도로 손질할 곳이 많았어요.

저는 그 일을 끝마치는 데 2주일을 잡고 하루에 해야 할 분량을 노트에 적었습니다.

그 후 저는 계획했던 일들을 2주 동안에 끝마쳤으며, 그 후의 생활도 바쁘게 하려고 노력했습니다. 성인 교육반에 참가하여 교육도 받고, 제가 사는 구역의 공공 사업을 돌보기도 하고, 경로당에 가서 청소도 하고, 부인회 활동도 적극적으로 참여하는 등, 실로 눈코 뜰 새 없이 바쁜 나날들을 보내었습니다. 그 결과, 저는 너무도 바쁜 나머지 걱정 근심할 틈이 없게 되었습니다."

'걱정 근심할 틈이 없다!'

이 말은 바로 윈스턴 처칠이 한 말이다. 전쟁이 최고조에 이르렀을 때 누군가가 처칠에게, "중대한 책임을 맡게 되어서 걱정되지 않느냐?"고 물었을 때, 그는 "너무도 바빠서 걱정 근심할 틈이 없다."고 대답했던 것이다.

위대한 과학자 파스퇴르는 이렇게 말했다.

"나는 도서관과 연구실에 있을 때 진정한 평화를 느낀다."

그런 곳에 어떻게 평화가 있을 수 있을까? 도서관이나 연구실에 있는 사람은 흔히 자기 일에 너무 골몰한 나머지 다른 것을 걱정하고 근심할 여유가 없는 것이다. 아빠의 경우도 이렇게 글을 쓰기 위해 정신을 몰두하면 세상의 근심을 잊게 된다. 그래서 네 엄마로부터 종종 세상 걱정 모르고 사는 정말 팔자 좋은 사람이라는 말도 듣지만 말이다.

그러면 왜 단순히 바쁘다는 것이 그처럼 사람의 걱정 근심을 없애 주는 것일까? 그 이유는 기초 심리학에서 찾아볼 수 있다. 즉, 아무리 머리가 비상한 사람이라 할지라도 일정한 시간 내에 절대로 하나 이상의 것에 몰두할 수 없다는 것이다.

만일 네가 이 법칙을 믿을 수 없다면 한번 시험해 보도록 해라. 당장 눈을 감고 서울 광화문에 서 있는 이순신 장군의 동상과 너의 미래에 관한 일을 한꺼번에 생각해 보아라. 양쪽 것을 번갈아가면서는 생각할 수 있으나, 동시에 그 두 가지를 함께 생각한다는 것은 불가능하다는 것을 알게 될 것이다.

감정의 영역 역시 이와 같기 때문에 마음 속에 걱정 근심이 있을 때에는 몸과 마음을 바쁘게 움직일 필요가 있다고 한다. 한 개의 감정이 생기면 다른 한 개의 감정은 사라지는 것이 자연의 법칙이기 때문이다.

이러한 단순한 법칙을 활용하여 전쟁 중에 군부의 정신의학자들은 여러 가지 기적을 행하였다고 한다. 병사가 전쟁터에서 심리적으로 충격을 받고 돌아왔을 때, 군의관들은 그들에게 바쁜 일을 시킴으로써 그들의 불안한 심리를 치료하였던 것이다. 정신적 충격을 받은 병사들에게는 깨어 있는 시간 전부를 여러 가지 작업, 즉 낚시질·사냥·축구·골프·원예·무용 따위의 야외 운동 등을 시켰으며, 이같이 함으로써 그들에게는 지나간 무서운 경험을 생각할 시간이 허락되지 않았던 것이다.

이러한 작업 요법은 일종의 의약 처방과 같이 정신병학에서 사용하는 용어인데, 이것은 결코 새로운 것이 아니고 B.C. 500년에 이미 고대 그리스의 의사가 주장한 치유법이라고 한다.

벤저민 프랭클린 시대에 퀘이커 교도는 필라델피아에서 이 방법을 사용했다. 1774년에 퀘이커 요양소를 찾았던 사람들은 정신병 환자들이 그곳에서 부지런히 베를 짜고 있는 것을 보고 크게 놀랐다. 그들은 불쌍한 정신병 환자들을 착취하는 것으로 생각했던 것이다. 그러나 사실 그것은 환자들에게 가벼운 작업을 시킴으로써 실제로 병을 낫게 하는 치유책이었던 것이다.

어떠한 정신의학자를 막론하고, 바쁜 일은 병든 신경에 가장 좋은 마취제라고 말하고 있다.

헨리 W. 롱펠로는 아내가 불 속에서 울부짖는 소리를 듣고 황급히 달려들어갔다. 그러나 이미 때가 늦어서 그의 아내는 그만 불에 타 죽고 말았다.

롱펠로는 이 끔찍한 경험으로 인해 거의 실성할 지경에 이르렀다. 그러나 다행히 그에게는 자신이 뒷바라지해야 할 세 아이가 있었다. 그는 슬픔 가운데서도 자녀에게 아버지 노릇과 어머니 노릇을 한꺼번에 해야만 했다.

그는 아이들을 데리고 거리를 거닐기도 하고, 그들에게 이야기도 해 주며 함께 어울리곤 하였다. 그는 그런 자신의 경험을 〈아이들의 시간〉이라는 시로 써서 영원히 남겨 놓았으며, 뿐만 아니라《단테》를 번역하기도 하였다.

이러한 모든 일은 그를 바쁘게 하였고, 따라서 그는 마음의 평화를 찾을 수 있었다. 이는 테니슨이 자기의 가장 친한 친구 아더 할램을 잃었을 때, "나는 절망 속에 시들기 전에 행동 속에서 나 자신을 잊어야 하겠노라."고 말한 바와 같다.

대체로 사람들은 눈코 뜰 새 없이 바쁜 동안에는 자기 자신을 쉽게 잊을 수 있지만, 그 바쁜 일이 끝나게 되면 또다시 위험한 고비가 닥쳐온다. 여가가 있을 때 걱정 근심의 무서운 악마가 찾아오는 것이다. 이때부터 '나의 장래가 어떻게 될 것인가?', '나의 상사가 오늘 나한테 한 말 속에 무슨 특별한 의미가 담겨 있는 것은 아닐까?', '나의 젊음이 이렇게 시들어 버리는 것은 아닐까?' 하는 따위의 의심을 갖게 되기 시작한다.

우리가 바쁘지 않을 때는 우리의 마음이 반 진공 상태로 들어간다고 한다. 진공에 가장 가까운 것으로는 백열전구를 들 수 있는데, 이 전구를 깨뜨렸을 때 그 빈자리에 공기가 채워지듯이 자연은 또 우리의 빈 마음을 채우게 되는 것이다.

그럼, 무엇으로 우리의 빈 마음을 채울까?

대개는 감정으로 채우게 된다.

왜일까?

원시적 기력과 동적 정력이 걱정과 공포와 증오와 선망의 여러 가지 감정을 거기에 몰아넣기 때문이라고 한다. 그리고 이러한 감정은 우리의 마음에서 모든 평화스럽고 행복한 생각과 정서를 쫓아내는 경향이 있다는구나.

콜롬비아 사범대학 교육과 교수 제임스 L. 머셀은 다음과 같이 말했다.

"걱정과 근심이 우리를 가장 불안하게 만들기 쉬운 때는 우리가 활동할 때가 아니라 일을 모두 끝냈을 때다. 이때 우리의 마음은 혼란을 일으켜 여러 가지 쓸데없는 염려를 하게 되며, 그것을 확대시켜 자칫하면 잘못된 길로 들어가게 된다. 그리하여 우리의 마음이 마치 브레이크 없이 달리는 자동차같이 함부로 달려가다가 베어링을 태우거나 차체를 망가뜨린다. 그러므로 걱정 근심을 고치는 방법은 건설적인 일을 하여 마음을 쉬지 않게 하는 것이다."

또 하버드 대학의 임상의학 교수를 역임하고 사계의 권위자였던 리처드 L. 캐보트 박사는 이렇게 말했다.

"만일 무슨 걱정할 일이 있다면 우리는 기존의 여러 가지 좋은 일을 약으로 사용할 수 있다."

또 그는 《사람은 무엇으로 사는가?》라는 그의 저서에서 다음과 같이 말하기도 했다.

"지나친 의심과 주저와 불안정과 공포에서 오는 무서운 정신병에 걸린 수많은 사람들이 일을 함으로써 정신병을 고치는 것을 볼 때, 나는 의사의 한 사람으로서 행복을 느꼈다. 일이 주는 용기는 마치 에머슨이 영원히 빛나게 만든 긍지와도 같다."

조지 버너드 쇼는 또 이렇게 말했다.

"사람이 비참해지는 첩경은 시간의 여유를 가져서 자기의 행복과 불행을 이리저리 저울질하고 생각해 보는 데 있다. 따라서 당신은 이러한 생각을 하지 말라. 바쁘게 일하라. 그러면 당신의 혈액은 순환하기 시작하고 정신은 맑게 되어, 삽시간에 당신의 몸에서 용솟음치는 모든 적극적 생활력이 그대의 마음 속에 있는 걱정 근심을 깨끗이 씻어줄 것이다. 바쁜 일을 시작하라. 바쁜 일을 계속하라. 그것이 세상에서 가장 값싼 치료법이며, 동시에 가장 좋은 약인 것이다."

우리는 걱정 근심으로 말미암아 속을 태우고 있으나, 모두가 '걱정되는 문제의 중요성을 과장하는 데서' 빚어지는 것이다.

걱정 근심의 습관을 깨뜨리기 위한 제1의 법칙은 '몸과 마음을 바쁘게 하여 그 일로 인해 자기를 잊는 것'이다.

디스 라렐리는 말했다.

"인생은 작게 살기에는 너무도 짧다."

이 말에 대해 앙드레 모루아는 〈뉴스 위크〉지에 이렇게 썼다.

"우리는 업신여기고 잊어버려야 할 사소한 문제로 인해 가끔 마음을 태우곤 한다. 앞으로 몇 십 년밖에 살지 못할 인간임에도 불구하고, 세월이 가면 모두 잊어버릴 불유쾌한 문제들을 너무 심각하게 생각함으로써 다시 못 올 많은 시간을 헛되이 낭비하고 있다. 우리의 생활을 가치 있는 행동과 감정에, 그리고 위대한 사랑과 진정한 애정과 영원한 사업에 바치자. 인생은 작게 살기에는 너무도 짧은 것이다.”

세월도 시들게 하지 못하고, 벼락도 쓰러뜨리지 못하고, 모진 폭풍도 이겨내던 마을 앞의 거대한 정자나무가 ‘사람의 손가락으로 비벼 죽일 수 있는 작은 벌레 때문에’ 그만 힘없이 쓰러지는 것을 본 적이 있는데, 어쩌면 우리도 이 나무와 같은 것은 아닐까? 인생의 폭풍과 눈보라와 우레는 잘 견디어 나가면서도 사소한 걱정 근심의 벌레, 즉 손가락으로 비벼서 없앨 수 있는 조그마한 벌레로 말미암아 우리의 마음을 좀먹게 하고 있는 것은 아닐까? 걱정 근심하는 습관이 우리를 정복하기 전에 우리가 먼저 그것을 정복하기 위한 제2의 법칙은 다음과 같다.

“우리가 무시하고 잊어버려야 할 사소한 문제로 말미암아 우리의 마음을 낙심하게 하지 말자. 인생은 작게 살기에는 너무도 짧다.”

'세상에서 나처럼 축복받은 딸이 또 있을까?'

아빠께서 내 결혼 이후의 생활을 염려하시는 마음으로 쓰신 이 책의 원고를 받아들고 나서 느낀 나의 첫 소감이다.

그 동안 엄마 아빠께서 나를 끔찍이도 아끼고 사랑하시는 줄은 잘 알고 있었지만, 이렇게 나의 미래를 걱정하는 마음으로 책으로까지 펴내어 내게 선물하실 줄은 꿈에도 생각지 못했다. 그것도 평생을 옆에 끼고 살아도 될 만큼 방대한 분량의 '삶의 지혜서'를 말이다. '부모님의 은혜는 바다보다도 깊고 하늘보다도 높다'는 그 진정한 의미를 다시 한 번 새삼스럽게 되새겨 본다.

아빠는 얼마 전 내게 남자 친구가 생기면서부터 늘 입버릇처럼 해 오신 말씀이 있었다.

"결혼은 제2의 새로운 인생이 펼쳐지는 중대사다. 그런만큼 결혼은 아무나 할 수 있는 것이 아니다. 자동차를 마음 놓고 운전하려면 운전 면허증을 취득해야 하듯이, 자신에게 주어진 제2의 인생을 순탄하게 운행해 나가려면 결혼 자격증을 취득하겠다는 마음가짐으로 결혼 전에 철저한 준비가 필요하다."

그 동안 애지중지 키우던 딸이 머지않아 다른 집안으로 시집가게 되면 제대로 사람 노릇이나 하며 살 수 있을지 참 많이도 불안하신가 보다. 그도 그럴 것이 아빠 눈에는 내가 세상 물정 모르는 철부지처럼만 보이실 테니 말이다.

아빠로부터 두 권 분량의 원고를 받아든 나는 우선 '차례'부터 훑어보았다. 그야말로 '백과사전'이 따로 없었다.

1권에는 결혼 생활에서 일어날 수 있는 제반 문제들, 즉 부부 관계 및 시집 식구들과의 인간 관계 및 생활 에티켓 등과, 어떻게 하면 제2의 인생을 성공적으로 이끌 수 있을지 12계단으로 나눠 지침을 주고 있었고, 2권은 엄마와 시골 할머니의 공동 작품으로, 여기에는 우리의 가정 식단에 자주 오르는 기본 음식 요리법은 물론 의식주 생활 전반을 다루고 있었는데, 모두가 한결같이 결혼 생활을 하는 데 꼭 필요한 톡톡 튀는 생활의 지혜들이었다.

1권을 읽고 인생의 지침으로 삼아 사랑이 싹트는 행복한 가정을 이루고, 2권을 읽어서 의식주 생활 전반에 대한 지식을 쌓는다면, 그 어렵다는 시집살이도 거뜬히 극복해 낼 수 있지 않을까 하는 생각이 들었다.

이 책의 원고를 읽어가면서 나는 시집가기 전에 딸에게 한 가지라도 더 알려주고 싶으신 부모님의 간절한 마음도 함께 읽을 수 있었다. 울퉁불퉁한 원석처럼 다듬어지지 않은 딸의 미래를 걱정하여 이처럼 자상한 가르침을 주시는 두 분 부모님께 진심으로 감사의 말씀을 전한다.

유난히도 부모 사랑, 형제 사랑, 자식 사랑이 많으신 우리 아빠, 그래서 때로는 엄마를 힘들게 하실 때도 있었지만, 나는 그런 아빠를 사랑하고 존경한다. 아빠가 사랑의 마음을 가득 담아 펴내신 이 소중한 책을 닳도록 읽어서라도, 원석과도 같이 볼품없는 나 자신의 모습을 갈고 다듬어 영롱한 빛을 발하는 아름다운 보석이 되어 보겠노라고 스스로를 다짐해 본다.

우리 부모님께서 내게 주신 이 가르침들이, 결혼을 앞둔 내 또래의 친구들과 언니 동생들도 함께 읽어서 결혼 이후의 새로운 삶이 더욱 풍요롭고 행복했으면 하는 바람이다.

— 엄마 아빠의 사랑 안에서 은경 드림

시집에는 친정엄마가 없다

1판 1쇄 인쇄 2008년 1월 10일
1판 1쇄 발행 2008년 1월 20일

지 은 이 이선종
편집기획 김범석
편집주간 장상태
디 자 인 정은영

발 행 인 김영길
펴 낸 곳 도서출판 선영사
주   소 서울시 마포구 서교동 485-14 영진빌딩 1층
Tel 02-338-8231~2   Fax 02-338-8233
E-mail sunyoungsa@hanmail.net
Web site www.sunyoung.co.kr

등   록 1983년 6월 29일 (제02-01-51호)

ISBN 978-89-7558-172-4   03040